16

历史卷

柏杨全集

人民文学出版社

图书在版编目(CIP)数据

柏杨全集:限量版.16/柏杨著.—北京:人民文学出版社,2010

ISBN 978-7-02-008000-7

Ⅰ.柏… Ⅱ.柏… Ⅲ.①柏杨(1920~2008)-全集 ②中国-历史年表 Ⅳ.C52

中国版本图书馆CIP数据核字(2010)第048959号

责任编辑:杨 华 装帧设计:翁 涌
责任校对:段志坚 责任印制:张文芳

16 历史卷

柏杨全集

中国历史年表（下）

目　录

中国历史年表(下)

中国历史年表（下）

六世纪

北朝鲜卑民族建立的北魏帝国,用政治力量,推行全盘华化。三〇年代,因内乱分裂为东西。五〇年代,东魏被北齐所篡,西魏被北周所篡。

南朝则南齐、南梁、陈,相继兴灭。

南北昏君暴君,均层出不穷。七〇年代,北周灭北齐。八〇年代,北周宰相杨坚篡北周,建隋王朝,再灭南朝。南北朝时代历一百五十一年,告终。中国经三个世纪的大分裂,再归统一。

	年份	干支	国号王朝及纪年	
六世纪 〇〇年代	500	庚辰	南齐永元 北魏太和 景明	二年 二十四年 元年
	501	辛巳	南齐永元 中兴 北魏景明	三年 元年 二年
	502	壬午	南齐中兴 南梁天监 北魏景明	二年 元年 三年
	503	癸未	南梁天监 北魏景明	二年 四年

国内	国外
南齐豫州刺史裴叔业惧诛,据寿阳(安徽寿县)降北魏。南齐帝萧宝卷遣平西将军崔慧景往讨,崔慧景既得兵权,还攻台城(皇城),宫门皆闭,萧宝卷大恐,召新任豫州刺史萧懿救援,崔慧景军溃,单骑北奔,为渔人所杀。乱既平,萧宝卷更横,诬萧懿谋反,斩首。萧懿弟雍州(湖北襄樊)刺史萧衍遂叛,于襄阳起兵。	
萧衍于江陵立南康王萧宝融为南齐帝,是为和帝。统军顺长江东下,陷郢州(湖北武汉),城内被杀或疫死者七八万人,比屋皆积尸。再陷新亭(江苏南京西南)、石头(南京西)、围台城(皇城)。南齐帝萧宝卷敛兵固守,于殿中戎服骑马出入,一如平日,军事全委征虏将军王珍国,既而又欲杀王珍国,王珍国大惧,潜兵入宫,斩萧宝卷,执其首驰献萧衍,萧衍遂入建康(江苏南京)。	
南齐政府封萧衍为梁王。南齐和帝萧宝融自江陵还都建康(江苏南京),至姑孰(安徽当涂),让位于萧衍。南齐亡,立国二十四年。　萧衍称帝,是为武帝,国号梁,史称南梁。　杀萧宝融。 南齐鄱阳王萧宝寅、江州刺史陈伯之,先后奔北魏。	
南梁原乡(浙江安吉)令,为奸吏所诬,下狱当死。其子吉翂年十五,擂登闻鼓,乞代父命,百般拷掠,均不异辞,乃赦其父罪。　北魏散骑常侍赵修,寒门微贱,为众所恶,高皇后之叔高肇密构其罪,鞭打三百而死。	

	年份	干支	国号王朝及纪年	
	504	甲申	南梁天监 北魏景明 正始	三年 五年 元年
	505	乙酉	南梁天监 北魏正始	四年 二年
	506	丙戌	南梁天监 北魏正始	五年 三年
	507	丁亥	南梁天监 北魏正始	六年 四年
	508	戊子	南梁天监 北魏正始 永平	七年 五年 元年
	509	己丑	南梁天监 北魏永平	八年 二年
六世纪 一〇年代	510	庚寅	南梁天监 北魏永平	九年 三年
	511	辛卯	南梁天监 北魏永平	十年 四年

国内	国外
北魏攻南梁,陷义阳(河南信阳)。	
北魏镇西将军邢峦攻南梁,陷(陕西)汉中,军入(四川)剑阁,悉取梁州十四郡地。 南梁攻北魏,命临川王萧宏为帅,进屯洛口(安徽怀远)。	
南梁军攻北魏,连陷北魏宿预(江苏宿迁)、合肥。北魏军反攻,复取宿预,进迫洛口(安徽怀远),会暴风雨,南梁军一夕惊溃,萧宏单骑逃还建康。北魏中山王元英,与平东将军杨大眼围钟离(安徽凤阳)。 北魏建武将军傅竖眼攻陷仇池(甘肃西和南),置武兴镇,寻改为东益州。仇池亡(296——,割据二百一十一年)。	
南梁豫州(安徽合肥)刺史韦叡救钟离,大败北魏军,斩及投水死者十余万,生擒五万,元英、杨大眼烧营撤退。	
北魏宣武帝元恪诬其叔彭城王元勰谋反,杀之。	
元恪于乾式殿亲讲《维摩诘经》,建永明寺,有房千余幢,全国寺庙一万三千余,佛教大行。	
南梁行《大明历》。	
南梁武帝萧衍,用法缓于权贵,急于平民。皇族朝士有犯罪者,皆屈法以免。而平民有犯罪者,则治之如法,其缘坐则老弱亦不免,一人逃亡,举家下狱。	

年份	干支	国号王朝及纪年	
512	壬辰	南梁天监	十一年
		北魏永平	五年
		延昌	元年
513	癸巳	南梁天监	十二年
		北魏延昌	二年
514	甲午	南梁天监	十三年
		北魏延昌	三年
515	乙未	南梁天监	十四年
		北魏延昌	四年
516	丙申	南梁天监	十五年
		北魏熙平	元年
517	丁酉	南梁天监	十六年
		北魏熙平	二年
518	戊戌	南梁天监	十七年
		北魏熙平	三年
		神龟	元年
519	己亥	南梁天监	十八年
		北魏神龟	二年

国内	国外
北魏传统,立太子即杀其母。今年,北魏宣武帝元恪立子元诩为太子,始不杀其母胡贵嫔。	
南梁侍中沈约,为武帝萧衍诘责,忧怖死。	
南梁武帝萧衍命筑坝阻淮水,欲灌北魏寿阳(安徽寿县),发民夫及战士二十万,南岸起浮山(安徽五河),北岸迄屿石,分道筑堤,合于中流。	
北魏宣武帝元恪卒,子孝明帝元诩嗣位,年方六岁。中领军将军于忠杀司徒高肇,废高太后。尊元诩生母胡贵嫔为太后,临朝。胡太后复妹夫元乂爵,仍为江阳王。	
南梁淮水大坝成,长九里,宽一百五十尺,军垒列居坝上。入秋,淮水暴涨,坝坏,崩声如雷,闻三百里,沿淮村镇十余万人,悉漂入海。 北魏胡太后于洛阳建永宁寺,于伊阙口(洛阳南)建石窟寺。	
北魏征西将军张彝子张仲禹,主铨叙甄选,排斥武人,使不得入清流。羽林虎贲千余人焚其宅,拽张彝下堂,极意捶辱,投其子张始均于火,父子俱死。张仲禹重伤逃免。	

六世纪
二〇年代

年份	干支	国号王朝及纪年	
520	庚子	南梁普通	元年
		北魏神龟	三年
		正光	元年
521	辛丑	南梁普通	二年
		北魏正光	二年
522	壬寅	南梁普通	三年
		北魏正光	三年
523	癸卯	南梁普通	四年
		北魏正光	四年
524	甲辰	南梁普通	五年
		北魏正光	五年

国内	国外
北魏清河王元怿美风仪,胡太后逼与通奸。中领军将军元乂恃宠骄恣,元怿每裁之以法。元乂乃杀元怿,囚胡太后于北宫宣光殿,宫门昼夜闭,内外隔绝,孝明帝元诩亦不得见。 柔然内乱,阿那瓌可汗奔北魏,魏封为柔然王。 北魏中山王元熙于邺城(河北临漳)起兵讨元乂,兵败被杀,弟元略奔南梁。	
北魏遣兵护送阿那瓌可汗返国。	
北魏行《正光历》。	
北魏尚书左丞元孚持白虎幡,宣慰阿那瓌可汗,阿那瓌已有众三十万,不再臣服,遂拘元孚,引兵南掠,抵平城(山西大同)始释归。北魏遣尚书令李崇击之,阿那瓌北遁,追三千里而还。 北魏江阳王元乂执政,贪污日甚,百姓穷困,人人思乱。及柔然侵边,怀荒(河北张北)镇民请粮,镇将于景不肯给,镇民不胜忿,杀于景叛。沃野(内蒙五原)镇民破六韩拔陵亦杀镇将叛,引兵四掠。北魏自是衰乱。	
北魏武川(内蒙武川)、抚冥(内蒙四子王旗)、怀朔(内蒙固阳)、怀荒(河北张北西)、柔玄(河北尚义西)、御夷(河北赤城)等六镇先后叛。东西敕勒部落亦先后叛,敕勒酋长胡琛称高平王。 豳(甘肃宁县)、凉(甘肃武威)、秦(甘肃天水)、营(辽宁朝阳)诸州民变蜂起,烽火相望。	

年份	干支	国号王朝及纪年	
525	乙巳	南梁普通	六年
		北魏正光	六年
		孝昌	元年
526	丙午	南梁普通	七年
		北魏孝昌	二年
527	丁未	南梁普通	八年
		大通	元年
		北魏孝昌	三年
528	戊申	南梁大通	二年
		北魏孝昌	四年
		武泰	元年
		建义	元年
		永安	元年

国内	国外
北魏胡太后复临朝,杀江阳王元乂。胡太后与谏议大夫孙俨、中书舍人徐纥通奸,二人恃内宠,表里相结,权倾中外,国事益不可为。 南梁豫章王萧综自认系南齐帝萧宝卷遗腹子,奔降北魏。	
北魏五原人鲜于修礼叛,寻为部下所杀,其将葛荣代领其众。 破六韩拔陵诱斩胡琛,胡琛大将万俟丑奴代领其众,屯高平(宁夏固原)。州郡变乱相继,互相攻杀,境内几无净土。	
南梁武帝萧衍第一次舍身同泰寺四日,大赦。天竺僧达摩至广州。 北魏西讨大都督萧宝寅据长安叛,称帝,国号齐。	东罗马帝国皇帝查士丁尼登位(——565)。
萧宝寅为其将所攻,携妻子奔高平(宁夏固原),投万俟丑奴,万俟丑奴称帝,任萧宝寅为太傅。 北魏孝明帝元诩年渐长,恶其母胡太后所为。密诏六州讨虏大都督尔朱荣,举兵向内,以诛孙俨、徐纥,并胁胡太后。胡太后遂毒死元诩,立临洮王世子元钊为帝,生方三月。尔朱荣遂立长乐王元子攸为帝,是为孝庄帝。 自晋阳(山西太原)起兵攻洛阳,执胡太后及元钊,沉入黄河。召百官迎驾,百官至河阴(河南孟津)河桥,尔朱荣责以贪虐,纵兵击杀,自丞相高阳王元雍以下,死二千余人,朝臣一空。 葛荣南攻邺城(河北临漳),尔朱荣擒之,斩于洛阳。 南梁武帝萧衍乘北魏大乱,立降王元颢为魏王,遣东宫直阁将军陈庆之,率军护送还国。	

	年份	干支	国号王朝及纪年	
	529	己酉	南梁大通	三年
			中大通	元年
			北魏永安	二年
六世纪三〇年代	530	庚戌	南梁中大通	二年
			北魏永安	三年
			建明	元年
	531	辛亥	南梁中大通	三年
			北魏建明	二年
			普泰	元年
			中兴	元年
	532	壬子	南梁中大通	四年
			北魏普泰	二年
			中兴	二年
			太昌	元年
			永兴	元年
			永熙	元年

国内	国外
南梁陈庆之陷北魏睢阳(河南商丘),元颢遂称北魏帝。　北魏孝庄帝元子攸渡黄河奔河内郡(河南沁阳),元颢入洛阳。尔朱荣反攻,元颢兵溃,南奔,中途被杀。陈庆之削发为沙门,间道还南梁,所率士卒全没。　南梁武帝萧衍第二次舍身同泰寺七十三日,素床瓦器,亲自洒扫,群臣以钱一亿万奉赎皇帝菩萨。	《查士丁尼法典》完成(历时十四月)。
北魏雍州刺史尔朱天光击擒万俟丑奴、萧宝寅,送洛阳置街市,士女聚观三日,俱杀之。　北魏太原王天柱大将军尔朱荣专制朝政,孝庄帝元子攸惩河阴(河南孟津)之屠,恐难自保,乘尔朱荣入宫,斩之。尚书左仆射尔朱世隆烧西阳门出,收兵,立长广王元晔为帝。汾州刺史尔朱兆攻陷洛阳,执元子攸,送晋阳(山西太原),缢死于三佛寺。	
北魏尚书令尔朱世隆以元晔皇族血统疏远,废之。另立广陵王元恭为帝,是为节闵帝。尔朱氏分据州郡,竞为贪暴,富商大户,多诬以谋反,投男于于河,籍没其财货女子。　北魏冀州刺史高欢起兵讨尔朱氏,立勃海太守元朗为帝,是为废帝。　南梁昭明太子萧统卒。	
北魏大都督斛斯椿叛尔朱氏,斩尔朱世隆。高欢攻入洛阳,囚节闵帝元恭。复以元朗皇族血统疏远,废之,另立平阳王元修为帝,是为孝武帝。高欢自任丞相。元修既即位,杀前任三帝元晔、元朗、元恭。	

年份	干支	国号王朝及纪年	
533	癸丑	南梁中大通	五年
		北魏永熙	二年
534	甲寅	南梁中大通	六年
		北魏永熙	三年
		东魏天平	元年
535	乙卯	南梁大同	元年
		东魏天平	二年
		西魏大统	元年
536	丙辰	南梁大同	二年
		东魏天平	三年
		西魏大统	二年
537	丁巳	南梁大同	三年
		东魏天平	四年
		西魏大统	三年
538	戊午	南梁大同	四年
		东魏天平	五年
		元象	元年
		西魏大统	四年

国内	国外
北魏大都督窦泰攻秀容(山西朔州),尔朱兆兵溃,逃入穷山,自缢死,尔朱氏全灭。　北魏孝武帝元修深忌丞相高欢,密与关中大行台贺拔岳相结。	《罗马法典摘要》《查士丁尼法》制完成(历时三年)。
正月,北魏关西大都督侯莫陈悦诱杀贺拔岳。四月,夏州刺史宇文泰击斩侯莫陈悦,继任关中大行台。　七月,北魏孝武帝元修自洛阳西奔宇文泰。　八月,元修入长安,授宇文泰为大将军。　十月,高欢至洛阳,立清河王世子元善见为帝,是为静帝,自洛阳迁都邺城(河北临漳),史称东魏。　十二月,元修闺门无礼,从妹明月公主等不得嫁者三人,宇文泰使人杀明月公主。元修怒,欲杀宇文泰,宇文泰乃杀元修。	东罗马帝国皇帝查士丁尼遣大将贝利撒留渡地中海,灭汪达尔王国(439——,立国九十六年),收北非入版图。
北魏大将军宇文泰立南阳王元宝炬为帝,是为文帝。史称西魏。(北魏分裂为二)	
东魏丞相高欢袭西魏,陷夏州(陕西靖边北)。西魏大饥,人相食,饿死者十之七八。	
正月,东魏大都督窦泰攻潼关,西魏丞相宇文泰击斩之。　十月,东魏丞相高欢亲攻西魏,长驱直入,宇文泰迎击,战于沙苑(陕西大荔东南),高欢大败,死八万人。	
东魏大行台侯景、司徒高敖曹,围金墉城(洛阳西北)。西魏丞相宇文泰亲救之,东魏丞相高欢亦统大军增援,战于邙山(洛阳西北),西魏初败后胜,斩高敖曹,东魏军大溃。　关中东魏降将都督赵青雀等,及降卒散在民间者,闻西魏军初败,纷叛,陷咸阳及长安子城,宇文泰急回军,次第击平。	

	年份	干支	国号王朝及纪年	
	539	己未	南梁大同	五年
			东魏元象	二年
			兴和	元年
			西魏大统	五年
六世纪四〇年代	540	庚申	南梁大同	六年
			东魏兴和	二年
			西魏大统	六年
	541	辛酉	南梁大同	七年
			东魏兴和	三年
			西魏大统	七年
	542	壬戌	南梁大同	八年
			东魏兴和	四年
			西魏大统	八年
	543	癸亥	南梁大同	九年
			东魏武定	元年
			西魏大统	九年
	544	甲子	南梁大同	十年
			东魏武定	二年
			西魏大统	十年
	545	乙丑	南梁大同	十一年
			东魏武定	三年
			西魏大统	十一年
	546	丙寅	南梁大同	十二年
			中大同	元年
			东魏武定	四年
			西魏大统	十二年

国内	国外
东魏行《兴光历》。	
南梁共辖一百零七州。然二十余州不知处所,二十余州徒有州名而无土地,或蛮荒之民,一村落即一州,南梁政府不能悉知。郡亦然,是以州郡虽多,户口日少。	
东魏高欢攻西魏玉壁(山西稷山),不能克。	
东魏御史中丞高仲密据虎牢(河南荥阳西北)叛降西魏,西魏丞相宇文泰进军接应,东魏丞相高欢迎击,兵至邙山,会战,西魏大败。虎牢仍入东魏。	
东魏授高欢子高澄为大将军。	
突厥兴起西北,西魏政府遣使其国,始与中国通。	
南梁武帝萧衍第三次舍身同泰寺,公卿以钱亿万奉赎皇帝菩萨。	

年份	干支	国号王朝及纪年	
547	丁卯	南梁中大同	二年
		太清	元年
		东魏武定	五年
		西魏大统	十三年
548	戊辰	南梁太清	二年
		东魏武定	六年
		西魏大统	十四年
549	己巳	南梁太清	三年
		东魏武定	七年
		西魏大统	十五年

国内	国外
萧衍第四次舍身同泰寺,一如529年故事。 东魏丞相高欢卒,子高澄继任为大将军,河南行台侯景素与高澄有隙,遂据颍川(河南长葛)叛,将所辖河南十三州降西魏,寻又降南梁。南梁武帝萧衍封侯景为河南王,发兵大举攻东魏,任贞阳侯萧渊明为元帅。 东魏遣东南道大行台慕容绍宗迎击,战于彭城(江苏徐州),南梁军溃,萧渊明被东魏生擒。	
东魏慕容绍宗攻侯景,侯景军亦溃,南奔,袭据寿阳城(安徽寿县)。南梁武帝萧衍任侯景为豫州牧。侯景不自安,诈作东魏大将军高澄致萧衍书,请以萧渊明交换侯景,萧衍报书曰:"渊明旦至,侯景夕返。"侯景大怒,遂叛,率军南下,陷历阳(安徽和县)。萧衍遣临贺王萧正德拒之,萧正德反为向导。侯景遂渡长江,立萧正德为南梁帝,进围台城(皇城)。	
南梁:三月,侯景陷台城,萧衍任其为大丞相。侯景废萧正德为大司马。 五月,萧衍卧病净居殿,口苦索蜜,不可得,连呼"荷荷"而卒。子简文帝萧纲嗣位。 东魏:四月,陷西魏颍州(河南长葛),执西魏河南大行台王思政。 八月,大将军高澄为其仆兰京所杀,弟高洋继位。	

	年份	干支	国号王朝及纪年	
六世纪 五〇年代	550	庚午	南梁大宝	元年
			东魏武定	八年
			北齐天保	元年
			西魏大统	十六年
	551	辛未	南梁大宝	二年
			天正	元年
			北齐天保	二年
			西魏大统	十七年
	552	壬申	南梁承圣	元年
			北齐天保	三年
			西魏元钦	元年

国内	国外
东魏孝静帝元善见让位于齐王高洋,东魏亡。高洋称帝,是为文宣帝,国号齐,史称北齐。　南梁封侯景为汉王。湘东王萧绎自江陵发兵攻河东王萧誉于(湖南)长沙,斩萧誉。再攻邵陵王萧纶于郢州(湖北武汉),萧纶出奔。岳阳王萧詧自襄阳(湖北襄樊)出兵救萧誉,败还,遂据襄阳降西魏,西魏封萧詧为梁王。　南梁连年兵灾旱蝗,人民流亡,相与入山谷江湖,采草根而食,所在倒毙,死者蔽野,富家无食,皆衣罗绮,怀珠玉,辗转床帷饿死,千里绝烟,人迹罕见。而侯景在东,萧绎在西,攻战不已。	
西魏文帝元宝炬卒,子元钦嗣位。　南梁汉王侯景西攻巴陵(湖南岳阳),败还,欲立威权,遂废简文帝萧纲,寻杀之。立豫章王萧栋为帝,寻又废之,自立为帝,国号汉。	
南梁湘东王萧绎遣尚书令王僧辩击侯景,军至建康(江苏南京),侯景出战,大败,以皮囊盛其江南所生二子,挂之鞍后,率百骑东奔,投吴郡(江苏苏州)其将谢答仁。王僧辩入建康,杀前任帝萧栋,纵兵大掠,居民男女裸露,号泣满道。　侯景至吴郡,为南梁军邀击,乃推二子于水,单舟欲入海,其将羊鹍以鞘刺死之,以盐塞其腹中,送尸建康,士民争食之。　萧绎于江陵称帝,是为孝元帝。武陵王萧纪亦于成都称帝,顺长江东下,声言讨侯景。	

年份	干支	国号王朝及纪年	
553	癸酉	南梁承圣	二年
		北齐天保	四年
		西魏元钦	二年
554	甲戌	南梁承圣	三年
		北齐天保	五年
		西魏元钦	三年
		恭帝	元年
555	乙亥	南梁承圣	四年
		天成	元年
		绍泰	元年
		南梁大定	元年
		北齐天保	六年
		西魏恭帝	二年

国内	国外
萧纪至峡口(湖北宜昌),萧绎惧,请西魏出兵入蜀击其后,西魏遣大将军尉迟迥自散关(陕西宝鸡西南)南下,逼成都。萧纪进退维谷,军溃被杀。尉迟迥陷成都,西魏遂有益州之地。	东罗马帝国大将贝利撒留陷罗马城及拉温那城,灭东哥特王国(493——,立国六十一年),收意大利境入版图。
西魏帝元钦密谋诛太师宇文泰,事泄,宇文泰杀之,立其弟齐王元廓,复姓拓跋。　南梁孝元帝萧绎致书西魏太师宇文泰,请依旧图定疆界,词颇不逊,宇文泰笑曰:"天之所废,谁能兴之。"遣柱国常山公于谨、大将军杨忠,率军击南梁,径围江陵,百道攻城,城陷。萧绎尽焚藏书,出降。梁王萧詧使铁骑拥萧绎入宫,备加诘辱,寻遣尚书傅准监刑,以土囊闷死。	
正月,梁王萧詧称帝,是为宣帝,都江陵。　五月,北齐帝高洋遣兵送南梁贞阳侯萧渊明还建康(江苏南京),太尉王僧辩迎之,立为帝,是为闵帝。　九月,南梁征西大将军陈霸先起兵杀王僧辩,废萧渊明。　十月,陈霸先立晋安王萧方智为南梁帝,是为敬帝。	

年份	干支	国号王朝及纪年	
556	丙子	南梁绍泰	二年
		太平	元年
		南梁大定	二年
		北齐天保	七年
		西魏恭帝	三年
557	丁丑	南梁太平	二年
		南梁大定	三年
		陈永定	元年
		北齐天保	八年
		北周闵帝	元年
		明帝	元年
558	戊寅	南梁大定	四年
		陈永定	二年
		北齐天保	九年
		北周明帝	二年
559	己卯	南梁大定	五年
		陈永定	三年
		北齐天保	十年
		北周明帝	三年
		武成	元年

国内	国外
北齐出兵援萧渊明,遣仪同三司萧轨攻南梁,渡长江,进抵玄武湖北。南梁尚书令陈霸先迎击,擒斩萧轨,北齐军大败。　北齐文宣帝高洋凶暴狂虐,尝于道上问一妇人:“天子如何。”曰:“癫癫痴痴,何成天子。”即斩妇人。作大锅长锯,陈之于庭,每醉则手杀人以为喜乐。有司取邺城死囚置诸宫中,高洋欲杀人,则执以应。　西魏太师宇文泰卒,子宇文觉继位,年十五岁,族兄中山公宇文护执政,命西魏恭帝拓跋廓让位,拓跋廓遂出宫。北魏亡,立国一百七十一年。	
宇文觉称天王,国号周,史称北周。晋公宇文护专权,宇文觉欲图之,事泄,宇文护杀宇文觉。宁都公宇文毓嗣位。　南梁敬帝萧方智让位于陈霸先。陈霸先称帝,是为武帝,国号陈。	
北齐立南梁永嘉王萧庄为南梁帝,都郢州(湖北武汉),任王琳为大将军。　北齐文宣帝高洋暴虐日厉,杀其弟永安王高浚、上党王高涣,及都督尉子辉。北齐用法残忍,讯囚时或烧犁耳,使立其上,或烧车釭,使以臂贯之,无不诬伏。	
北齐文宣帝高洋杀胶州(山东诸城)刺史林溺、尚书右仆射高德政。又尽屠北魏皇族元氏,或祖曾为王,或身尝显贵,皆斩于市,其婴儿抛空中以矟承之,先后杀七百二十一人。高洋寻卒,群臣号哭,无下泪者,子高殷嗣位,是为废帝。　陈武帝陈霸先卒,侄文帝陈蒨嗣位。　北周天王宇文毓称帝,是为明帝。	

六世纪
六〇年代

年份	干支	国号王朝及纪年	
560	庚辰	南梁大定	六年
		陈天嘉	元年
		北齐乾明	元年
		皇建	元年
		北周武成	二年
561	辛巳	南梁大定	七年
		陈天嘉	二年
		北齐皇建	二年
		太宁	元年
		北周保定	元年
562	壬午	南梁大定	八年
		天保	元年
		陈天嘉	三年
		北齐太宁	二年
		河清	元年
		北周保定	二年
563	癸未	南梁天保	二年
		陈天嘉	四年
		北齐河清	二年
		北周保定	三年
564	甲申	南梁天保	三年
		陈天嘉	五年
		北齐河清	三年
		北周保定	四年

国内	国外
陈太尉侯瑱攻郢州(湖北武汉),萧庄、王琳兵败,奔北齐。　北周明帝宇文毓有胆识,晋公宇文护甚惮之,毒宇文毓死。鲁公宇文邕嗣位,是为武帝。　北齐太皇太后娄氏废废帝高殷,立常山王高演为帝,是为孝昭帝。高演寻杀高殷。	
北齐孝昭帝高演卒,弟武成帝高湛嗣位。	
南梁宣帝萧詧卒,子孝明帝萧岿嗣位。陈闽州(福建福州)刺史陈宝应叛,司空侯安都大破之。	突厥与波斯王国,南北夹攻嚈哒王国,嚈哒亡,突厥向西发展自此始。
陈司空侯安都恃功骄慢,陈文帝陈蒨诬以谋反,斩之。　北周柱国杨忠,与突厥木杆可汗,联兵攻北齐,会师晋阳(山西太原)城下,北齐武成帝高湛统军出邺城(河北临漳)迎战。	
春,北齐与北周、突厥,战于晋阳,北周大败而还。突厥亦出塞,纵兵沿途大掠,七百余里人畜无遗。　冬,北周晋公宇文护再攻北齐洛阳,又败还。　陈护军将军韦昭达击叛将陈宝应,擒斩之。北齐山东大水,饥,死者不可胜计。	

年份	干支	国号王朝及纪年	
565	乙酉	南梁天保	四年
		陈天嘉	六年
		北齐河清	四年
		天统	元年
		北周保定	五年
566	丙戌	南梁天保	五年
		陈天嘉	七年
		天康	元年
		北齐天统	二年
		北周天保	六年
		天和	元年
567	丁亥	南梁天保	六年
		陈天康	二年
		光大	元年
		北齐天统	三年
		北周天和	二年
568	戊子	南梁天保	七年
		陈光大	二年
		北齐天统	四年
		北周天和	三年

国内	国外
北齐武成帝高湛,传位于其子高纬,自称太上皇。	东罗马帝国查士丁尼大帝卒。
陈文帝陈蒨卒,子少帝陈伯宗嗣位,安成王陈顼辅政。	
陈大臣内斗,安成王陈顼杀中书舍人刘师知、尚书仆射到仲举。湘州刺史华皎惧,据长沙降南梁。南梁与北周均出兵赴援。陈领军将军吴明彻攻之,败梁、周联军,取长沙。华皎奔江陵。 北齐山东大水,饥,僵尸满道。　北齐太上皇高湛逮秘书监祖珽,下光州(山东莱州)地窖狱,用烟熏其双目使盲。	
陈领军将军吴明彻乘胜攻南梁首都江陵,不能克。　陈安成王陈顼诬少帝陈伯宗与华皎通谋,废之为临海王。　北齐太上皇高湛卒。	伦巴德部落侵入东罗马帝国意大利境,于北部建伦巴德王国(——774),唯罗马、拉温那二城仍为东罗马帝国坚守不降。自是基督教罗马城主教渐代罗马帝国皇帝,成为社会安定力量,人亦渐以教皇称之。

	年份	干支	国号王朝及纪年	
	569	己丑	南梁天保	八年
			陈光大	三年
			太建	元年
			北齐天统	五年
			北周天和	四年
六世纪七〇年代	570	庚寅	南梁天保	九年
			陈太建	二年
			北齐武平	元年
			北周天和	五年
	571	辛卯	南梁天保	十年
			陈太建	三年
			北齐武平	二年
			北周天和	六年
	572	壬辰	南梁天保	十一年
			陈太建	四年
			北齐武平	三年
			北周天和	七年
			建德	元年

国内	国外
陈陈顼称帝,是为宣帝。　陈广州刺史欧阳纥叛。　北周齐公宇文宪攻北齐,围(河南)宜阳。	
北齐太傅斛律光救宜阳,北周军退。　陈车骑大将军章昭达击欧阳纥,擒斩之。回军攻南梁,围江陵,败还。	
北齐帝高纬囚其生母胡太后。	穆罕默德生(——632)。日本钦明天皇卒,敏达天皇嗣位。高句丽使臣呈递国书,三日无人能识,唯新降汉人王辰尔识之,敏达天皇大悦,下诏褒奖。史称"乌羽之表事件"。
北周晋公宇文护专权日久,入宫朝叱奴太后,武帝宇文邕以玉珽自后击斩之,始行亲政。　北齐帝高纬诬左丞相斛律光谋反,屠灭其族。北周武帝宇文邕闻之,幸其死,为之大赦。　北周令西魏时所掳南梁江陵民为奴者(554),悉释为民。	

年份	干支	国号王朝及纪年	
573	癸巳	南梁天保	十二年
		陈太建	五年
		北齐武平	四年
		北周建德	二年
574	甲午	南梁天保	十三年
		陈太建	六年
		北齐武平	五年
		北周建德	三年
575	乙未	南梁天保	十四年
		陈太建	七年
		北齐武平	六年
		北周建德	四年
576	丙申	南梁天保	十五年
		陈太建	八年
		北齐武平	七年
		隆化	元年
		北周建德	五年
577	丁酉	南梁天保	十六年
		陈太建	九年
		北齐隆化	二年
		承光	元年
		北周建德	六年

国内	国外
北齐尚书令高阿那肱、侍中穆提婆、领军大将军韩长鸾,并专朝政,时号三贵,国事日坏。　陈大举攻北齐,任镇前将军吴明彻为帅,连陷合肥、寿春(安徽寿县),擒王琳,斩之。　北齐帝高纬甚忧,穆提婆曰:"本是彼物,恁其取去。"又曰:"使尽失河南地,犹可作一龟兹国。"　北齐帝高纬诬侍中张雕、崔季舒谋反,斩之,妇女配奚官,幼男下蚕室施宫刑。	
北周武帝宇文邕下诏禁佛、道二教,沙门道士悉令还俗(佛教"三武之祸"二)。	
北周大举攻北齐,陷河阴(河南孟津),会武帝宇文邕有疾,撤退。　陈车骑大将军吴明彻攻北齐彭城(江苏徐州),军至吕梁(江苏徐州东南),败北齐兵数万。	
北周武帝宇文邕再大举攻北齐,陷平阳(山西临汾)。北齐帝高纬亲统军来救,大败,奔晋阳(山西太原)。北周围晋阳,高纬再奔邺城(河北临漳)。北周遂陷晋阳,擒北齐安德王高延宗。	
北齐帝高纬传位其子高恒,年方八岁,自称太上皇。北周寻陷邺城,高纬逃亡,欲奔陈,北周军追擒之,北齐亡,立国二十八年。北周统一中国北部。　北周封高纬为温公,旋诬以谋反,尽屠高氏皇族。　北周令除北魏时所掳北凉民为奴者(439)奴籍,悉释为民。	

	年份	干支	国号王朝及纪年	
	578	戊戌	南梁天保	十七年
			陈太建	十年
			北周建德	七年
			宣政	元年
	579	己亥	南梁天保	十八年
			陈太建	十一年
			北周大成	元年
			大象	元年
六世纪	580	庚子	南梁天保	十九年
八〇年代			陈太建	十二年
			北周大象	二年
	581	辛丑	南梁天保	二十年
			陈太建	十三年
			北周大定	元年
			隋开皇	元年
	582	壬寅	南梁天保	二十一年
			陈太建	十四年
			隋开皇	二年
	583	癸卯	南梁天保	二十二年
			陈至德	元年
			隋开皇	三年

国内	国外
陈车骑大将军吴明彻攻彭城(江苏徐州)急,北周遣徐州总管王轨救之,大破陈军,生擒吴明彻。 北周武帝宇文邕卒,子宣帝宇文赟嗣位,昏暴猜忌,诬其叔齐王宇文宪谋反,杀之。	
北周宣帝宇文赟又诬徐州总管王轨谋反,杀之。宇文赟寻传位于子静帝宇文阐,自称天元帝。北周政府禁天下妇女施脂粉。	
北周天元帝宇文赟卒,杨太后父隋公杨坚出任左丞相辅政。相州(河北临漳)总管尉迟迥、郧州(湖北安陆)总管司马消难,起兵讨杨坚,兵败,尉迟迥自杀,司马消难奔陈。	
北周静帝宇文阐让位于隋王杨坚。北周亡,立国二十五年。 杨坚即位,是为文帝,国号隋。封宇文阐为介公,寻杀之,尽屠宇文氏皇族。 隋铸五铢钱,颁新律。	
陈宣帝陈顼卒,子陈叔宝嗣位。 隋筑新都于龙首山,命名大兴城(陕西西安)。突厥已壮大,雄据漠北。沙钵略可汗入长城,隋行军总管达奚长儒拒之,突厥败走。突厥寻又攻秦州(甘肃天水),大掠,河西一带,六畜皆尽。	
隋迁新都于大兴(陕西西安)。下诏购遗书。隋遣卫王杨爽等八道出塞攻突厥,战于白道(内蒙呼和浩特北),突厥大败,沙钵略可汗匿草中遁走,隋更定律令,除死罪八十一条。	

年份	干支	国号王朝及纪年	
584	甲辰	南梁天保	二十三年
		陈至德	二年
		隋开皇	四年
585	乙巳	南梁天保	二十四年
		陈至德	三年
		隋开皇	五年
586	丙午	南梁广运	元年
		陈至德	四年
		隋开皇	六年
587	丁未	南梁广运	二年
		陈祯明	元年
		隋开皇	七年
588	戊申	陈祯明	二年
		隋开皇	八年
589	己酉	陈祯明	三年
		隋开皇	九年

国内	国外
南梁孝明帝萧岿入隋朝觐。 隋行《甲子元历》。 陈帝陈叔宝筑临春、结绮、望仙三阁,各高数十丈,时游其上。贵妃张丽华,与仆射江总、都官尚书孔范,内外相结,朝政日乱。	
南梁孝明帝萧岿卒,子孝靖帝萧琮嗣位。	
隋发民夫十五万,于朔方(陕西靖边北白城子)筑数十城。	
隋发民夫十万修长城。 隋征南梁孝靖帝萧琮入朝,南梁安平王萧岩惧,降陈。隋遂废梁国。南梁亡。立国八十六年。	
陈帝陈叔宝废太子陈胤,立张贵妃子陈深为太子。 隋于寿春(安徽寿县)置江南行台,任晋王杨广为尚书令,发兵五十二万,大举攻陈,军抵长江北岸。陈帝陈叔宝谓侍臣曰:“王气在此,齐兵三来(555、556、560),周军二至(560、567),无不摧毁,隋又何为者。”	
隋吴州总管贺若弼乘雾渡长江,攻建康(江苏南京),庐州总管韩擒虎破朱雀门入,陈帝陈叔宝与张贵妃躲入景阳殿井中,隋兵以绳引出,擒之,陈亡,立国三十三年。 大分裂时代终(304——,凡二百八十六年),隋政府统一中国。 晋王杨广遣使命留张贵妃,左仆射高颎不许,斩之。杨广变色曰:“我必有以报高公。” 隋封陈叔宝为长城公。	

	年份	干支	国号王朝及纪年
六世纪 九〇年代	590	庚戌	隋开皇 十年
	591	辛亥	隋开皇 十一年
	592	壬子	隋开皇 十二年
	593	癸丑	隋开皇 十三年
	594	甲寅	隋开皇 十四年
	595	乙卯	隋开皇 十五年
	596	丙辰	隋开皇 十六年
	597	丁巳	隋开皇 十七年
	598	戊午	隋开皇 十八年
	599	己未	隋开皇 十九年

国内	国外
江南民不习隋政府法令,陈故境一时悉叛,越公杨素先后击平之。	
吐谷浑向隋政府称臣。	
	日本崇峻天皇为其臣东汉直驹刺死,钦明天皇之女丰御食炊屋姬即位,是为推古女天皇。
隋文帝杨坚于岐州普润(陕西麟游)筑仁寿宫,铲山填谷,死者万数。	
下令制新乐。乐师万宝常饿死。　关中大旱。	
仁寿宫成,民夫死者相次于道,越公杨素悉行焚除。　杨坚下令盗边粮一升以上者皆斩。	
杨坚下令工商人士不得为官。　玄奘生(——664)。	
杨坚下令盗一钱以上者弃命,三人共盗一瓜,三人皆斩,行旅晚起早宿,天下懔懔。　行《张胄历》。	
高丽攻辽西(辽宁义县),杨坚遣汉王杨谅率兵三十万攻高丽,出临渝关(河北抚宁东北),军乏食,疾疫,死者十之八九,败还。	
突厥都蓝可汗与达头可汗,联合击突利可汗。突利可汗大败,投降隋朝,隋政府封为启民可汗,筑大利城(内蒙和林格尔)以处其众,突厥遂分东西。　杨坚诬凉州总管王世绩谋反,杀之。	

七世纪

〇〇年代,隋王朝宫廷政变,皇帝杨坚被其子杨广所杀。杨广奢侈淫虐,一意孤行,大举进攻高句丽,引起遍地民变。一〇年代末,终被绞死,隋亡。

唐王朝兴,李世民大帝使唐朝境内迅速复原,并击败侵边的各族,被尊为“天可汗”。中国强大繁荣,为世界各国崇拜对象(日本现行政治制度,仍保持唐王朝形态)。

九〇年代,皇太后武曌篡位,改称南周王朝,成为中国唯一的女皇帝。

七世纪

○○年代

年份	干支	国号王朝及纪年	
600	庚申	隋开皇	二十年
601	辛酉	隋仁寿	元年
602	壬戌	隋仁寿	二年
603	癸亥	隋仁寿	三年
604	甲子	隋仁寿	四年

国内	国外
杨坚诬太平公史万岁谋反,杀之。　皇太子杨勇性宽厚而稍奢,杨坚不喜,又多宠姬,独孤皇后亦不喜。其弟晋王杨广奸险,矫饰忠孝,佯恶声色,与越公杨素密谋夺嫡,诬杨勇谋反。杨坚怒,囚杨勇,废为庶人,立杨广为太子。	
突厥步迦可汗侵边。	
越公杨素大破突厥步迦可汗,沙漠以南无敌踪。　独孤皇后卒,著作郎王劭上书,称独孤皇后为妙善菩萨化身,事证符验。	
突厥因内乱,所属铁勒等部落纷叛,步迦可汗降于启民可汗,东突厥始盛。	
隋文帝杨坚卧病仁寿宫(陕西麟游),太子杨广与左仆射杨素侍疾。陈夫人出更衣,杨广逼奸,陈夫人拒之,得免,杨坚见其神色有异,陈夫人泣曰:“太子无礼。”杨坚大怒,命召故太子杨勇,欲废杨广。杨广与杨素密屏左右,遣舍人张衡入,执杨坚挞杀之,血溅御屏,冤痛之声,闻于内外。杨坚既死,是夜,杨广即命陈夫人侍寝。翌日,杨广即位,是为炀帝。先遣人驰赴长安斩杨勇。 汉王杨谅于晋阳(山西太原)起兵讨杨广,杨素迎击,杨谅投降,囚死。　杨广赴洛阳,定洛阳为东都。	

年份	干支	国号王朝及纪年
605	乙丑	隋大业 元年
606	丙寅	隋大业 二年
607	丁卯	隋大业 三年
608	戊辰	隋大业 四年

国内	国外
杨广于洛阳筑西苑,广三百里,建十六院,每院以四品夫人主之,每于月夜从宫女数千以游。复营建洛阳城,每日民夫二百万人,征天下奇材异石,珍禽怪兽以实之。又开邗沟及通济渠,自长安至江都,连成运河,沿运河置离宫四十余所。于江南建龙舟,龙舟成,遂游江都。舳舻相接二百里,骑兵夹两岸而行,所过州县,五百里内,皆令献食。	
杨广由江都返洛阳。　隋政府于巩县(河南巩义)东南置洛口仓,穿三千窖,容八千石。又于洛阳北置回洛仓,穿三百窖。	
杨广北游,出塞耀兵威,至涿郡(北京),东突厥启民可汗至涿郡朝觐,杨广大悦,赐锦帛二千万匹。太常卿高颎、光禄大夫贺若弼谏赏赐太侈,杨广诬以诽谤朝政,斩二人,妻子没官为奴,以复五八九年高颎杀张贵妃之仇。　杨广复进至金山(内蒙和林格尔),至启民可汗帐。　再于太原建晋阳宫,始还洛阳。	日本遣小野妹子出使中国。
杨广命发民夫军工百万人,穿永济渠,北自涿郡,中引沁水,南入黄河。男丁不给,妇女供役。 杨广北游五原,于汾水(山西阳曲东北)之北,筑汾阳宫(山西宁武西南管涔山上)。　杨广无日不筑宫室,虽处处宫室苑林,久而生厌,左顾右盼,无可意者。	

	年份	干支	国号王朝及纪年
	609	己巳	隋大业 五年
七世纪 一〇年代	610	庚午	隋大业 六年
	611	辛未	隋大业 七年

国内	国外
杨广游河西,出(甘肃)张掖,至燕支山(甘肃山丹南),西域二十七国遣使谒于道旁,即收其地置西海(青海天峻东南)、河源(青海兴海)、(新疆)且末、鄯善(新疆若羌)等郡,赦天下罪人,使服兵役以守之,大开屯田。 是时中国面积,东西九千三百里,南北一万四千八百里,隋王朝之盛,达于顶峰。 杨广忌司隶校尉薛道衡才华,诬以谋反,杀之,曰:"还能作'空梁落燕泥'否。" 东突厥启民可汗卒,子始毕可汗嗣位。	
杨广再赴江都。 开江南运河,自京口(江苏镇江)至余杭(浙江杭州),长八百里,广十余丈,欲南游会稽(浙江绍兴)。 杨广征高丽国王明年于涿郡(北京)朝觐。	
杨广自江都赴涿郡(北京),高丽王不至,杨广羞怒,大举攻高丽。于东莱(山东莱州)海口造海船三百艘,工匠昼夜立水中,自腰以下皆生蛆,死者累累。征全国兵会涿郡,道途常数十万人,昼夜不绝,死者相枕,臭秽盈路,天下开始骚动。又发民夫运粮,车牛去者皆不返,士卒死亡过半,田畴荒芜。山东、河南又大水,漂没三十余郡,大饥。官又贪残,因缘侵虐,民变纷起。 王薄起兵长白山(山东邹平境),窦建德起兵高鸡泊(河北故城西),张金称起兵河曲(河北清河境),高士达起兵清河(河北清河)。	

年份	干支	国号王朝及纪年
612	壬申	隋大业 八年
613	癸酉	隋大业 九年
614	甲戌	隋大业 十年

国内	国外
全国兵会涿郡,开始攻高丽,分二十四军,海陆并进,兵员一百一十三万。杨广渡辽河,围高丽辽东城(辽宁辽阳),久不能克。右翊卫大将军来护儿海道攻(朝鲜)平壤,中伏,大败。左翊卫大将军宇文述统九军三十五万人至萨水(朝鲜平壤北三十里),亦大败,全军覆没,生还仅二千七百人。杨广狼狈班师。	
杨广再攻高丽,征全国兵会涿郡,募勇士称"骁果",围辽东城。礼部尚书上柱国杨玄感于黎阳(河南浚县)起兵叛,攻洛阳,不克,西攻潼关。杨广大惧,潜引军还,使来护儿、宇文述追击,杨玄感兵败被杀。杨广曰:"杨玄感一呼,从者十万,益知天下人不欲多,多即相聚为盗,不尽加诛,无以惩后。"峻法治余党,杀三万余人,流徙者六千余人。然民变蜂起不可制。　郭方预起兵北海(山东青州),郝孝德起兵平原(山东陵县),刘元进起兵余杭(浙江杭州)。	
杨广赴涿郡,第三次征天下兵攻高丽,百道俱进,时全国已乱,所征兵多不能至,而高丽亦困,乞和,执降人斛斯政送回,杨广大悦,乃还长安。既而征高丽王入朝,高丽王仍不至,杨广惭怒,命将帅严装,待命再攻高丽。　李弘芝起兵扶风(陕西凤翔),刘迦论起兵(陕西)延安,刘苗王起兵(山西)离石,卢明月起兵祝阿(山东禹城),全国处处民变。	

年份	干支	国号王朝及纪年
615	乙亥	隋大业 十一年
616	丙子	隋大业 十二年

国内	国外
杨广赴汾阳宫(山西宁武西南)避暑,再北游至雁门(山西代县),东突厥始毕可汗发兵围之,雁门郡所属四十一城,突厥陷三十九,箭及御前,杨广大惧,抱幼子赵王杨杲而泣,令停高丽之役,遣使求救于始毕可汗妻义成公主,义成公主告始毕可汗云:“北方有急”,始毕可汗始解围去。 杨广返洛阳,赏既不行,复议攻高丽,更命江南重造龙舟,将士愤怨。 李子通起兵东海(江苏连云港),朱粲起兵城父(安徽亳州),民变兵变日闻。	
(元兴王操师乞始兴元年)(楚帝林士弘太平元年) 江南龙舟成,杨广再游江都,建节尉任宗谏,杖杀之。奉信郎崔民象谏,先割其颊斩之。作诗留别宫人云:“我梦江都好,征辽亦偶然。”奉信郎王爱仁再谏,斩之而行。 民变益炽,林士弘称楚帝。操师乞称元兴王。李密起兵瓦岗(河南滑县东南),罗艺起兵涿郡(北京市)。 杨广恶闻盗贼,众官朝觐,专问贡物丰薄,丰则超迁,薄则贬免,郡县务为刻剥。而民饥馑无食,始采树皮叶,煮土而食,诸物皆尽,乃自相食。	

年份	干支	国号王朝及纪年	
617	丁丑	隋大业	十三年
		义宁	元年
618	戊寅	隋大业	十四年
		义宁	二年
		皇泰	元年
		唐武德	元年

国内	国外
(楚帝林士弘太平二年)(夏王窦建德丁丑元年)(魏公李密永平元年)(定杨可汗刘武周天兴元年)(梁帝梁师都永隆元年)(永乐王郭子和正平元年)(秦帝薛举秦兴元年)(梁王萧铣鸣凤元年) 民变更烈,纷称帝称王。 骁果在江都(江苏扬州)者多逃亡,杨广悉征境内寡妇处女,集于宫中,恣将士择取。 太原留守李渊叛,起兵西攻,陷长安,立代王杨侑为帝,是为恭帝,自任大丞相,封唐王。	
(楚帝林士弘太平三年)(夏王窦建德五凤元年)(魏公李密永平二年)(定杨可汗刘武周天兴二年)(梁帝梁师都永隆二年)(永乐王郭子和正平二年)(秦帝薛仁果秦兴二年)(梁帝萧铣鸣凤二年)(许帝宇文化及天寿元年)(楚帝朱粲昌达元年)(乘帝高昙晟法轮元年)(凉帝李轨安乐元年)(燕王高开道始兴元年) 隋炀帝杨广自至江都,荒淫日甚,见天下危乱,亦忧不安,汲汲顾景,唯恐不足。骁果谋叛,宫女言之,立斩宫女,自是无敢再言者。右屯卫将军宇文化及等遂勒兵入宫,杨广逃入西阁,擒之出,绞死,立秦王杨浩为帝,尽屠杨氏皇族。 隋洛阳留守诸官奉越王杨侗称帝。 李渊废隋恭帝杨侑,自称帝,是为高祖,国号唐。 宇文化及率江都六宫及骁果北返,至魏县(河北大名西),杀杨浩,自称帝,国号许。	

	年份	干支	国号王朝及纪年	
	619	己卯	隋皇泰	二年
			唐武德	二年
七世纪 二〇年代	620	庚辰	唐武德	三年
	621	辛巳	唐武德	四年

国内	国外
(楚帝林士弘太平四年)(夏王窦建德五凤二年)(定杨可汗刘武周天兴三年)(梁帝梁师都永隆三年)(梁帝萧铣鸣凤三年)(许帝宇文化及天寿二年)(凉帝李轨安乐二年)(楚帝朱粲昌达二年)(燕王高开道始兴二年)(郑帝王世充开明元年)(梁王沈法兴延康元年)(吴帝李子通明政元年) 隋左仆射王世充废隋帝杨侗。隋亡,立国三十九年。　王世充称帝,国号郑。东突厥始毕可汗卒,弟处罗可汗嗣位。	
(楚帝林士弘太平五年)(夏王窦建德五凤三年)(定杨可汗刘武周天兴四年)(梁帝梁师都永隆四年)(梁帝萧铣鸣凤四年)(燕王高开道始兴三年)(郑帝王世充开明二年)(梁王沈法兴延康二年)(吴帝李子通明政二年) 唐秦王李世民击刘武周,其将宋金刚奔东突厥,被杀。刘武周亦奔东突厥,亦被杀。　东突厥处罗可汗卒,弟颉利可汗嗣位。另立始毕可汗子什钵苾为突利可汗。	
(楚帝林士弘太平六年)(夏王窦建德五凤四年)(梁帝梁师都永隆五年)(梁帝萧铣鸣凤五年)(燕王高开道始兴四年)(郑帝王世充开明三年)(吴帝李子通明政三年) 李世民攻王世充,围洛阳,窦建德来救,李世民出虎牢(河南荥阳西北)迎击,战于汜水,擒窦建德。王世充惧,出降。　赵郡王李孝恭击萧铣,楚王杜伏威击李子通,萧铣与李子通皆降。	

年份	干支	国号王朝及纪年	
622	壬午	唐武德	五年
623	癸未	唐武德	六年
624	甲申	唐武德	七年
625	乙酉	唐武德	八年
626	丙戌	唐武德	九年

国内	国外
(楚帝林士弘太平七年)(梁帝梁师都永隆六年)(燕王高开道始兴五年)(汉东王刘黑闼天造元年) 林士弘卒,其众星散。	伊斯兰教教主穆罕默德在麦加宣传伊斯兰教,麦加人逐之,穆罕默德率徒众奔麦地那,伊斯兰教即以今年为伊斯兰教历元年。
(梁帝梁师都永隆七年)(燕王高开道始兴六年)(汉东王刘黑闼天造二年)(元帅王摩沙进通元年)(宋帝辅公祏天明元年) 唐太子李建成大破刘黑闼,刘黑闼奔饶州(河北饶阳),其将执之降唐,斩于洺州(河北永年)。	
(梁帝梁师都永隆八年)(燕王高开道始兴七年)(宋帝辅公祏乾德元年) 赵郡王李孝恭击辅公祏,陷丹阳(江苏南京),斩之。 高开道将张金称斩高开道。群雄存者,唯梁师都,据朔方(陕西靖边北白城子),恃突厥之势。	
(梁帝梁师都永隆九年) 东突厥颉利可汗先后攻凉州(甘肃武威)、相州(河南安阳)、并州(山西太原)。大掠(山西)朔州,唐并州总管张瑾迎战,全军覆没。	
(梁帝梁师都永隆十年) 秦王李世民与太子李建成、齐王李元吉有隙,李世民诬二人淫乱后宫,伏兵玄武门,俟二人入朝,击斩之。唐帝高祖李渊遂传位于李世民,是为太宗,自称太上皇。东突厥颉利可汗与突利可汗合兵十万攻唐,军至渭河便桥,长安大震,唐帝太宗李世民轻骑出面请和,与二可汗分别盟誓,突厥始退。	

	年份	干支	国号王朝及纪年
	627	丁亥	唐贞观 元年
	628	戊子	唐贞观 二年
	629	己丑	唐贞观 三年
七世纪三〇年代	630	庚寅	唐贞观 四年

国内	国外
(梁帝梁师都永隆十一年) 燕王罗艺据泾州(甘肃泾川)叛,兵败,左右斩之。 玄奘犯禁出国境,西行求佛法,至高昌(新疆吐鲁番),高昌王曲文泰礼待。	
(梁帝梁师都永隆十二年) 夏州都督刘旻击梁师都于朔方(陕西靖边北白城子),东突厥来救,大败,梁师都为其侄所杀,唐政府于其地置夏州。群雄悉平。　关中饥,民卖子以易衣食。　西突厥内乱,二可汗并立,莫贺咄可汗与乙毗叶护可汗互攻不息。　东突厥突利可汗所部多叛,征讨又败。颉利可汗大怒,囚突利可汗十日,突利可汗由是生怨。颉利可汗向其数征兵,皆不应,发兵攻之,突利可汗降唐朝。 突厥北边诸部纷叛突厥,共推薛延陀部落酋长夷男为真珠可汗。	
东突厥突利可汗入朝。	
大举攻东突厥,兵部尚书李靖出马邑(山西朔州),颉利可汗大败,欲奔吐谷浑,为其下所执送唐朝,东突厥亡。唐分其地为六州,置都督府以统其众。　四夷君长尊唐帝太宗李世民为天可汗。　全国丰收,百姓流散者悉归田里,米每斗仅三四钱,一岁中死刑方二十九人,州县村落,夜不闭户,行旅不再带粮,取给于道,史称“贞观之治”。	伊斯兰教教主穆罕默德统军攻陷麦加,建伊斯兰教帝国,西洋称阿拉伯帝国,中国称“大食”“天方”(——1256)。

年份	干支	国号王朝及纪年
631	辛卯	唐贞观 五年
632	壬辰	唐贞观 六年
633	癸巳	唐贞观 七年
634	甲午	唐贞观 八年
635	乙未	唐贞观 九年
636	丙申	唐贞观 十年
637	丁酉	唐贞观 十一年
638	戊戌	唐贞观 十二年

国内	国外
仁寿宫改称九成宫(陕西麟游境)。　隋末,内地人多被突厥掠为奴婢,今年,李世民遣使以金帛赎之,赎回男女八万人。	中国高僧玄奘至印度摩揭陀王国(恒河南),入那烂陀寺,受教于戒贤大师苦学(——635)。
	阿拉伯帝国元首穆罕默德卒(571——),无子,政府设"哈利发"(教主、先知、代表、君王之意)为元首,穆罕默德岳父艾卜·伯克尔任第一届哈利发(——634)。
吐谷浑伏允可汗攻唐边,大掠鄯州(青海乐都),又攻凉州(甘肃武威)。唐政府遣李靖为西海道行军大总管,击之。	阿拉伯帝国第一任哈利发艾卜·伯克尔卒(632——),第二任哈利发欧麦尔嗣位(——644)。
唐军入吐谷浑境(青海省)二千里,伏允可汗远遁,缢死碛中。唐政府立其子慕容顺为王,寻为其下所杀,子诺曷钵嗣位。唐政府遣兵部尚书侯君集统军为之定乱。	阿拉伯军团北攻,陷东罗马帝国大马士革。
故荆州都督武士彟女武曌,年十四,有姿色,李世民纳入后宫,封才人。	
吐蕃(西藏)王弄赞发兵击吐谷浑,大败之,又攻松州(四川松潘),不能克,始退。	阿拉伯军团陷东罗马帝国耶路撒冷。

	年份	干支	国号王朝及纪年
	639	己亥	唐贞观 十三年
七世纪 四〇年代	640	庚子	唐贞观 十四年
	641	辛丑	唐贞观 十五年
	642	壬寅	唐贞观 十六年

国内	国外
唐政府为东突厥立可汗,命怀化郡王李思摩为俟利苾可汗,使建牙帐于沙漠之北,统其旧众。 高昌(新疆吐鲁番)国王曲文泰屡遏绝西域贡使,唐政府遣吏部尚书侯君集击之。	
高昌王曲文泰闻唐军将至,忧卒,子曲智盛嗣位,兵败,出降,高昌亡。唐政府于其地置西州。 唐政府将弘化公主妻吐谷浑王诺曷钵。	阿拉伯军团陷东罗马帝国在巴勒斯坦最后要隘该撒利亚。
唐王朝与吐蕃和亲,将文成公主嫁吐蕃王弄赞,公主恶其国人赤土涂面,弄赞为之下令禁止,遣子弟赴内地入学。　薛延陀真珠可汗遣其子大度设攻东突厥,俟利苾可汗不能御,率部退入长城,向唐朝告急、唐政府遣兵部尚书李世绩击薛延陀,战于诺真水(内蒙达尔罕茂明安联合旗北),薛延陀大败,五万人投降,值大雪,又冻死十之八九,大度设逃走。	
高丽东部大人渊盖苏文杀高丽王高建武,立故王侄高藏为王,自任莫离支(宰相)。	摩揭陀国王阿萨姆尊中国高僧玄奘上宾。　印度戒日王于首都曲女城(卡那乌)开讲经大会,与会者十八国王,大小乘僧侣三千余人,请玄奘为论主,论题另写一本悬示,破一字者,斩首相谢,凡十八日,无一人问难。

年份	干支	国号王朝及纪年
643	癸卯	唐贞观 十七年
644	甲辰	唐贞观 十八年
645	乙巳	唐贞观 十九年
646	丙午	唐贞观 二十年

国内	国外
唐帝太宗李世民图功臣像于凌烟阁。　齐王李佑据齐州(山东济南)叛,为其下所执,送长安,杀之。太子李承乾凶顽,又与弟魏王李泰有隙,恐被废,遂与吏部尚书侯君集密谋杀父。事泄,李承乾废为平民,囚右领军府,侯君集处斩,立晋王李治为太子。	玄奘离印度东归,戒日王于钵罗耶迦开“无遮大会”七十五日饯行。
高丽莫离支渊盖苏文攻新罗国,新罗向唐朝求救,李世民遣司农丞相里玄奖持诏书往止之,渊盖苏文不奉命。李世民遂亲击高丽,发洛阳。安西都护郭孝恪击焉耆,掳焉耆王龙突骑支。	阿拉伯帝国第二任哈利发欧麦被刺身死(634——),第三任哈利发鄂斯曼嗣位(——655)。玄奘自印度返抵于阗。
唐军攻高丽辽东城(辽宁辽阳),围之数百重,杀声鼓声震天地,遂陷,于其地置辽州。继陷白岩城(辽宁海城)、盖牟城(辽宁盖州),分置岩州、盖州。围安市城(辽宁凤城),数月不能克,天又入冬,草枯水冻,且粮食将尽,乃撤退。安市城主登城拜辞,李世民嘉其固守,赐帛百匹,以励事君。　玄奘自印度返抵长安(627——,共十九年),于弘福寺翻译佛经。	
薛延陀屡侵边,江夏王李道宗击之,多弥可汗逃去,为回纥所杀。余众立真珠可汗侄咄摩支为可汗,唐军穷追至郁督军山(蒙古杭爱山),咄摩支出降。薛延陀遂亡。	阿拉伯军团攻入东罗马帝国北非领地,陷亚历山大城,悉并埃及入版图。日本孝德天皇定年号为大化,始用中国式年号记年。一切悉行模仿中国,改组中央政府,史称“大化改革”。

	年份	干支	国号王朝及纪年	
	647	丁未	唐贞观	二十一年
	648	戊申	唐贞观	二十二年
	649	己酉	唐贞观	二十三年
七世纪 五〇年代	650	庚戌	唐永徽	元年
	651	辛亥	唐永徽	二年
	652	壬子	唐永徽	三年
	653	癸丑	唐永徽	四年
	654	甲寅	唐永徽	五年

国内	国外
回纥诸部落酋长入朝,唐政府就其部落所在,分置六府七州,各以其酋长为都督刺史。然其大酋长吐迷度对内仍称可汗。	
民间谣云:"女主武王代有天下",左武卫将军李君羡乳名"五娘",又为武安人,李世民深恶之,诬以谋反,杀之。又欲尽杀疑似者,太史令李淳风谏,始止。　龟兹(新疆库车)国王布失毕侵略邻边,对唐朝不逊。左骁卫大将军阿史那社尔击擒之,立其弟叶护为王。右卫率长史王玄策出使天竺(印度),会中天竺王卒,其大臣阿罗那顺自立,擒中国使节,掠诸国贡物。王玄策逃免,至吐蕃(西藏)境,征诸国之兵击之,陷其京师茶博和罗城,擒阿罗那顺以归。	
唐帝太宗李世民卒,子高宗李治嗣位。太尉长孙无忌,中书令褚遂良辅政。才人武曌随众妃嫔入感业寺为尼。	
大食(阿拉伯帝国)遣使至长安朝贡,伊斯兰教传入中国,自此始。	阿拉伯军团深入波斯,灭波斯王国(萨珊王朝)(226——,立国四百二十六年),收波斯归版图。
唐帝高宗李治赴感业寺进香,见武曌。昔为太子时曾相悦,乃密嘱其留发。王皇后无子,而萧淑妃有子且有宠,思以间之,遂引武曌入宫。武曌时年已三十一,巧慧多权数,屈意事王皇后,封为昭仪。	

	年份	干支	国号王朝及纪年
	655	乙卯	唐永徽 六年
	656	丙辰	唐永徽 七年 显庆 元年
	657	丁巳	唐显庆 二年
	658	戊午	唐显庆 三年
	659	己未	唐显庆 四年
七世纪 六〇年代	660	庚申	唐显庆 五年

国内	国外
武曌诬王皇后及萧淑妃谋逆,囚之,先各杖一百,断去手足,投酒缸中,数日而死。　李治立武曌为皇后。太尉褚遂良力谏,贬为潭州(湖南长沙)都督。	阿拉伯帝国第三任哈利发鄂斯曼为暴民所杀(644——),穆罕默德女婿阿里继任第四任哈利发(——661)。
中书侍郎李义甫附武曌,擢为参知政事,李义甫容貌恭温,而内阴险,时谓笑中有刀。	
李义甫与礼部尚书许敬宗,迎合武曌意,诬侍中韩瑗、中书令来济、桂州都督褚遂良谋反。贬韩瑗振州(海南三亚)刺史,来济台州(浙江临海)刺史,褚遂良爱州(越南清化)刺史。　左屯卫将军苏定方击西突厥,擒沙钵略可汗,于其地置濛池、昆陵二都护府。	
左屯卫大将军杨胄,攻龟兹王国,立素稽为龟兹王。	
武曌诬太尉长孙无忌,其弟长孙铨、长孙恩、凉州刺史赵持满,及王皇后舅柳奭等谋反,悉杀之。褚遂良已死,杀其子。韩瑗亦死,剖棺。自是政归武曌。	
唐帝高宗李治染风眩疾,头重,目不能视,百官奏事,均由武曌裁决,权威日尊。　百济国恃高丽势,数侵新罗,新罗再求救于唐朝。唐政府遣左武卫大将军苏定方击百济,围其京都泗沘城(朝鲜扶余),百济王扶余义慈倾国出战,大败,出降,唐于其地置五都督府。	

年份	干支	国号王朝及纪年
661	辛酉	唐显庆 六年 龙朔 元年
662	壬戌	唐龙朔 二年
663	癸亥	唐龙朔 三年
664	甲子	唐麟德 元年
665	乙丑	唐麟德 二年

国内	国外
百济故将福信等起兵,自日本迎故王之子扶余丰为王,围唐郎将刘仁愿于泗沘城,带方州刺史刘仁轨救至,百济解围去。　唐政府命任雅相、契苾何力、苏定方为三行军总管,发三十五军,海陆击高句丽,围其京都平壤(朝鲜平壤)。	阿拉伯帝国第四任哈里发阿里被刺身死(655——),大臣穆阿伟亚自立为第五任哈利发,废除选举制,改为父子世袭,自麦地那迁都大马士革(西洋称"倭马亚王朝",中国称"白衣大食")。
唐政府改官名府名:门下省为东台,侍中为左相。中书省为西台,中书令为右相。尚书省为中台,仆射为匡政。　大军围高句丽平壤,久不能克,解围班师。铁勒九姓屡侵边,左武卫大将军郑仁泰、左武卫将军薛仁贵击之,战于天山,铁勒九姓大败,唐军追至仙萼河(色楞格河)。值大雪,引还,粮又尽,食马又尽,人自相食,一万四千骑,比入塞,仅余八百人。唐政府复遣右骁卫大将军契苾何力击之,铁勒九姓始降。	
百济王扶余丰引日本入援,屯周留城(朝鲜韩山),唐熊津道总管孙仁师援刘仁愿。刘仁轨统水军至白江口,欲会陆军。猝遇日军,四战皆捷,焚其舟四百艘,海水皆赤,日军遁走,扶余丰奔高句丽,百济亡。唐政府留刘仁轨镇守。	百济亡(前18——,立国六百八十一年),朝鲜半岛仅余二国对峙,高句丽居北,新罗居南。
唐帝高宗李治每临朝视事,武曌即垂帘于后,中外称为"二圣"。　武曌诬西台侍郎上官仪谋反,杀之。　玄奘卒(596——)。	

	年份	干支	国号王朝及纪年
	666	丙寅	唐麟德 三年 乾封 元年
	667	丁卯	唐乾封 二年
	668	戊辰	唐乾封 三年 总章 元年
	669	己巳	唐总章 二年
七世纪 七〇年代	670	庚午	唐总章 三年 咸亨 元年
	671	辛未	唐咸亨 二年
	672	壬申	唐咸亨 三年
	673	癸酉	唐咸亨 四年
	674	甲戌	唐咸亨 五年 上元 元年
	675	乙亥	唐上元 二年

国内	国外
李治封禅泰山。 高句丽莫离支渊盖苏文卒,诸子互攻,长子泉男生为次子泉男建所驱,向唐朝求救。 唐政府遣李绩任辽东道行军大总管,海陆两道击高句丽。	
唐军入高句丽,通事舍人元万顷作檄高句丽文,曰:“不知守鸭绿江之险。”高句丽曰:“谨闻命矣。”遂守鸭绿江,唐军不得渡。唐政府窜元万顷于岭南(广东)。	
唐军陷扶余城(吉林四平),渡鸭绿江,围平壤,高句丽王高藏出降。高句丽亡。唐政府于其地置九都督府,四十二州,一百县,于平壤置安东都护府以统之。	高句丽亡(前37——,立国七百零五年)。
吐蕃大举攻唐朝,连陷西域十八州(——692),唐政府遣右卫大将军薛仁贵、左卫将军郭待封,统军攻之,大败而还。	
吐谷浑畏吐蕃之强,东迁于唐朝安乐州(宁夏中卫)。其故地(青海省)悉为吐蕃所有。吐谷浑汗国亡。	日本天智天皇卒,皇弟大海人起兵攻皇太子大友,大友兵败自刎,人海人即位,是为天武天皇。史称“壬申之乱”。
李治称天皇,武曌称天后。	
太子李弘,武曌所生长子,仁孝谦恭。萧良娣二女义阳、宣城二公主,因母故,囚于内庭,年逾三十不能嫁,李弘见之惊恻,奏请成婚,武曌怒,毒李弘死,立其弟李贤为太子。	

	年份	干支	国号王朝及纪年	
	676	丙子	唐上元	三年
			仪凤	元年
	677	丁丑	唐仪凤	二年
	678	戊寅	唐仪凤	三年
	679	己卯	唐仪凤	四年
			调露	元年
七世纪	680	庚辰	唐调露	二年
八〇年代			永隆	元年
	681	辛巳	唐永隆	二年
			开耀	元年

国内	国外
	新罗不耐唐朝统治朝鲜北部,屡攻唐军,唐军迭败。今年,安东都护府自平壤迁新城(辽宁),新罗统一朝鲜半岛(第一次统一)。
吐蕃侵边不已。洮河道大总管李敬玄率兵十八万,与吐蕃战于青海上,大败。右卫大将军刘审礼深入,李敬玄不敢救,刘审礼遂为吐蕃所掳。	
西突厥十姓可汗阿史那都支,与吐蕃联合,逼唐朝安西。会波斯王卒,其子泥洹师在长安,唐政府立为波斯王,遣吏部侍郎裴行俭送之归,使乘机图西突厥。裴行俭过西州(新疆吐鲁番),佯为出猎,驰擒阿史那都支。留肃州刺史王翼于焉耆,筑碎叶城(吉尔吉斯斯坦托克马克)。　东突厥二部落叛,立阿史那泥熟匐为可汗。单于大都护府(内蒙和林格尔)长史萧嗣业击之,大败。	
定襄道大总管裴行俭击东突厥,大破之于黑山(内蒙和林格尔北杀虎山),阿史那泥熟匐可汗为其下所杀。　太子李贤,武曌所生次子,武曌信谗言,废之为平民,立三子李哲为太子。	
东突厥俟裴行俭军还,阿史那伏念又称可汗,裴行俭再击之,擒阿史那伏念,斩于长安。	

年份	干支	国号王朝及纪年	
682	壬午	唐开耀	二年
		永淳	元年
683	癸未	唐永淳	二年
		弘道	元年
684	甲申	唐嗣圣	元年
		文明	元年
		光宅	元年
685	乙酉	唐垂拱	元年

国内	国外
西突厥阿史那车薄率十姓部落,称可汗,围弓月城。安西都护(吉尔吉斯斯坦托克马克)王方翼击之,战于热海(吉尔吉斯斯坦伊赛克湖),流矢贯臂,抽刀截之,左右不知,遂大破之,擒其酋长三百人,西突厥溃散。　关中先水后旱蝗,继以疾疫,米每斗银四百两,死者相枕,人相食。	
唐帝高宗李治卒,子中宗李哲嗣位,尊武曌为皇太后,内史裴炎辅政。	
李哲初立,欲命韦皇后父韦玄贞为侍中,又欲授乳母之子五品官,内史裴炎谏,李哲怒曰:"我以天下与韦玄贞,有何不可。"武曌遂集百官,废李哲为庐陵王,立四子李旦为帝,是为睿宗,居于别殿,不使问政事,武曌临朝。　眉州刺史徐敬业、长安主簿骆宾王,于(江苏)扬州起兵讨武曌,武曌遣左玉钤卫大将军李孝逸击斩之。　武曌立武氏七庙,裴炎谏,不听。又以韩王李元嘉、鲁王李灵夔辈尊位重,欲杀之,裴炎又固争。及徐敬业反,裴炎又劝武曌还政,武曌怒,诬裴炎谋反,杀之。左武卫大将军程务挺密奏救裴炎,武曌复诬程务挺谋反,亦杀之。并杀热海之役名将王方翼。	
武曌迁李哲于房州(湖北房县)。　武曌爱幸卖药人冯小宝,使削发为僧,改名怀义,任白马寺主,以便出入宫帏。	

年份	干支	国号王朝及纪年
686	丙戌	唐垂拱 二年
687	丁亥	唐垂拱 三年
688	戊子	唐垂拱 四年
689	己丑	唐垂拱 五年 永昌 元年

国内	国外
武曌知人心不服,大肆诛戮以立威,命告密者,臣下不得过问,皆给驿马,直抵御前,不实者不罪。于是告密纷起,人人自危。秋官侍郎周兴、御史中丞来俊臣、游击将军索元礼,均治诏狱,竞为讯囚酷法,作大枷"定百脉""突地吼""死猪愁""求破家""反是实"等,及刑讯"凤凰展翅""驴驹拔橛""仙人献果""玉女登梯"等,囚无不望风诬伏。来俊臣更撰《罗织经》数千言,教其徒网罗无辜,织成反状。　右卫大将军李孝逸自破徐敬业,威名甚著,武曌忌之,诬以有罪,贬为施州(湖北恩施)刺史。	
武曌诬凤阁侍郎刘祎之受贿,杀之。又诬施州刺史李孝逸谋反,减死,除名,贬死(海南)儋州。	
武曌诬太子通事舍人郝象贤、韩王李嘉、鲁王李灵夔、黄公李譔、常乐公主、东莞公李融、霍王李元轨、江都王李绪等谋反,悉杀之。郝象贤临刑,肆口骂武曌,自是每刑人,先以木丸塞口。　琅邪王李冲、越王李贞,先后起兵讨武曌,兵败被杀。	
武曌命白马寺主冯小宝为新平军大总管,北击东突厥,至紫河(内蒙和林格尔南),不见敌而还。 武曌杀汝南王李炜、鄱阳公李諲等皇族十二人。继又杀纪王李慎、东王李续。继又杀嗣郑王李敬等皇族六人。继又杀地官尚书魏玄同、彭州长史刘易从、右武卫大将军黑齿常之、天官侍郎邓玄挺。皆诬以谋反,或斩或绞。	

	年份	干支	国号王朝及纪年
七世纪 九〇年代	690	庚寅	唐载初 元年 南周天授 元年
	691	辛卯	南周天授 二年

国内	国外
武曌废其子唐帝睿宗李旦为皇嗣,唐王朝亡。武曌称帝,国号周,史称南周。杀唐豫章王李亶、泽王李上金、南安王李颖等十三人。又杀唐恒州刺史裴贞、胜州都督王安仁。又鞭死其孙故太子李贤之子二人。唐李氏皇族及忠贞大臣,灭绝殆尽。　侍御史侯思止、游击将军王弘义,更竞为酷刑,置狱丽景门内,入是狱者,非死不得出,王弘义呼之为“例竟门”,人人震怖。	
武曌杀尚衣奉御刘行感、右金吾大将军丘神绩、纳言史务滋、玉钤卫大将军张虔勖、岐州刺史云弘嗣、地官尚书格辅元、文昌右相岑长倩、司礼卿欧阳通、鸾台侍郎乐思晦、右卫将军李安静。有人告酷吏文昌右丞相周兴谋反,武曌命另一酷吏御史中丞来俊臣鞫之,来俊臣方与周兴共食,因谓曰:“囚多不招认,当用何法。”周兴曰:“此甚易耳,取大瓮,以炭置四围烧之,令囚入其中,何事不承。”来俊臣乃索大瓮烧炭如所教,曰:“有诏推兄,请兄入此瓮。”周兴恐,伏罪,流岭南,中途为仇家所杀。　武曌杀游击将军索元礼,以收人心。	

年份	干支	国号王朝及纪年
692	壬辰	南周天授 三年 如意 元年 长寿 元年
693	癸巳	南周长寿 二年
694	甲午	南周长寿 三年 延载 元年

国内	国外
御史中丞魏元忠疾,其属监察御史郭霸尝其粪,喜曰:"公粪甘则可忧,今苦,无伤也。"魏元忠恶之,遇人则告。　左台中丞来俊臣诬同平章事任知古、狄仁杰、裴行本,及司礼卿崔宣礼、前文昌左丞卢献、御史中丞魏元忠、潞州刺史李嗣真等谋反,下狱。侍御史侯思止鞫之,备极苦刑。狄仁杰裂布书冤状置棉被中,其子告变,武曌召见,七人得幸免,唯仍悉贬远荒。崔宣礼之甥殿中侍御史霍献可奏曰:"陛下不杀崔宣礼,臣请死于阶前。"以头触地,血流如注,以示不私其亲,武曌不许。　武威军总管王孝杰,大破吐蕃,悉复西域四镇(670——)。	
武曌加尊号,称金轮圣神皇帝。杀皇嗣李旦妻刘妃、窦妃,又杀冬官尚书苏干。　有告岭南流人(因罪贬窜者)谋反,武曌遣司刑评事万国俊往查,万国俊至广州,悉召流人,命俱自杀,流人哭号不服,万国俊驱之水曲,尽斩之,一朝死三百人,诈为反状奏报,武曌大喜。万国俊还,言诸道流人亦必怨望谋反,不可不早诛,武曌乃遣六道使,分赴诸道,尽屠流人,或杀七百人,或杀五百人,其远年杂犯流人,亦与之俱死。	
武曌加尊号,称越古金轮圣神皇帝。　酷吏右台中丞来俊臣坐赃,贬同州(陕西大荔)参军。酷吏游击将军王弘义因罪流琼州(海南定安),诈称奉诏召还,至汉北,侍御史胡元礼杖杀之。　东突厥默啜可汗攻灵州(宁夏灵武),南周政府遣白马寺主冯小宝为代北道行军大总管击之,军未发而突厥退。	

年份	干支	国号王朝及纪年
695	乙未	南周证圣 元年 天册万岁 元年
696	丙申	南周天册万岁 二年 万岁登封 元年 万岁通天 元年
697	丁酉	南周万岁通天 二年 神功 元年

国内	国外
武曌加尊号,称慈氏越古金轮圣神皇帝。　明堂大火,再建明堂。　白马寺主冯小宝恃内宠,骄恣,武曌使建昌王武攸宁率壮士扑杀之。	
营州都督赵文翙刚愎,契丹部落饥,不加赈恤,又视其酋长如奴仆,契丹松漠都督李尽忠遂叛,称无上可汗。归诚州刺史孙万荣起兵应之,陷营州(辽宁朝阳),杀赵文翙,进围檀州(北京密云)。左威武大将军曹仁师击之,大败。李尽忠寻卒,孙万荣代领其众,继称可汗,陷(河北)冀州,屠官民数千,河北震动。	
尚乘奉御张易之,年少美丰姿,武曌爱幸之,与其弟张昌宗俱入侍宫闱,权倾朝野。　箕州(山西左权)刺史刘思礼谋反,合宫(洛阳)县尉来俊臣告变,南周帝武曌使河内王武懿宗鞫之,武懿宗令刘思礼广引朝士,许免其死,于是引凤阁侍郎李元素等凡三十六家,皆海内名士,酷刑楚毒,铸成其狱,悉屠灭全族。仍斩刘思礼。　擢来俊臣为司仆少卿,诬司刑府史樊惎谋反,斩之。樊惎之子讼冤朝堂,自剖其腹,秋官侍郎刘如璇见之,窃叹而泣,来俊臣诬其私党叛逆,应绞,武曌命流瀼州(广西上思)。来俊臣又欲罗织皇族诸王及太平公主,皇族及太平公主发其罪,于是斩来俊臣,籍没其家。　契丹孙万荣可汗攻瀛州(河北河间),清边道总管王孝杰败死。南周政府再遣河内王武懿宗往击,见敌即退,契丹遂进屠赵州(河北赵县)。东突厥默啜可汗袭契丹,奚部落又叛,契丹大溃,孙万荣可汗为其下所杀。武懿宗安抚河北,民有为契丹胁掠而返者,皆生剖其腹。	

年份	干支	国号王朝及纪年
698	戊戌	南周圣历 元年
699	己亥	南周圣历 二年

国内	国外
武曌召其子庐陵王李哲返洛阳,命皇嗣李旦逊位,立李哲为太子,改名李显。 东突厥默啜可汗陷静难军(河北赤城),攻妫州(河北怀来)、檀州(北京密云)。尽杀所俘赵州(河北赵县)(河北)定州男女万余人,分五道撤退,所过杀掠,死亡不可胜记。	
武曌年高(今年七十六岁),虑死后诸武灭绝,命太子李显、相王李旦、太平公主,与定王武攸暨,于明堂告天地为盟誓,刻于铁券,藏于史馆。 高句丽故将大祚荣,于东牟山(吉林敦化)起兵,建震国王国(——926)。	

八世纪

本世纪初,南周亡,武曌死。唐王朝恢复,再经一场宫廷夺权斗争,亲王之一的李隆基即位,唐朝连享四十年太平繁华。

五〇年代,北方边防大将安禄山叛变,攻陷首都长安。虽被敉平,但藩镇割据,外族频侵,国势一蹶不振。

	年份	干支	国号王朝及纪年	
八世纪 〇〇年代	700	庚子	南周圣历 久视	三年 元年
	701	辛丑	南周久视 大足 长安	二年 元年 元年
	702	壬寅	南周长安	二年
	703	癸卯	南周长安	三年
	704	甲辰	南周长安	四年
	705	乙巳	南周神龙 唐神龙	元年 元年

国内	国外
吐蕃攻凉州(甘肃武威),围昌松(甘肃古浪)。陇右诸军大使唐休璟迎战于洪源谷(甘肃永登西北),吐蕃败走。	
奉宸令张易之专权,出入宫闱不禁,武曌孙邵王李重润,与妹永泰郡主,郡主婿魏王武延基,窃议其事。张易之诉于南周帝武曌,武曌悉令自杀。	
司仆卿张昌宗诬左台大夫魏元忠谋反,密引凤阁舍人张说于南周帝武曌前证之,张说既至,证其无有,武曌怒,贬魏元忠高要(广东肇庆)县尉,流张说岭南。	
南周帝武曌卧疾,居迎仙宫长生殿,同平章事张柬之、崔玄玮、司刑少卿桓彦范、相王府司马袁恕己、中台右丞敬晖,率羽林军赴东宫迎太子李显,自玄武门斩关而入,杀张易之、张昌宗于廊下,入长生殿,废武曌,迁之于上阳宫。武曌寻卒,南周亡,立国十六年。　李显称帝,改国号唐。唐复国。韦皇后亦复立,与李显同出朝听政,如武曌当年。并与梁王武三思私通,诸武权威复振,乃封张柬之为汉阳王、崔玄玮为博陵王、桓彦范为扶阳王、袁恕己为南阳王、敬晖为平阳王,时称五王,悉罢政事,夺其权,朝政尽归武三思。	

年份	干支	国号王朝及纪年	
706	丙午	唐神龙	二年
707	丁未	唐神龙 景龙	三年 元年
708	戊申	唐景龙	二年
709	己酉	唐景龙	三年

国内	国外
武三思恶五王不已,皆贬远州刺史。复诬五王谋反,流张柬之于泷州(广东罗定),崔玄暐于古州(越南谅山),桓彦范于瀼州(广西上思),袁恕己于环州(广西环江)、敬晖于琼州(海南定安)。寻遣大理正周利用追杀之。张柬之、崔玄暐已死。遇桓彦范于贵州(广西贵港),令左右缚之,曳于竹槎之上,肉尽至骨,然后杖死。得袁恕己,逼之饮毒野葛汁,尽数升不死,不胜毒苦,抓地,爪甲殆尽,乃捶杀之。得敬晖,剥其皮而死。 武三思既杀五王,权震天下,曰:"我不知何者谓善人,何者为恶人,但于我善者为善人,于我恶者为恶人。"　安乐公主为李显幼女,最为疼爱,恃宠骄恣,卖官鬻爵,势倾朝野,或自写诏令,掩其文,令父署名,李显笑而从之。自请为皇太女,李显不允,亦不责。	
安乐公主与婿左卫将军武崇训恒凌侮太子李重俊,呼之为奴,李重俊不能堪,起兵,斩武崇训及其父武三思。寻兵溃,被杀。	
安乐公主再嫁右卫将军武延秀。安乐公主与韦皇后妹郕国夫人、昭容上官婉儿等,依恃权势,得钱三十万,即别降墨敕,斜封付中书省授官,时谓"斜封官"。	
安乐、长宁诸公主多掠百姓子女为奴婢,侍御史袁从之捕系狱,李显命释之。　关中饥,米每斗百钱。	

	年份	干支	国号王朝及纪年	
八世纪 一〇年代	710	庚戌	唐景龙 唐隆 景云	四年 元年 元年
	711	辛亥	唐景云	二年
	712	壬子	唐景云 太极 延和 先天	三年 元年 元年 元年
	713	癸丑	唐先天 开元	二年 元年
	714	甲寅	唐开元	二年

国内	国外
金城公主下嫁吐蕃王弃蹜赞。 安乐公主欲韦皇后临朝,己为皇太女,乃合谋置毒饼中,唐帝中宗李显食之,遂中毒死。子少帝李重茂嗣位,韦皇后临朝。南北卫军、台阁要司,皆以韦姓子弟主之,中外连结,称引图谶,谓唐王朝将亡,韦氏当兴。 相王李旦子临淄王李隆基起兵攻皇宫,宫内诸卫兵应之,韦皇后惶惑走入飞骑营,飞骑营斩之,安乐公主方照镜画眉,军士亦斩之。尽杀诸韦于杜曲(西安南),婴孩不免。诸武亦诛死流窜殆尽。 太平公主命李重茂让位于叔父李旦,李旦再称帝。 谯王李重福于均州(湖北丹江口)起兵讨李旦,事败被杀。	日本元明天皇即位,迁都奈良(平城),自是始有固定首都,极力仿效中国,文化灿烂,"奈良时期"始(——784)。
	阿拉伯军团自北非渡直布罗陀海峡,攻入西班牙,灭西哥特王国(412——,立国三百年),收西班牙归版图。
唐帝睿宗李旦传位于子玄宗李隆基,自称太上皇。诗人杜甫生(——770)。	日本史学家太安万侣,著《古事记》,悉用中文,为日本第一部史籍。
唐帝玄宗李隆基与其姑太平公主素有隙,太平公主恃太上皇李旦势,宰相七人,五出其门,阴谋废立,李隆基大捕太平公主党,尽斩之,太平公主自杀。 唐封震国王大祚荣(699——)为勃海郡王,大祚荣遂定国号为勃海。	

	年份	干支	国号王朝及纪年	
	715	乙卯	唐开元	三年
	716	丙辰	唐开元	四年
	717	丁巳	唐开元	五年
	718	戊午	唐开元	六年
	719	己未	唐开元	七年
八世纪 二〇年代	720	庚申	唐开元	八年
	721	辛酉	唐开元	九年
	722	壬戌	唐开元	十年
	723	癸亥	唐开元	十一年
	724	甲子	唐开元	十二年
	725	乙丑	唐开元	十三年
	726	丙寅	唐开元	十四年

国内	国外
山东大蝗,民于田畔焚香膜拜,不敢杀,紫微令姚崇遣御史督州县捕埋之。	
东突厥默啜可汗击九姓部落拔曳固,大破之。轻骑引退,恃胜不设备,遇拔曳固逃兵,自林中跃出斩之。其兄毗伽可汗嗣位。	
	阿拉伯帝国军团海陆围攻东罗马帝国首都君士坦丁堡。
	东罗马帝国皇帝李奥三世以"希腊火"(能在水上燃烧之化学武器)反攻,阿拉伯军团溃走,君士坦丁堡围解。
东突厥毗伽可汗遣使赴唐朝求和。	
唐政府罢诸卫府兵,改为招募,中国兵农自此分。	
李隆基封禅泰山。　唐政府宣布,酷吏来俊臣等三十二人之子孙永远禁锢。	
	东罗马帝国皇帝李奥三世禁止基督徒拜偶像,而罗马城主教则主拜圣母圣婴,于是与君士坦丁堡主教各行其是,教会分裂为二,在西者称天主教,在东者称希腊正教。

	年份	干支	国号王朝及纪年	
	727	丁卯	唐开元	十五年
	728	戊辰	唐开元	十六年
	729	己巳	唐开元	十七年
八世纪 三〇年代	730	庚午	唐开元	十八年
	731	辛未	唐开元	十九年
	732	壬申	唐开元	二十年
	733	癸酉	唐开元	二十一年
	734	甲戌	唐开元	二十二年
	735	乙亥	唐开元	二十三年
	736	丙子	唐开元	二十四年

国内	国外
凉州都督王君㚟击吐蕃,吐蕃反攻,陷瓜州(甘肃安西),掳王君㚟之父,遂攻玉门,王君㚟登城,西望而泣,不敢出兵。吐蕃遣使间道赴突厥,王君㚟于肃州(甘肃酒泉)邀击。遇回纥部落酋长护输,为所擒,被杀。　李隆基以亲王得大位,忌亲王掌权,于苑城外建十王宅,以居皇子,由宦官主之。自是亲王不出任官职,王府官属,但岁时通名起居。后诸孙渐多,又建百孙院,太子亦不另居东宫。	
	阿拉伯军团自西班牙逾比利牛斯山,攻入高卢境,法兰克王国墨罗温王朝宫相查理马特迎击,会战于都尔城,阿拉伯军团大败。阿拉伯扩张自是受阻,不能再进。
幽州(北京)节度使张守珪遣平卢(辽宁朝阳)讨击使安禄山击奚契丹,大败,于法当斩,临刑,张守珪惜其骁勇,更送长安,唐帝玄宗李隆基赦之。	

	年份	干支	国号王朝及纪年	
	737	丁丑	唐开元	二十五年
	738	戊寅	唐开元	二十六年
	739	己卯	唐开元	二十七年
八世纪 四〇年代	740	庚辰	唐开元	二十八年
	741	辛巳	唐开元	二十九年
	742	壬午	唐天宝	元年
	743	癸未	唐天宝	二年
	744	甲申	唐天宝	三载
	745	乙酉	唐天宝	四载
	746	丙戌	唐天宝	五载

国内	国外
李隆基诬其子太子李瑛、鄂王李瑶、光王李琚谋反,悉杀之。	
唐王朝直辖州三百二十一,边疆羁縻州八百,海内晏安富庶,行者万里,不恃兵器,为唐王朝极盛时期。	
平卢(辽宁朝阳)节度使安禄山入朝,命兼范阳(北京)节度使。　李隆基悦其子寿王李瑁妻杨玉环,令其先出家为女道士,号太真。再潜迎入宫,宫中称娘子。另为李瑁娶左卫将军韦昭训女。	
李隆基谓诸宰相曰:"朕于宫中设坛,为百姓祈福,自草表章置案上,俄飞升天,闻空中语云:'圣寿延长。'又朕于嵩山炼药成,亦置坛上,及夜,左右欲收之,亦闻空中语云:'药不须收,吾自守护。'天曙始收之。"太子、诸王、诸宰相皆上表贺。 殿中侍御史罗希奭、京兆府法曹吉温,竞为酷刑,中书令李林甫引用之,二人随李林甫所欲,锻炼成狱,无人能脱。　李隆基封杨玉环为贵妃,三姊皆于长安赐第,宠贵无比。	

	年份	干支	国号王朝及纪年	
	747	丁亥	唐天宝	六载
	748	戊子	唐天宝	七载
	749	己丑	唐天宝	八载
八世纪 五〇年代	750	庚寅	唐天宝	九载

国内	国外
范阳(北京)节度使安禄山入朝,出入禁中,李隆基使其认杨贵妃为母,并与杨贵妃三姊及族兄叙为兄弟。　中书令李林甫诬淄川太守裴复敦、北海太守李邕、陇右节度使皇甫惟明、刑部尚书韦坚、左相李适、李适之子李霅、御史中丞杨慎矜、太府少卿张瑞等谋反,或斩、或绞、或自尽、或杖死。　李隆基命全国通一艺以上者,皆征赴长安。李林甫恐众人发其奸恶,建言由政府甄试,于是无一人及格,李林甫遂上表,贺野无遗贤。	
李隆基命陇右(青海乐都)节度使哥舒翰攻吐蕃石堡城(青海海晏境),吐蕃守兵仅四百人,而死士卒数万始陷之。自742年之后,兵制益坏,宿卫官兵,多供差役,用之如奴隶,长安人羞之。戍边者多为将吏苦役,利其死而没其财,应为兵者皆逃匿,致折冲府无兵可交。中书令李林甫奏废征兵,折冲府徒有官吏,而无士卒。官吏又历年不迁,士大夫耻为之,子弟为武官者,父兄均不齿。精兵皆聚西北,北边、南境及国内,悉无武备。	
云南太守张虔陀淫虐,又诬奏南诏王阁罗凤谋反,阁罗凤忿怨,遂叛,发兵陷云南(云南姚安),斩张虔陀,占领三十一州。　安西四镇节度使高仙芝,统军七万西击石国(乌兹别克斯坦塔什干),黑衣大食来援,战于怛罗斯城(奥立阿塔),高仙芝大败。	阿拉伯帝国内乱,穆罕默德叔父阿拔斯后裔阿布尔起兵,倭马亚王朝(前661——)男子,除一王子得逃走外,悉被屠戮。阿拔斯后裔自立为哈利发(史称“阿拔斯王朝”,中国称“黑衣大食”)。

年份	干支	国号王朝及纪年
751	辛卯	唐天宝 十载
752	壬辰	唐天宝 十一载
753	癸巳	唐天宝 十二载
754	甲午	唐天宝 十三载

国内	国外
剑南(四川成都)节度使鲜于通击南诏,南诏请降,不许,战于西弥河(云南大理洱海),唐政府军大败,死六万余人,鲜于通仅以身免。御史中丞杨国忠掩其败状,反以大捷叙功。	法兰克王国宫相丕平囚墨罗温王朝末王于修道院,墨罗温王朝亡(486——,凡四百八十五年)。丕平即位,史称"加洛林"王朝(——987)。 日本编纂《怀风藻》一书,为日本最早之诗集(全用中文写作)。
右相李林甫卒,杨贵妃兄杨国忠继任右相,兼四十余使。公卿以下,颐指气使,莫不震慑,凡有才行声名,而不为已用者,悉贬出之。	
唐朝日益强大,自长安西行一万二千里始至国境,门户相望,桑麻掩野,天下富庶,无逾河西(甘肃武威),陇右(青海乐都)节度使每遣使入奏,日驰五百里。范阳(北京)节度使安禄山初以李林甫狡猾逾己,畏服之,事之甚谨。及杨国忠为相,安禄山视之蔑如,由是有隙。日久,杨国忠益恨之,屡言安禄山谋反,李隆基不听。	
剑南留后李宓击南诏,至太和城(云南大理),全军覆没,李宓被擒。杨国忠隐其败,反以大捷奏闻。更发兵击之,前后死二十余万,而终不能胜,无敢言者。　杨国忠深恶安禄山,言其必反,且曰:"陛下试召之,彼必不来。"李隆基召之,安禄山闻命即至。然言安禄山反者众,太子李亨亦以为言,李隆基不听,而安禄山不自安。	

年份	干支	国号王朝及纪年
755	乙未	唐天宝 十四载
756	丙申	唐天宝 十五载 至德 元载

国内	国外
杨国忠欲安禄山速反,以取信于李隆基,于是日夜求其反状。命京兆尹围安禄山长安赐第,捕其宾客,尽杀之。安禄山大惧,遂于范阳(北京)发汉蕃军马十五万,起兵讨杨国忠。兵锋南下,势如破竹,径渡黄河,陷洛阳。　唐政府命右金吾将军高仙芝任天下兵马副元帅,募兵十一万,使宦官边令诚监其军,于陕州(河南三门峡)拒守。边令诚数以事干高仙芝,高仙芝不许。边令诚遂诬高仙芝与安西节度使封常清谋反,李隆基怒,斩高仙芝、封常清。任哥舒翰为兵马副元帅,退屯潼关。	
(燕帝安禄山圣武元年) 正月,安禄山在洛阳称帝,国号燕。　六月,唐帝玄宗李隆基命哥舒翰进兵,哥舒翰以征兵未集,请待之,杨国忠疑将图己,诬其逗留养寇,李隆基下令即发。哥舒翰抚膺大恸,引兵出潼关,战于(河南)灵宝,大溃,为其下所执降燕。潼关遂陷,关中守兵一时皆散。李隆基大怖,弃长安西奔,至马嵬驿(陕西兴平境),将士以祸由杨国忠出,杀之,尽屠杨氏,杨贵妃亦绞死。　李隆基奔蜀,众拥皇太子李亨,弃李隆基奔灵武(宁夏灵武)。 七月,李亨在灵武称帝,是为肃宗,遥尊李隆基为太上皇。　九月,李亨遣左武锋使仆固怀恩赴回纥请兵。十一月,回纥军至,唯数不多。	伦巴德王国由意大利北部南侵,法兰克国王丕平统军击退之,并将罗马城及意大利中部地,献于教皇。自是罗马城及意大利中部成为教皇国土,历时一千一百年之久(——1870)。 阿拉伯帝国倭马亚王朝逃出之王子(750),辗转进入西班牙,建立政府,定都科尔多瓦,仍称倭马亚王朝(史称"西阿拉伯帝国",中国仍称"白衣大食",——1492),阿拉伯帝国分裂为二。

年份	干支	国号王朝及纪年
757	丁酉	唐至德 二载
758	戊戌	唐至德 三载 乾元 元年

国内	国外
(燕帝安禄山圣武二年,安庆绪天成元年) 正月,燕帝安禄山范阳(北京)起兵时,目已有疾,今年竟全盲,性益躁。常捶挞左右,又欲立幼子安庆恩为太子。长子晋王安庆绪常惧死,遂与宦官李猪儿杀之。安庆绪嗣位。 张良娣与宦官李辅国相结,诬建宁王李倓欲害其兄广平王李俶(俱李亨子),李亨怒,杀李倓。 九月,李亨请回纥增兵,许克长安日,金帛子女尽供抢掠,怀仁可汗遣其子叶护率军至。 天下兵马元帅李俶、副元帅郭子仪,率蕃汉军十五万攻长安,战于香积寺,燕军大败,死六万人,唐政府遂克长安。叶护欲大掠,李俶以如此则洛阳人皆将为燕固守,请俟克洛阳,叶护许之。 十月,燕河南节度使尹子奇陷睢阳,杀守将张巡。 唐大军出潼关,燕御史大夫严庄屯陕州西新店,及战,回纥军击其背,方发十余箭,燕军惊曰:“回纥至矣。”大溃,燕帝安庆绪奔邺城(河北临漳)。回纥入洛阳,大肆淫掠,民死伤狼藉,财物一空。 十二月,燕范阳节度使史思明据范阳降唐政府。唐太上皇李隆基返长安。	
(燕帝安庆绪天成二年) 唐帝肃宗李亨任乌承恩为范阳节度副使,使图史思明,事泄,史思明杀乌承恩,叛。 中书令郭子仪、司空李光弼等九节度使,合兵二十万攻邺城(河北临漳),李亨命宦官鱼朝恩为元帅。 史思明发范阳(北京)兵十三万救邺城,陷魏州(河北大名),屠三万人。	

	年份	干支	国号王朝及纪年	
	759	己亥	唐乾元	二年
八世纪 六〇年代	760	庚子	唐乾元 上元	三年 元年
	761	辛丑	唐上元	二年

国内	国外
(燕帝安庆绪天成三年,史思明顺天元年) 史思明军至邺城,唐政府军大败,九节度使各溃奔本镇,所过剽掠,旬日方定。　燕帝安庆绪见史思明谢解围,史思明责其杀父之罪,斩之。史思明即位,分四道南侵,连陷汴州(河南开封)、洛阳。	
(燕帝史思明顺天二年) 燕军连陷陈州(河南淮阳)、(山东)兖州、郓州(山东东平)、曹州(山东定陶)。　唐淮西节度使王仲升诬奏宋州(河南商丘)刺史刘展谋反,刘展遂叛,平卢兵马使田神功击之。	
(燕帝史思明应天元年,史朝义显圣元年) 田神功追刘展于瓜洲(江苏扬州瓜洲镇),斩之,纵兵大掠十余日,江淮始遭荼毒,民饥,人相食。　唐宦官观军容使(元帅)鱼朝恩屡言洛阳可取,唐帝肃宗李亨命河南兵马副元帅李光弼出兵,李光弼屡陈未可,李亨不许,遂进攻,战于邙山(洛阳北),燕帝史思明迎击,唐军大败,河阳(河南孟县)、怀州(河南沁阳)皆陷。史思明欲乘胜攻长安,命其子怀王史朝义为前锋,进至永宁(河南洛宁北),筑三角城,欲贮军粮,一日而毕,尚未涂泥,史思明诟欲杀之,史朝义大惧,其部将遂于夜入史思明帐,斩史思明,史朝义嗣位。	

年份	干支	国号王朝及纪年
762	壬寅	唐肃宗 元年 宝应 元年
763	癸卯	唐宝应 二年 广德 元年
764	甲辰	唐广德 二年

国内	国外
(燕帝史朝义显圣二年) 唐太上皇李隆基卒。唐帝肃宗李亨寻亦卒。张皇后素与兵部尚书李辅国相表里,后渐有隙。李亨既死,张皇后欲杀李辅国,事泄,李辅国勒兵入殿,杀张皇后。太子代宗李豫(李俶)嗣位。遣使向回纥请兵击燕。 回纥登里可汗自率军至,李豫任长子雍王李适为元帅、朔方节度使仆固怀恩为副元帅,进至洛阳北,燕军大败,燕帝史朝义奔莫州(河北任丘)。回纥入洛阳,再大肆杀掳,死者万计,大火累旬不灭。朔方军亦掳掠,三月乃已,比屋荡尽,士民皆衣纸。 诗人李白卒。	黑衣大食(东阿拉伯帝国)哈利发曼苏于波斯萨珊王朝故都特息丰遗址附近,筑巴格达城(亦译报达),自大马士革迁都之。
(燕帝史朝义显圣三年) 燕睢阳节度使田承嗣据莫州降唐,史朝义奔范阳(北京),范阳节度使李怀仙亦降唐,史朝义自缢死。 吐蕃攻唐朝,边将屡告急,宦官飞龙厩副使程元振皆不奏闻,吐蕃遂深入,攻(陕西)武功,长安大震,唐帝代宗李豫任雍王李适为关内元帅、郭子仪为副元帅抵御,方治兵而吐蕃已至便桥,李豫出奔陕州(河南三门峡),吐蕃入长安,立广武王李承宏为帝,大掠而去,长安城为之一空。	
河东(山西太原)节度使辛云京、宦官骆奉仙、观军容使鱼朝恩,共诬大宁郡王仆固怀恩谋反,仆固怀恩不能堪,遂叛。李豫命中书令郭子仪为关内河东副元帅戒备。	

	年份	干支	国号王朝及纪年	
	765	乙巳	唐永泰	元年
	766	丙午	唐永泰	二年
			大历	元年
	767	丁未	唐大历	二年
	768	戊申	唐大历	三年
	769	己酉	唐大历	四年
八世纪 七〇年代	770	庚戌	唐大历	五年
	771	辛亥	唐大历	六年
	772	壬子	唐大历	七年
	773	癸丑	唐大历	八年

国内	国外
仆固怀恩引吐蕃、党项、吐谷浑分道入侵,仆固怀恩卒于道,三国战不利,大掠而去。　吐蕃退至邠州(陕西彬县),遇回纥兵,乃联军再入,围泾阳。郭子仪单骑往见回纥元帅合胡禄,免胄释甲,投枪而进,回纥诸酋长皆下马拜,遂立盟誓。吐蕃闻之,夜引兵去。	
同华(陕西华县)节度使周智光凶暴抗命,唐帝代宗李豫命郭子仪击杀之。淮西(河南汝南)节度使李忠臣入朝,以攻华州(陕西华县)为名,大掠,自潼关至赤水(陕西渭南东赤水镇)二百里间,财畜殆尽,官吏或数日不得食,平民更饿死累累。	
幽州(北京)兵马使朱希彩杀卢龙(北京)节度使李怀仙,唐政府即任朱希彩为卢龙节度使。	法兰克国王丕平卒(751——),子查理曼嗣位(——814)。
诗人杜甫卒(712——)。	日本称德女天皇卒,其嬖幸僧道镜流窜造下野国。
卢龙(北京)节度孔目官李怀瑗杀节度使朱希彩,拥立经略副使朱泚,唐政府即任朱泚为节度使。	
循州(广东惠州)刺史哥舒晃杀岭南(广州)节度使吕崇贲。　吐蕃十万骑攻泾州(甘肃泾川)、邠州(陕西彬县),中书令郭子仪命朔方兵马使浑瑊拒之,大败。	

年份	干支	国号王朝及纪年
774	甲寅	唐大历 九年
775	乙卯	唐大历 十年
776	丙辰	唐大历 十一年
777	丁巳	唐大历 十二年
778	戊午	唐大历 十三年

国内	国外
卢龙(北京)节度使朱泚入朝,由其弟朱滔继任节度使。	法兰克国王查理曼进军意大利半岛,灭伦巴德王国(568——,立国二百零七年),收意大利北部入版图。
魏博(河北大名)节度使田承嗣侵邻境不已,唐政府命诸镇击之,田承嗣屡败,大惧。唐帝代宗李豫嘉成德(河北正定)节度使李宝臣之功,遣宦官马承倩持诏书前往慰劳,将还,赠绢百匹,马承倩不满,诟詈,掷之道中,李宝臣惭悔,遂与田承嗣通,倒戈击卢龙(北京)节度使朱滔。朱滔溃走,诸镇兵亦退。	
田承嗣上表谢罪,唐帝代宗李豫无奈,下诏赦其罪。　汴宋(河南开封)节度留后田神玉卒,都虞候李灵曜不受朝命,唐政府即命李灵曜为留后。李灵曜欲效河北四镇割据,悉任其党为刺史县令。淮西(河南汝南)节度使李忠臣击之,斩李灵曜。	
藩镇日强,平卢(山东东平)节度使李正己据十五州、魏博节度使田承嗣据七州、成德(河北正定)节度使李宝臣据七州、山南东道(湖北襄樊)节度使梁崇义据六州。官爵甲兵,赋税刑杀,皆自为主,犹独立王国。　中书侍郎同平章事元载专横贪纵,李豫令囚于万年县(西安境)狱,命自尽,元载请主者愿得速死,主者曰:"宰相须少受污辱,勿怪。"脱脏袜塞其口而杀之。	

	年份	干支	国号王朝及纪年
	779	己未	唐大历 十四年
八世纪 八〇年代	780	庚申	唐建中 元年
	781	辛酉	唐建中 二年
	782	壬戌	唐建中 三年

国内	国外
魏博节度使田承嗣卒,唐政府命其侄田悦任节度使。 淮西节度都虞候李希烈逐节度使李忠臣,唐政府即任李希烈为节度使。 唐帝代宗李豫卒,子德宗李适嗣位。尊郭子仪为尚父,夺其兵权,任其裨将虞候李怀光为邠宁(陕西彬县)节度使、灵州长史常谦光为灵州(宁夏灵武)节度使、振武(内蒙和林格尔)军使浑瑊为单于大都护,分领其众。	
门下侍郎同平章事杨炎,诬左仆射刘晏谋反,缢刘晏死。	
门下侍郎同平章事卢杞,诬杨炎谋反,缢杨炎死。 成德(河北正定)节度使李宝臣卒,子李惟岳欲继位。平卢(山东东平)节度使李正己寻亦卒,子李纳亦欲继位。唐帝德宗李适新即位,欲振政府权威,均不许,二镇与魏博(河北大名)节度使田悦联兵叛。李适命诸道击之。 淮西(河南许昌)节度使李希烈击山南东道(湖北襄樊)节度使梁崇义,梁崇义兵败,自杀。	
成德(河北正定)兵马使王武俊杀李惟岳,自任节度使。卢龙(北京)节度使朱滔亦起兵。于是河北四镇全叛,唐政府军屡败。四镇遂称王:王武俊赵王,朱滔冀王,田悦魏王,李纳齐王。	

年份	干支	国号王朝及纪年
783	癸亥	唐建中　四年
784	甲子	唐兴元　元年

国内	国外
(秦帝朱泚应天元年) 淮西(河南许昌)节度使李希烈叛,李适命诸道击之,泾原(甘肃泾川)节度使姚令言率兵五千,途经长安,军士冒雨,寒甚,多携子弟而来,冀得赏赐遗其家,既至,一无所赐。至浐水,仅有蔬食犒师,军遂叛。李适急命出金帛二十车赐之,而变兵已入长安,李适奔奉天(陕西乾县)。变兵立太尉朱泚为帝,国号秦,围奉天。李适遣使告急于河北击四镇兵,河中(山西永济)节度使李怀光统军星夜赴援,奉天将陷而前军至,朱泚解围去。 门下侍郎同平章事卢杞,虑李怀光图己,命李怀光不必入觐,径攻长安。李怀光千里赴救,为人所排,意怏怏,顿兵不进。	
(汉帝朱泚天皇元年)(楚帝李希烈武成元年) 正月,秦帝朱泚改国号为汉。 唐帝德宗李适下诏大赦,河北三镇皆去王号,唯朱滔引兵南下以应朱泚。 李希烈自恃兵强,于许州(河南许昌)称帝,国号楚。 二月,唐邠宁(陕西彬县)节度使李怀光叛,与朱泚联合,李适自奉天再奔梁州(陕西汉中)。李怀光烧营东走河中(山西永济),掠泾阳(陕西泾阳)十二县,鸡犬无遗。 魏博(河北大名)兵马使田绪杀节度使田悦,自任节度使。 五月,京畿(西安)节度使李晟反攻,克长安,汉帝朱泚出奔,欲投吐蕃,其将内叛,射杀之。 七月,唐帝德宗李适返长安。颇忌诸将,用宦官窦文场为神策左厢兵马使、王希鉴为神策右厢兵马使。宦官掌禁军,自此始,之后不可复夺,直迄唐王朝亡。 蝗灾,草木无遗,大饥,尸殍相望。	日本“奈良时期”终(710——,共七十五年)。自奈良迁都长冈。

	年份	干支	国号王朝及纪年
	785	乙丑	唐贞元 元年
	786	丙寅	唐贞元 二年
	787	丁卯	唐贞元 三年
	788	戊辰	唐贞元 四年
	789	己巳	唐贞元 五年
八世纪九〇年代	790	庚午	唐贞元 六年
	791	辛未	唐贞元 七年

国内	国外
(楚帝李希烈武成二年) 河中(山西永济)节度使浑瑊击李怀光,围河中,李怀光自杀。 朱滔病卒,士卒奉(河北)涿州刺史刘怦为卢龙(北京)节度使,寻亦卒,唐政府即命其子刘济为节度使。	
(楚帝李希烈武成三年) 楚帝李希烈屡战不利,其将陈仙奇毒杀之,唐政府即任陈仙奇为淮西(河南汝南)节度使。兵马使吴少诚复杀陈仙奇,唐政府再任吴少诚为节度使。	黑衣大食(东阿拉伯帝国)哈利发哈伦阿拉西德即位(——809)。(《天方夜谭》中故事主角,时巴格达城繁华鼎盛)。
吐蕃请与唐朝盟于平凉川(甘肃平凉西北),盟毕即归还盐(陕西定边)夏(陕西靖边北)二州。唐政府遣河中节度使浑瑊赴会,将盟,吐蕃伏兵起,尽掳官员士卒,浑瑊单骑逃免。 吐蕃进掠陇州(陕西陇县),老弱者杀之,或断手凿目弃之,驱丁壮万余,悉送安化峡(甘肃庆阳境)西,将卖于浑羌为奴,告之曰:“听汝等东向哭辞乡国。”众大哭,赴崖谷死者千余人。	
唐政府用中书侍郎同平章事李泌谋,与回纥和亲,以弱吐蕃。将咸安公主嫁回纥合骨咄(天亲)可汗。 回纥改称回鹘。	
	爱尔兰僧侣发现冰岛。
吐蕃攻唐灵州(宁夏灵武),回鹘击败之,遣使赴唐朝献俘。	

年份	干支	国号王朝及纪年
792	壬申	唐贞元 八年
793	癸酉	唐贞元 九年
794	甲戌	唐贞元 十年
795	乙亥	唐贞元 十一年
796	丙子	唐贞元 十二年
797	丁丑	唐贞元 十三年
798	戊寅	唐贞元 十四年
799	己卯	唐贞元 十五年

国内	国外
宣武(河南开封)节度使刘玄佐卒,军士立其子刘士宁,唐政府即命刘士宁继任节度使。 平卢(山东郓城)节度使李纳卒,唐政府即命其子李师古继任节度使。	
南诏王异牟寻归附唐朝。 宣武(河南开封)兵马使李万荣逐节度使刘士宁。	
南诏王异牟寻斩吐蕃使者,击吐蕃于神川(金沙江),大破之,降其众十余万,献捷于唐朝,吐蕃从此转弱。	日本自长冈迁都平安(西京),"平安时期"始(——1185)。
横海(河北沧州)兵马使程怀信逐节度使程怀直,唐政府即命程怀信继任节度使。	
魏博(河北大名)节度使田绪卒,子田季安继任。	
邠宁(陕西彬县)节度使杨朝晟筑方渠、合道、木波三城,以阻吐蕃入侵要路,扩地三百里。	教皇李奥三世素为罗马城人所厌恶。今年,罗马城人群起攻之,李奥三世奔法兰克王国。东罗马皇太后爱利尼挖去其子双目,而自任女皇,为拜占庭帝国第一个女皇。
彰义(河南汝南)节度使吴少诚攻掠邻境。	
宣武(河南开封)节度使陆长源刻薄骄傲,兵变,杀而寸割食之。	

九世纪

唐王朝宦官横暴,且握有兵权,造成中国第二次宦官时代,皇帝被宦官和军阀(藩镇)随意处置,如同玩偶。地方政府各据一方,互相征伐,杀人如麻,赤地千里,全国一片萧条,是一个大黑暗时代。

	年份	干支	国号王朝及纪年	
九世纪 〇〇年代	800	庚辰	唐贞元	十六年
	801	辛巳	唐贞元	十七年
	802	壬午	唐贞元	十八年
	803	癸未	唐贞元	十九年
	804	甲申	唐贞元	二十年
	805	乙酉	唐贞元 永贞	二十一年 元年
	806	丙戌	唐永贞 元和	二年 元年
	807	丁亥	唐元和	二年
	808	戊子	唐元和	三年

国内	国外
唐帝德宗李适命夏绥(陕西靖边北白城子)节度使韩全义为招讨使,击吴少诚。韩全义以巧佞贿赂宦官,得为大将,实无勇略,军至溵水南广利源,锋方交即大溃,韩全义奔陈州(河南淮阳)。 徐泗(江苏徐州)节度使张建封卒,士卒拥立其子张愔,李适不许,遣淮南(江苏扬州)节度使杜佑击之,杜佑大败。	法兰克国王查理曼统军入罗马城,复教皇李奥三世位,李奥三世感恩,思有以媚之,乘查理曼于圣彼得教堂祈祷完毕起身时,出其不意,加以皇冠,呼为"罗马帝国奥古斯都",群众和之,欢声雷动。史称此罗马帝国为"查理曼帝国",建都亚琛(莱茵河西岸)。
成德(河北正定)节度使王武俊卒,子王士真继任节度使。	
盐州(陕西定边)刺史崔文先苛刻,兵变,杀而割食之。	日本第十七次遣唐使。
正月,唐帝德宗李适卒,子顺宗李诵嗣位。 八月,李诵疾笃,传位其子宪宗李纯,自称太上皇。	
西川(四川成都)节度使刘辟叛,唐帝宪宗李纯命神策军使高崇文讨之,连战连胜,克成都,街市不惊,秋毫无犯,擒刘辟送长安,斩于独柳之下。 平卢(山东东平)节度使李师古卒,弟李师道继任节度使。	
镇海(江苏镇江)节度使刘锜叛,其兵马使张子良发兵擒之,送长安,腰斩。	
沙陀部落叛吐蕃,投唐朝,吐蕃追击,沙陀酋长朱邪尽忠战死,子朱邪执宜率部抵灵州(宁夏灵武)。	

	年份	干支	国号王朝及纪年
	809	己丑	唐元和　四年
九世纪 一〇年代	810	庚寅	唐元和　五年
	811	辛卯	唐元和　六年
	812	壬辰	唐元和　七年
	813	癸巳	唐元和　八年
	814	甲午	唐元和　九年
	815	乙未	唐元和　十年

国内	国外
成德(河北正定)节度使王士真卒,子王承宗继任节度使,献德(山东陵县)、棣(山东惠民)二州于朝廷,寻悔,囚朝廷所派德州刺史薛昌朝。唐帝宪宗李纯命释之,王承宗不许。李纯怒,命宦官左神策军中尉吐突承璀为招讨使讨之。 彰义(河南汝南)节度使吴少诚卒,其将吴少阳杀吴少诚子,继任节度使。	
吐突承璀军屡败,昭义(山西长治)节度使卢从史复与王承宗通,视吐突承璀如婴儿,吐突承璀伏兵擒卢从史,送长安。王承宗上表谢罪,朝廷所派军队遂撤退。卢龙(北京)副大使刘总,毒死其父节度使刘济,继位。	
魏博(河北大名)节度使田季安卒,兵马使田兴逐田季安子田怀谏,自任节度使,举镇归附朝廷。	
振武(内蒙和林格尔)节度使李进贤不恤士卒,兵变,屠其家,李进贤奔云州(山西大同)。	
彰义(河南汝南)节度使吴少阳卒,子吴元济继位,发兵侵邻境,屠(河南)舞阳,焚(河南)叶县。	查理曼帝国(罗马帝国)皇帝查理曼卒(768——),子虔诚者路易嗣位(——840)。
李纯命诸道讨吴元济,军皆不利。平卢(山东东平)节度使李师道、成德(河北正定)节度使王承宗,与吴元济通。李师道认为政府兴兵,皆同平章事武元衡所主,遣刺客杀武元衡。宦官言刺客为王承宗所遣,李纯又命诸道讨王承宗。	

	年份	干支	国号王朝及纪年	
	816	丙申	唐元和	十一年
	817	丁酉	唐元和	十二年
	818	戊戌	唐元和	十三年
	819	己亥	唐元和	十四年
九世纪 二〇年代	820	庚子	唐元和	十五年
	821	辛丑	唐元和 长庆	十六年 元年

国内	国外
太子詹事李愬任唐邓(河南泌阳)节度使。	
唐政府攻王承宗军十余万,回环数千里,既无统帅,又相去辽远,历二年而无功,李纯命各军还本镇,专力讨吴元济。　讨吴元济军近九万,历三年亦无功,李纯遣门下侍郎同平章事裴度为淮西处置使,往督诸将。李愬于雪夜直袭蔡州(河南汝南),陷之,擒吴元济,送长安,斩于独柳之下。	
李师道、王承宗闻吴元济败,大惧。李师道献沂(山东临沂)、密(山东诸城)、海(江苏连云港)三州,王承宗献德、棣二州。李师道寻悔。李纯下诏讨李师道。	
正月,宦官迎佛骨至长安,留宫中三日,始送佛寺,刑部侍郎韩愈上表谏,李纯大怒,贬韩愈为(广东)潮州刺史。　二月,平卢(山东东平)兵马使刘悟斩李师道,出降。　三月,沂海(山东临沂)观察使王遂,残暴无远识,以严刑为治,兵变,杀王遂。	
宦官陈弘志杀唐帝宪宗李纯,其党密其事,但云药发暴卒。子穆宗李恒嗣位。成德(河北正定)节度使王承宗卒,唐政府命田弘正为节度使。	查理曼帝虔诚者路易生擒意大利王柏恩哈特,挖去其双目。
卢龙(北京)节度使刘总自杀父继任(810),良心不自安,晚年更甚,乃乞出家为僧。唐政府任张弘靖为节度使。张弘靖素贵,为人傲慢,又于街中杖小将,兵遂变,囚张弘靖,掠其家财妇女,迎立前兵马使朱克融为节度使。　成德(河北正定)兵马使王庭凑杀节度使田弘正,自任节度使。唐政府命田弘正子田布任魏博(河北大名)节度使,与诸道兵讨王庭凑。　太和公主下嫁回鹘崇德可汗。	拜占庭帝国将领托马斯叛,称帝,攻君士坦丁堡。

年份	干支	国号王朝及纪年
822	壬寅	唐长庆 二年
823	癸卯	唐长庆 三年
824	甲辰	唐长庆 四年
825	乙巳	唐长庆 五年 宝历 元年
826	丙午	唐宝历 二年

国内	国外
魏博(河北大名)节度使田布,因将不用命,自杀,士卒拥立兵马使史宪诚继任节度使。 武宁(江苏徐州)节度副使王智兴逐节度使崔群,自任节度使。 唐帝穆宗李恒自即位,荒淫日甚,不以国事为意,讨王庭凑军既无功,遂撤回,各返本镇。 宣武(河南开封)节度使李愿,用其妻弟窦瑗典宿直兵,贪骄,兵遂变,杀窦瑗,屠李愿家,李愿踰城奔免。变兵拥立都押牙李齐任节度使。其将寻内叛,杀李齐出降。 德州(山东陵县)刺史王稷家富,横海(河北沧州)节度使李全略密教军士杀王稷,屠其家,纳其女为妾。	阿拉伯帝国建泰黑耳王朝。
	托马斯败,被杀。
唐帝穆宗李恒卒,子敬宗李湛嗣位。李湛较其父尤荒淫,游幸无度,日与群小击球奏乐,久不临朝,不知国政。	
昭义(山西长治)节度使刘悟卒,子刘从谏继任节度使。	
卢龙(北京)兵变,杀节度使朱克融,立其子朱延嗣任节度使。朱延嗣既得位,暴虐,兵马使李载义杀之,屠其家三百人,自任节度使。 横海(河北沧州)节度使李全略卒,子李同捷继任节度使。 唐帝敬宗李湛夜猎还宫,饮宴酒酣,入室更衣,殿上烛忽灭,击球军将苏佐明等杀之,宦官刘克明矫诏立绛王李悟为帝。宦官王守澄发左右神策军,捕苏佐明、刘克明等尽斩之,立江王李昂为帝,是为文宗。	新罗王国宪德王死,弟兴德王金秀家嗣。

	年份	干支	国号王朝及纪年
	827	丁未	唐宝历 三年 太和 元年
	828	戊申	唐太和 二年
	829	己酉	唐太和 三年
九世纪 三〇年代	830	庚戌	唐太和 四年
	831	辛亥	唐太和 五年
	832	壬子	唐太和 六年

国内	国外
唐帝文宗李昂调李同捷为兖海(山东兖州)节度使,李同捷据(河北)沧州不受命,李昂命诸道讨之。	不列颠七小国并立时代结束(410——),其中之一国威塞克斯国王爱格波,悉灭其他六国,建英格兰王国。
诸道军逼(河北)沧州,李同捷向新任横海节度使李佑降,李佑遣大将万洪入沧州。谏议大夫柏耆奉诏宣慰行营,率百骑驰入沧州,斩万洪,取李同捷及其家属送长安,中途复斩李同捷。诸将二年血战,方取沧州,而柏耆取为己功,又杀大将,大愤,李昂命柏耆自尽。　魏博(河北大名)兵变,杀节度使史宪诚,立郡知兵马使何进滔为节度使。　西川(四川成都)节度使杜元颖专务减削士卒衣粮,士卒饥馁,皆入南诏抄盗。南诏遂大举攻唐朝,兵至成都,掠子女数万人而去,及渡河,谓曰:“逾此即入吾境,听汝哭别故国。”众皆恸哭。从此南诏工巧,比于唐朝。	路易为幼子查理重划国土,其他三子反对,内战爆发。
山南西道(陕西汉中)兵变,杀节度使李绛。	
卢龙(北京)副兵马使杨志诚逐节度使李载义,自任节度使。　唐帝文宗李昂恶宦官强盛,杀前二任帝之党,犹在左右。乃密与同平章事宋申锡谋之,事泄,宦官王守澄诬宋申锡谋反,图立漳王李凑为帝,李昂信之,贬宋申锡为开州(四川开县)司马,死于贬所。	

年份	干支	国号王朝及纪年	
833	癸丑	唐太和	七年
834	甲寅	唐太和	八年
835	乙卯	唐太和	九年
836	丙辰	唐开成	元年
837	丁巳	唐开成	二年
838	戊午	唐开成	三年
839	己未	唐开成	四年

国内	国外
唐帝文宗李昂命诸亲王出阁,十六王宅县主亦以时出嫁。自玄宗李隆基幽闭血亲,至此凡一百二十一年,然不果行。	路易被他的儿子们俘掳。
卢龙(北京)兵再变,逐节度使杨志诚,立兵马使史元忠为节度使。唐政府流杨志诚于岭南,于道斩之。　成德(河北正定)节度使王庭凑卒,子王元逵继任。	
李昂与礼部侍郎同平章事李训、凤翔节度使郑注,密谋诛宦官:先鸩杀宦官王守澄,俟王守澄葬日,宦官毕集,郑注率亲兵自随,葬毕,闭门,令亲兵以斧悉行砍杀。约既定,而李训以为如此事成,则郑注专有其功,不如先发,并郑注亦去之。其谋甚密,李昂亦不知。李训使人奏左金吾厅后石榴树上,夜有甘露。李昂遣宦官仇士良率众宦官往视,风吹幕起,见执兵器者甚众,又闻有兵器声,大惊还奔,门欲闭,夺门而出,奉李昂还宫。宦官遂发神策军,杀李训、郑注、右仆射同平章事王涯、中书侍郎同平章事贾餗、刑部侍郎同平章事舒元舆、户部尚书王璠、御史中丞李孝本等,凡亲属不问亲疏皆斩,孩童无遗,妻女不死者,没为官奴,杀数千人,长安血流盈街,横尸狼藉。坊市恶少年乘机报仇剽杀。史称"甘露之变"。	
河阳(河南孟县)节度使李泳以贿结宦官得此高官,贪残不法,兵变,逐之,杀其二子。	

	年份	干支	国号王朝及纪年	
九世纪 四〇年代	840	庚申	唐开成	五年
	841	辛酉	唐开成 会昌	六年 元年
	842	壬戌	唐会昌	二年
	843	癸亥	唐会昌	三年

国内	国外
唐帝文宗李昂卒,宦官仇士良等杀太子李成美,立颍王李炎,是为武宗。 魏博(河北大名)节度使何进滔卒,子何弘敬继任。 黠戛斯部落大破回鹘,回鹘溃散,一支由可汗弟嗢没斯率领,投奔唐朝,抵天德(内蒙乌拉特前旗东北)塞下。	查理曼帝国(罗马帝国)皇帝虔诚者路易卒(814——),长子罗塞尔嗣位。次子路易、幼子查理争位,攻战不止。
卢龙(北京)兵马使陈行恭杀节度使史元忠,牙将张绛又杀陈行恭。雄武(天津蓟县)军使张仲武攻幽州(北京),杀张绛,唐政府任张仲武为节度使。 回鹘嗢没斯降唐朝,唐政府处其众于太原。回鹘另支立乌介可汗,挟太和公主,亦至天德塞下,抄掠不已。	阿拉伯帝国封留巴格达的突突将领为“苏丹”。从此,哈利发衰,苏丹代起。
吐蕃洛门川(甘肃陇西东南)讨击使论恐热叛。	路易、查理于斯特拉斯堡集会,否认其兄罗塞尔为帝。罗塞尔击之,大败。
昭义(山西长治)节度使刘从谏卒,侄刘稹继任节度使,唐政府不许,命诸道讨之。 回鹘乌介可汗侵振武(内蒙格林格尔),麟州(陕西神木)刺史石雄引兵夜击,大破之,斩首万余,乌介可汗被创逃去,石雄迎太和公主归国。	罗塞尔、路易、查理议和,于凡尔登集会,订《凡尔登条约》,分割查理曼帝国(罗马帝国)为三:罗塞尔据帝国中部(今意大利),仍称帝国皇帝,唯史称罗塞尔王国。路易据帝国东部(今德国),称东法兰克王国。查理据帝国西部,称西法兰克王国。

	年份	干支	国号王朝及纪年	
	844	甲子	唐会昌	四年
	845	乙丑	唐会昌	五年
	846	丙寅	唐会昌	六年
	847	丁卯	唐会昌 大中	七年 元年
	848	戊辰	唐大中	二年
	849	己巳	唐大中	三年
九世纪 五〇年代	850	庚午	唐大中	四年

国内	国外
河东(山西太原)都将杨弁逐节度使李石,榆社驻军回击,斩杨弁。　昭义(山西长治)兵马使郭谊斩刘稹,屠其族,出降。河中(山西永济)节度使石雄入潞州(山西长治),执郭谊送长安,亦斩之。	
唐帝武宗李炎笃奉道教,恶僧尼,下令毁佛,仅长安、洛阳各留两寺,节度使治所及同(陕西大荔)、华(陕西华县)、商(陕西商州)、汝(河南汝州)等州各留一寺,寺僧不得过二十人。全国毁寺四千六百余,僧尼还俗二十六万余(佛教"三武之祸"三)。	
唐帝武宗李炎卒,宦官密于宫中定策,迎立光王李忱,是为宣宗。	
	教皇李奥四世筑罗马城。
卢龙(北京)节度使张仲武卒,子张直方继任节度使。张直方残虐,兵将变,张直方知之,托言出猎,举族逃归长安。军中立牙将周綝为节度使。　武宁(江苏徐州)兵变,逐节度使李廓。　吐蕃内乱,秦(甘肃秦安)、原(宁夏固原)、威(宁夏中卫)三州降唐朝。	
卢龙(北京)节度使周綝卒,军中立押牙张允伸为节度使。	日耳曼族居住斯堪的那维亚半岛之诺尔曼人诸部落(史称"北蛮"),分建挪威王国及瑞典王国外,并分道分批,大肆南侵。今年,陷都柏林,建爱尔兰王国,日后遂成为爱尔兰人。

	年份	干支	国号王朝及纪年	
	851	辛未	唐大中	五年
	852	壬申	唐大中	六年
	853	癸酉	唐大中	七年
	854	甲戌	唐大中	八年
	855	乙亥	唐大中	九年
	856	丙子	唐大中	十年
	857	丁丑	唐大中	十一年
	858	戊寅	唐大中	十二年
	859	己卯	唐大中	十三年
九世纪 六〇年代	860	庚辰	唐大中 咸通	十四年 元年
	861	辛巳	唐咸通	二年
	862	壬午	唐咸通	三年

国内	国外
张义潮略定河湟十一州归降中国。	
	阿拉伯镇压亚美尼亚抗暴杀三万人。
成德(河北正定)节度使王元逵卒,子王绍鼎继任节度使。浙东(浙江绍兴)兵变,逐观察使李讷。	
成德(河北正定)节度使王绍鼎卒,弟王绍懿继任节度使。　岭南容管(广西容县)兵变,逐经略使王球。	
湖南(湖南长沙)观察使韩琮待将士不以礼,兵变,逐韩琮。　江西(江西南昌)兵变,都将毛鹤逐观察使郑宪。　宣歙(安徽宣州)兵变,都将康全泰逐观察使郑薰。	日本清和天皇(五十六代)即位,年九岁。
武宁(江苏徐州)节度使康季荣不恤士卒,兵变,逐之。　唐帝宣宗李忱卒,遗诏立三子夔王李滋,宦官王宗实废李滋,迎立长子郓王李漼,是为懿宗。　浙东民裘甫起兵叛,攻陷象山。　南诏王酋龙改国号大礼,称帝。	
浙东(浙江绍兴)观察使王式击裘甫,擒送长安,斩之。	俄罗斯人第一次出现君士坦丁堡。
大礼攻陷邕州(广西南宁),大掠。	
武宁(江苏徐州)兵素骄,小不如意,一夫大呼,其众和之,节度使即自后门逃走。今年又兵变,逐节度使温璋。唐政府命浙东(浙江绍兴)观察使王式任节度使,视事三日,飨两镇将士。越州(浙江绍兴)兵围徐州骄兵,尽屠之,杀数千人。　岭南西道(广西南宁)节度使蔡京,为政惨苛,设炮烙之刑,兵变,蔡京逃窜。	东欧洲东斯拉夫人迎立北方瓦伦吉安部落酋长罗瑞克为首领,罗瑞克遂进入俄罗斯,称“罗瑞克王朝”(——1598),俄国自此出现。

年份	干支	国号王朝及纪年	
863	癸未	唐咸通	四年
864	甲申	唐咸通	五年
865	乙酉	唐咸通	六年
866	丙戌	唐咸通	七年
867	丁亥	唐咸通	八年
868	戊子	唐咸通	九年
869	己丑	唐咸通	十年

国内	国外
大礼攻安南(越南),陷交趾(越南河内),安南都护蔡袭战死。	
成德(河北正定)节度使王绍懿卒,侄王景崇继任节度使。　魏博(河北大名)节度使何弘敬卒,子何全皞继任节度使。　安南(越南河内)都护高骈击南诏,克交趾城。唐政府改安南都护为静海军,任高骈为节度使。	阿拉伯帝国哈利发穆斯达逃往巴格达,被害。
徐泗(江苏徐州)观察使崔彦曾性严刻,徐泗士卒远戍桂州(广西桂林)击南诏(云南大理)者,已经六年,距乡万里,屡求代还,都押牙尹戡言于崔彦曾,以发兵费多,更留戍卒一年,兵遂变,推粮料判官庞勋为主,劫武库兵器,径行北返,所过剽掠,转战至徐州,陷之,杀崔彦曾,执尹戡,剖其腹,尽屠其族。唐政府命右金吾大将军康承训讨伐,康承训率沙陀三部落使朱邪赤心自随。	
康承训击斩庞勋,捕戍桂州卒亲族,悉斩之。唐帝懿宗李漼改朱邪赤心为李国昌,用为(山西)大同节度使。　陕虢(河南三门峡)观察使崔荛倨傲,民诉旱,崔荛指庭树曰:“此尚有叶,何旱之有。”杖之。民遂变,崔荛逃民舍,渴甚求饮,民灌以尿。　南诏攻西川(四川成都),连陷(四川)犍为、嘉州(四川乐山)。	阿拉伯帝国“奴隶起义”,众三十万人,十五年始败。

年份	干支	国号王朝及纪年
876	丙申	唐乾符 三年
877	丁酉	唐乾符 四年
878	戊戌	唐乾符 五年
879	己亥	唐乾符 六年

国内	国外
卢龙(北京)节度使李茂勋,传位于其子李可举。 原州(宁夏固原)刺史史怀操贪暴,兵变,逃走。 王仙芝陷(河南)汝州、郢州(湖北钟祥)、蕲州(湖北蕲春),与黄巢分军为二。	日本阳成天皇(五十七代)即位,年九岁。 日耳曼国王路易三世卒,三子瓜分国土。
陕虢(河南三门峡)兵变,逐观察使崔碣。 盐州(陕西定边)兵变,逐刺史王承颜。 河中(山西永济)兵变,逐节度使刘侔。 招讨副都监杨复光,遣人招降王仙芝,王仙芝遣其将尚君长等趋杨复光营洽降,平卢(山东青州)节度使宋威,忌杨复光功,中途劫尚君长,云系战场生擒,送长安斩之。王仙芝怒,复叛。	法兰克皇帝秃头查理卒,虚位四年。
(黄巢王霸元年) (山西)大同防御使段文楚,减军士衣米,用法严苛,沙陀兵马使李克用执之,令军士剐而食其肉,自任防御使。李克用父李国昌时为振武(内蒙和林格尔)节度使,父子二人,分据两镇。 招讨使曾元裕大破王仙芝于(湖北)黄梅,斩之。时黄巢正攻(安徽)亳州,余众悉归之,黄巢遂称冲天大将军。	天主教教皇被迫每年向阿拉伯帝国进贡二万五千曼苦割。
(黄巢天霸二年) 河东(山西太原)节度使崔季康讨李国昌,军至静乐,兵变,崔季康奔还,变兵追入太原,杀之。 黄巢陷潭州(湖南长沙),攻江陵。荆南(湖北江陵)节度使王铎留其将刘汉宏守江陵,自率兵奔襄阳(湖北襄樊)。刘汉宏遂叛,大掠江陵,焚荡殆尽,僵尸满路。	波斯王弟阿姆耳登极。

	年份	干支	国号王朝及纪年
九世纪 八〇年代	880	庚子	唐广明　元年
	881	辛丑	唐广明　二年 中和　元年

国内	国外
(齐帝黄巢金统元年) 河东(山西太原)节度使康传圭专事刑威,多复怨仇,兵变,杀之。　静海(越南河内)兵变,逐节度使曾衮。　卢龙(北京)节度使李可举与吐谷浑都督赫连铎,合击李国昌父子,李国昌父子大败,北奔鞑靼。　黄巢至信州(江西上饶),淮南(江苏扬州)节度使高骈遣大将马璘击之,大败,被杀。高骈惧,乞援兵。唐帝僖宗李俨及大臣方倚高骈,至是人情震动。黄巢继续西进,连陷洛阳、潼关。李俨奔兴元(陕西汉中)。黄巢入长安,称帝,国号齐。	日本高岳亲王赴天竺中途逝世。东、西法兰克王联军攻称王的伯良地公爵。
(齐帝黄巢金统二年) 李俨再奔成都。　(陕西)凤翔节度使行营都统郑畋攻长安,齐帝黄巢率众东走。唐行营司马唐弘夫、泾原(甘肃泾川)节度使程宗楚,恐人争功,不报诸将,自入长安,士卒大掠金帛妇女,黄巢侦知,引兵还击,自诸门分入,大战长安城中,唐军士负重不能走,遂溃。唐弘夫、程宗楚皆被杀。诸道兵各还本镇。　唐帝僖宗李俨无策,不得已,赦李国昌父子罪,命击黄巢。李克用引兵而南,遇雨不进,陷忻(山西忻州)、代(山西代县)二州居之。　感化(江苏徐州)节度使支详遣牙将时溥西行击黄巢,时溥回军杀支详,自任节度使。　凤翔兵变,行军司马李昌言逐节度使郑畋,自任节度使。	教皇约翰八世为胖子查理加冕为法兰克皇帝。

年份	干支	国号王朝及纪年
882	壬寅	唐中和 二年
883	癸卯	唐中和 三年

国内	国外
(齐帝黄巢金统三年) 门下侍郎同平章事王铎任行营都统,率诸道兵击黄巢,逼长安、屯灵感寺。大饥,齐军卖人于唐军,唐军亦卖人于齐军,烹而充食,每人值数钱,以肥瘦论价。 齐同州(陕西大荔)防御使朱全忠举州降于唐河中(山西永济)节度使王重荣,唐政府即授朱全忠为宣武(河南开封)节度使。 唐平卢(山东青州)大将王敬武逐节度使安师儒,自任节度使。 魏博(河北大名)节度使韩简东略地,天平(山东东平)节度使曹存晸逆战,败死。都将朱瑄收余众登郓州城(山东东平)固守,韩简攻之不能克。唐政府即命朱瑄为天平节度使。 唐帝僖宗李俨授李克用为雁门(山西代县)节度使,使击齐,李克用始率军南下。	俄罗斯罗瑞克之子伊戈,攻陷基辅,建基辅公国,为俄国最早的国家组织(——1240)。
(齐帝黄巢金统四年) 成德(河北正定)节度使王景崇卒,子王镕继任节度使。魏博(河北大名)节度使韩简攻郓州(山东东平)不克,解围西攻河阳(河南孟县),大败,其属澶州(河南内黄东南)刺史乐彦祯引军先归,入魏州(河北大名)以拒韩简,韩简为部下所杀,乐彦祯自任节度使。雁门(山西代县)节度使李克用军势如破竹,连战连捷,诸道兵继之,遂克长安,齐帝黄巢焚宫室东走,围陈州(河南淮阳)。 诸道兵既入长安,暴掠,无异盗贼,长安屋室居民,所存无几。 忠武(河南许昌)大将鹿晏弘大掠(河南)邓州、洋州(陕西洋县),所过屠灭,陷兴元(陕西汉中),逐节度使牛勖,自任山南西道(陕西汉中)节度使。	阿拉伯击平桑格变民军。 丹麦王戈尔姆严止基督教传播。

年份	干支	国号王朝及纪年
884	甲辰	唐中和 四年
885	乙巳	唐中和 五年 光启 元年

国内	国外
(齐帝黄巢金统五年) 黄巢攻陈州(河南淮阳)几三百日不能克,河东(山西太原)节度使李克用击之,黄巢解围去,北攻汴州(河南开封),宣武(河南开封)节度使朱全忠告急于李克用,李克用救之,战于中牟王满渡,黄巢众大溃。朱全忠置酒宴李克用,伏兵夜起,李克用血战得脱,至其军欲反攻汴州,其妻刘氏止之,二镇自是交恶。而藩镇亦自是互相吞噬,唯力是视,全国所在混战,唐政府不能复制。　黄巢走至泰山东南狼虎谷(山东莱芜西南),势穷,命其甥斩己首出降,遇沙陀军,复斩其甥。　东川(四川三台)节度使杨师立起兵攻西川(四川成都)节度使陈敬瑄,眉州(四川眉山)防御使高仁厚击斩杨师立。　山南西道(陕西汉中)节度使鹿晏弘弃兴元(陕西汉中)东走,陷许州(河南许昌),逐忠武(河南许昌)节度使周岌,自任节度使。　蔡州(河南汝南)刺史秦宗权攻掠邻境,所至屠杀焚烧,民无孑遗,行军不带粮,载人尸以从,饥则食之,黄河以南,淮河以北,极目千里,无复烟火。	日本阳成天皇被藤原基经所迫,让位给光孝天皇(五十八代)。
(秦宗权龙纪元年) 秦宗权于蔡州称帝,陷洛阳,大掠而去,城中寂无鸡犬。　李儇由成都返长安,唐政府政令所及,唯河西、山南、岭南、剑南数十州。　卢龙(北京)节度使李可举遣其将李全忠攻义武(河北定州)所属易州(河北易县),败还,恐获罪,反攻幽州,李可举全族自焚死,李全忠自任节度使。　宦官田令孜恶河中(山西永济)节度使王重荣,迁为泰宁(山东兖州)节度使,王重荣拒命,唐政府命诸道讨之,河东(山西太原)节度使李克用救王重荣,大败诸道兵,进逼长安,田令孜挟唐帝僖宗李儇奔凤翔。李克用不入长安,还军河中。	阿拉伯人自意大利半岛被逐出。诸曼底人围攻巴黎。

年份	干支	国号王朝及纪年	
886	丙午	唐光启	二年
887	丁未	唐光启	三年

国内	国外
(秦宗权龙纪二年)(唐帝李熅建贞元年) 秦宗权陷河阳(河南孟县)。　天平(山东东平)牙将朱瑾袭(山东)兖州,逐泰宁(山东兖州)节度使齐克让,自任节度使。　静难(陕西彬县)节度使朱玫、(陕西)凤翔节度使李昌符,及李克用、王重荣,皆上奏唐帝僖宗李儇,请诛田令孜。田令孜挟李儇再奔兴元(陕西汉中)。　朱玫立襄王李熅为帝,入长安。李儇命诸道兵讨朱玫,朱玫将王行瑜出战数败,惧诛,引兵还长安,斩朱玫。　田令孜自知不为全国所容,乃自求出任西川(四川成都)监军使,往依西川(四川成都)节度使陈敬瑄。	拜占庭皇帝巴细尔逝世,子李奥六世继位。
(秦宗权龙纪三年) 淮南(江苏扬州)节度使高骈昏暴,用方士吕用之为巡察使,吕用之淫虐尤甚,欲夺人财货妇女,即诬以谋反,所破者数百家。兵马使毕师铎不自安,起兵执高骈,与其子弟甥侄,无少长悉斩之。吕用之奔庐州(安徽合肥)刺史杨行密,杨行密讨毕师铎,围(江苏)扬州,城中饿死者泰半,草根木实皆尽,以堇泥为饼食之,又腹胀而死,军士掠人贩卖,驱缚屠割如猪羊,讫无一声。城陷,毕师铎奔秦宗权将孙儒(明年,孙儒斩毕师铎。杨行密腰斩吕用之)。　山南西道(陕西汉中)节度使杨守亮,恶利州(四川广元)刺史王建,屡召之,王建不敢往。东川(四川三台)节度使顾彦朗与之相结,西川(四川成都)节度使陈敬瑄恐顾王二人图己,请宦官监军使田令孜召之,王建为田令孜义子,得召大喜,率众往投。陈敬瑄寻悔,闭城相拒,王建羞怒,遂攻成都。　护国(山西永济)节度使王重荣用法严苛,晚年尤甚,兵变,被杀。	日本设“关白”官职,位在群臣上,仅亚天皇,一切奏议,皆先呈裁可。历时九百八十一年(——1867)始废。 法兰克诸侯齐集特累都尔,投票罢黜皇帝胖子查理。

	年份	干支	国号王朝及纪年
	888	戊申	唐光启 四年 文德 元年
	889	己酉	唐龙纪 元年
九世纪 九〇年代	890	庚戌	唐大顺 元年
	891	辛亥	唐大顺 二年

国内	国外
(秦宗权龙纪四年) 唐帝僖宗李儇返长安,寻暴卒,诸宦官立寿王李晔为帝,是为昭宗。 魏博(河北大名)节度使乐彦祯,骄暴,其子乐从训尤凶险,聚亡命为亲兵,牙兵恨之,将变,乐彦祯惧,出家为僧。军中推牙将罗弘信任节度使,击斩乐从训,并斩乐彦祯。 秦宗权将申丛内叛,执秦宗权,拆其足而囚之,降于宣武(河南开封)节度使朱全忠(明年,送秦宗权于长安,斩于独柳之下)。	胖子查理卒。法兰克帝国再分裂东(日耳曼)、西(法兰西)。
平卢(山东青州)节度使王敬武卒,子王师范继任节度使。	
河东(山西太原)节度使李克用攻云州(山西大同),不克。(山西)大同防御使赫连铎、宣武(河南开封)节度使朱全忠,上奏请讨李克用。吏部尚书同中书门下平章事张浚,曾为李克用所轻,素衔之,复欲倚外势以排宦官,乃力主讨伐。唐帝昭宗李晔命张浚出任都招讨使,发诸道兵击李克用,军至晋州(山西临汾),诸道军先后败回本镇,张浚所率兵望风自溃,撤民屋渡黄河而返,士卒失亡殆尽。	
利州(四川广元)刺史王建陷成都,自任西川(四川成都)节度使,迁故节度使陈敬瑄、宦官监军使田令孜于新津(893 年,诬以谋反,悉杀之)。宦官观军容使杨复恭专横,唐帝昭宗李晔不能堪,命退休,寻有人告其谋反,杨复恭奔兴元(陕西汉中),与其义子龙剑(四川平武)节度使杨守贞、武定(陕西洋县)节度使杨守忠、山南西道(陕西汉中)节度使杨守亮、绵州(四川绵阳)刺史杨守厚,同起兵叛。	犹太人始把割阉过的奴隶运到西班牙出售。

年份	干支	国号王朝及纪年	
892	壬子	唐大顺	三年
		景福	元年
893	癸丑	唐景福	二年
894	甲寅	唐乾宁	元年
895	乙卯	唐乾宁	二年
896	丙辰	唐乾宁	三年

国内	国外
(陕西)凤翔节度使李茂贞攻杨复恭,陷兴元(陕西汉中),杨复恭及诸义子奔阆州(四川阆中)。	新罗边将甄萱起兵叛。
宣武(河南开封)节度使朱全忠陷徐州,感化(江苏徐州)节度使时溥举族自焚死。	保加利亚国王改称"沙皇"。
(陕西)凤翔军陷阆州,杨复恭及诸义子突围走,欲奔太原,至华州(陕西华县)被获,送长安,斩于独柳之下。河东(山西太原)节度使李克用攻幽州(北京),卢龙(北京)节度使李匡筹奔(河北)沧州。义昌(河北沧州)节度使卢彦威利其家财妓妾,杀李匡筹。李克用遂并幽州。	日本第十九次遣唐使菅原遂真因唐乱,未行。
义胜(浙江绍兴)节度使董昌称帝,国号罗平。 李克用任其将刘仁恭为卢龙(北京)节度使。 (陕西)凤翔节度使李茂贞、静难(陕西彬县)节度使王行瑜、镇国(陕西华县)节度使韩建,各率精兵数千人入长安,杀司徒韦昭度、户部侍郎同中书门下平章事李谿,各留兵二千还镇。李克用大举南下讨三镇,陷邠州(陕西彬县),王行瑜出奔,为其下所杀。李茂贞、韩建大惧,上表请罪,李晔下诏赦之,封李克用为晋王。俟李克用军还,李茂贞、韩建骄横如故。	
镇海(浙江杭州)节度使钱镠击罗平帝董昌,围越州(浙江绍兴),董昌出降,执送至杭州,并其家属三百余口俱斩之。　武安(湖南长沙)节度使刘建锋嗜酒不亲政事,长直兵陈赡妻美,刘建锋私之,陈赡杀刘建锋。诸将又杀陈赡,立都将马殷为节度使。　(陕西)凤翔节度使李茂贞起兵攻长安,唐帝昭宗李晔奔华州,依镇国(陕西华县)节度使韩建。	

年份	干支	国号王朝及纪年	
897	丁巳	唐乾宁	四年
898	戊午	唐乾宁	五年
		光化	元年
899	己未	唐光化	二年

国内	国外
宣武(河南开封)节度使朱全忠将庞师古陷郓州(山东东平),擒天平(山东东平)节度使朱瑄,斩于汴州(河南开封)。　泰宁(山东兖州)节度使朱瑾奔扬州,投淮南(江苏扬州)节度使杨行密。　镇国(陕西华县)节度使韩建忌亲王掌兵,皆诬以谋反,与宦官刘季述发兵围十六宅,诸亲王或攀墙,或升屋,呼"宅家(皇帝)救儿。"士卒逮十一亲王至石堤谷,悉斩之。　卢龙(北京)节度使刘仁恭叛晋王李克用,李克用攻之,不能克。　西川(四川成都)节度使王建陷梓州(四川三台),东川(四川三台)节度使顾彦晖自杀。	日本宇多天皇让位给醍醐天皇。
唐帝昭宗李晔由华州(陕西华县)返长安。　魏博(河北大名)节度使罗弘信卒,子罗绍威继任节度使。	
卢龙(北京)节度使刘仁恭攻魏州(河北大名),大败而还。　保义(河南三门峡)节度使王拱性猜忌,虽妻子亦不自保。兵变,为部下所杀。众立都将李璠为留后,都将朱简又杀李璠,自任节度使,附宣武(河南开封)节度使朱全忠,朱全忠收朱简为义子,改名朱友谦。	

十世纪

本世纪比上世纪更悲惨。

〇〇年代，唐亡。中国又陷于分裂，五代十一国相继或并时兴起，年年血战，北方新兴的契丹（辽）帝国又屡屡南侵，生擒后晋皇帝石重贵而去。全国血腥，人民水深火热。这个小分裂时代为时七十三年。

七〇年代末，宋王朝统一中国，然而疆域比起汉、唐，不及其三分之二，国势衰弱，不能恢复昔日光荣。

十世纪
○○年代

年份	干支	国号王朝及纪年
900	庚申	唐光化 三年
901	辛酉	唐光化 四年 天复 元年
902	壬戌	唐天复 二年
903	癸亥	唐天复 三年

国内	国外
唐帝昭宗李晔纵酒,喜怒无常,左右人人自危。猎于苑中,夜归,手杀黄门、侍女数人。宦官遂发难,左神策军中尉刘季述、右神策军中尉王仲先,囚李晔于少阳院,立太子李裕为帝。	新罗边将甄萱建后百济王国,遣使通钱镠。萨法尔王朝亡。中亚细亚数十年中没有战争。
左神策军指挥使孙德超起兵杀刘季述、王仲先,迎唐帝昭宗李晔复位。封(陕西)凤翔节度使李茂贞为岐王。　李晔复用宦官韩全诲、张彦弘任左右神策军中尉。　司空门下侍郎同平章事崔胤欲尽诛宦官,密与宣武(河南开封)节度使朱全忠结,宦官亦密与凤翔节度使李茂贞结。崔胤致书朱全忠,称受密诏,请出兵迎李晔赴洛阳,朱全忠得书,即自大梁(河南开封)起兵西上。宦官大惧,劫李晔奔凤翔。朱全忠遂入潼关,围凤翔。	
朱全忠围(陕西)凤翔,穿蚰蜒壕,设犬铺、铃架,以绝内外。李茂贞数出击均大败。冬,大雪,城中食尽,冻饿死者不可胜计,或卧未死即为人所割,市中卖人肉,每斤值百钱,犬肉每斤值五百钱。十六宅诸亲王以下,冻死者日有数百。　封淮南(江苏扬州)节度使杨行密为吴王,镇海(浙江杭州)节度使钱镠为越王。	
(陕西)凤翔不能支,李茂贞遣兵捕宦官韩全诲、张弘训等七十余人斩之,与朱全忠和解。朱全忠迎李晔返长安,发兵驱宦官于内侍省,尽屠之,冤号之声,彻于内外。其出使各镇者,诏书所在。悉斩。只留幼弱者三十人以供洒扫。朱全忠寻还汴州(河南开封)。　封朱全忠为梁王,西川(四川成都)节度使王建为蜀王。	日本禁止私购中国货物

年份	干支	国号王朝及纪年	
904	甲子	唐天复	四年
		天祐	元年
905	乙丑	唐天祐	二年
906	丙寅	唐天祐	三年

国内	国外
正月,梁王朱全忠诬司徒崔胤谋反,杀之。遣兵劫唐帝昭宗李晔迁都洛阳,驱徙士民,号泣满路,喊骂:“崔胤召朱全忠倾覆社稷。”朱全忠命悉毁宫室民宅,长安自此遂成废墟。　四月,李晔抵洛阳。　八月,朱全忠遣枢密使蒋玄晖、左龙武统军朱友恭、右龙武统军氏叔琮,夜率兵入宫,杀李晔。立辉王李柷为帝,是为哀帝。　十月,朱全忠杀朱友恭、氏叔琮以塞谤。	十世纪初,君士坦丁堡为欧洲第一大城。
梁王朱全忠命蒋玄晖邀李晔诸子德王李裕等,置酒宴于九曲池(洛阳城内),悉缢杀之,投尸池中。 右谏议大夫同平章事柳璨,曲意事朱全忠,恣为威福,会长星竟天,因书素所不快者于朱全忠,遂据以贬窜门下侍郎同平章事独孤损、裴枢、崔远等凡三十余大臣,聚之于白马驿(河南滑县东),一夕尽杀之,投尸于黄河。　朱全忠急于称帝,恶蒋玄晖及柳璨迟缓,乃诬以谋反,悉杀之。又诬唐哀帝李柷生母何太后与蒋玄晖私通,复杀何太后。吴王杨行密卒,子杨渥继位为弘农王。	
梁王朱全忠攻(河北)沧州,卢龙(北京)节度使刘仁恭悉发境内男丁十五以上,七十以下,黥其面曰:“定霸都”,知识分子则黥其臂曰:“一心事主。”然畏梁兵之强,不敢救,乃向晋王李克用求和,李克用遂南攻,陷潞州(山西长治),昭义(山西长治)节度使丁会降李克用,朱全忠始解沧州围。	

年份	干支	国号王朝及纪年	
907	丁卯	唐天祐	四年
		后梁开平	元年
		晋天祐	四年
		岐天祐	四年
		淮南天祐	四年
		前蜀天复	七年
		南楚开平	元年
		吴越开平	元年
908	戊辰	后梁开平	二年
		晋天祐	五年
		岐天祐	五年
		淮南天祐	五年
		前蜀天复	八年
		武成	元年
		南楚开平	二年
		吴越天宝	元年

国内	国外
卢龙(北京)节度使刘仁恭贪暴,其子刘守光囚之,自任节度使,贪暴尤甚于其父。　唐哀帝李柷让位于梁王朱全忠,唐亡,立国二百七十六年。 朱全忠称帝,是为太祖,国号梁,史称"后梁"。封越王钱镠为吴越王、武安(湖南长沙)节度使马殷为楚王,史称"南楚"。　晋王(山西太原)李克用、淮南(江苏扬州)节度使弘农王杨渥、岐王(陕西凤翔)李茂贞,仍用唐天祐年号,敌对如昔,与梁征伐不息。　吴越王(浙江杭州)钱镠、楚王(湖南长沙)马殷、威武(福建福州)节度使王审知,虽用梁年号,但仅如此,割据亦如昔,互相攻杀,无人能制。　蜀王(四川成都)王建寻称帝,国号蜀,史称"前蜀"。中国分裂,五代十一国时代始(——979,凡七十三年)。　后梁帝太祖朱全忠遣(安徽)亳州刺史李思安攻晋潞州(山西长治),于城下筑重城,内防突围,外拒援兵,谓之"夹寨"。晋昭义(山西长治)节度使李嗣昭固守,不时出击,排墙填堑,一昼夜百数十发,后梁兵疲于奔命,闭夹寨。	
晋王李克用卒,子李存勖嗣位,率军救潞州,雾中抵夹寨,急攻,后梁夹寨溃。　淮南(江苏扬州)弘农王杨渥骄奢日甚,左牙指挥使张颢、右牙指挥使徐温,共杀杨渥。徐温寻又杀张颢,立杨渥弟杨隆演为弘农王。	

	年份	干支	国号王朝及纪年	
	909	己巳	后梁开平	三年
			晋天祐	六年
			岐天祐	六年
			淮南天祐	六年
			前蜀武成	二年
			南楚开平	三年
			吴越天宝	二年
十世纪 一〇年代	910	庚午	后梁开平	四年
			晋天祐	七年
			岐天祐	七年
			南吴天祐	七年
			前蜀武成	三年
			南楚开平	四年
			吴越天宝	三年
	911	辛未	后梁开平	五年
			乾化	元年
			晋天祐	八年
			岐天祐	八年
			南吴天祐	八年
			前蜀永平	元年
			南楚乾化	元年
			吴越天宝	四年
			桀燕应天	元年

国内	国外
后梁自大梁(河南开封)迁都洛阳。封威武(福建福州)节度使王审知为闽王、卢龙(北京)节度使刘守光为燕王。后梁帝朱全忠怒佑国(陕西西安)节度使王重师贡奉不丰,诬以谋反,屠其族。忠武(陕西大荔)节度使刘知俊以朱全忠猜忌日甚,内不自安,起兵降岐,岐王李茂贞用为中书令。　燕王刘守光攻其兄义昌(河北沧州)节度使刘守文,于阵擒之,围沧州,节度判官吕兖固守,城中食尽,民食堇泥,军士食人,吕兖选男女瘦弱者,饲以曲面而烹之,以给军食,谓之"宰杀务"(明年,城陷)。	黑衣大食(东阿拉伯帝国),穆罕默德女法蒂玛后裔,陷北非突尼斯,建萨拉森王国,称法蒂玛王朝(——1171),中国称"绿衣大食"。阿拉伯帝国分裂为三。新罗僧弓裔起兵,建后高丽王国,与新罗、后百济,三分朝鲜半岛("后高丽"寻改"摩震"、后又改"泰封")。
淮南(江苏扬州)弘农王杨隆演称吴王。史称南吴。　后梁帝朱全忠疑赵王(河北正定)王镕私与晋通,遣宁国节度使王景仁发兵袭之,事泄,王镕向晋求救,晋王李存勖东出,与后梁军相峙(河北)柏乡。	
后梁与晋于(河北)柏乡会战,转斗至(河北)高邑野河南,晋军呐喊猛攻,后梁军大溃,死二万余人,自野河至柏乡,死尸蔽野。　燕王刘守光狂虐,每刑人必先置于铁笼,以火烤之,又作铁刷,以刷人面,眼鼻俱落。闻后梁败于柏乡,乃称帝,建都幽州(北京),国号燕,史称"桀燕"。	北蛮诺尔曼族于哥本哈根建丹麦王国,日后遂成为丹麦人。 日耳曼王国无子嗣,加洛林王朝绝(751、843、870——),国王改为诸侯选举。

年份	干支	国号王朝及纪年	
912	壬申	后梁乾化	二年
		晋天祐	九年
		岐天祐	九年
		南吴天祐	九年
		前蜀永平	二年
		南楚乾化	二年
		吴越天宝	五年
		桀燕应天	二年
913	癸酉	后梁凤历	元年
		乾化	三年
		晋天祐	十年
		岐天祐	十年
		南吴天祐	十年
		前蜀永平	三年
		南楚乾化	三年
		吴越天宝	六年
		桀燕应天	三年
914	甲戌	后梁乾化	四年
		晋天祐	十一年
		岐天祐	十一年
		南吴天祐	十一年
		前蜀永平	四年
		南楚乾化	四年
		吴越天宝	七年

国内	国外
后梁帝朱全忠奇淫,诸子在外,悉召诸子妇入宫侍寝。今年,朱全忠病笃,命博王朱友文之妻王氏召朱友文,欲托后事。郢王朱友珪妻张氏知之,以告朱友珪。会命朱友珪出任(山东)莱州刺史,时迁官者皆于中途被杀,朱友珪惧,乃夜入宫,刀刺朱全忠腹,刃出于背而死。朱友珪嗣位,诬朱友文谋反,斩之。	
后梁均王朱友贞起兵讨朱友珪,斩之,朱友贞即帝位,是为末帝。迁都大梁(河南开封)。　前蜀少保唐道袭诬太子王元膺谋反,王元膺发兵斩唐道袭,王元膺亦为其下所杀。　晋王李存勖大举攻桀燕,陷幽州(北京),擒桀燕帝刘守光及其父刘仁恭。桀燕亡,立国三年。	
晋王李存勖自临监斩刘守光,刘守光至死号泣哀祈不已。复械刘仁恭至代州(山西代县),刺其心,以血祭先王李克用墓,然后斩之。	

年份	干支	国号王朝及纪年	
915	乙亥	后梁乾化	五年
		贞明	元年
		晋天祐	十二年
		岐天祐	十二年
		南吴天祐	十二年
		前蜀永平	五年
		南楚贞明	元年
		吴越天宝	八年
916	丙子	后梁贞明	二年
		晋天祐	十三年
		岐天祐	十三年
		南吴天祐	十三年
		前蜀通正	元年
		南楚贞明	二年
		吴越天宝	九年
		契丹神册	元年
917	丁丑	后梁贞明	三年
		晋天祐	十四年
		岐天祐	十四年
		南吴天祐	十四年
		汉天汉	元年
		南楚贞明	三年
		吴越天宝	十年
		越乾亨	元年
		契丹神册	二年

国内	国外
后梁天雄(河北大名)节度使杨师厚卒,梁帝朱友贞以魏博(河北大名)地广兵众,故割据二百余年。乃分相州(河南安阳)、澶州(河南内黄南)、卫州(河南卫辉),另置昭德军。任贺德伦为天雄(河北大名)节度使、张筠为昭德(河南安阳)节度使,另遣开封尹刘鄩率兵临其境以慑之。魏兵皆父子相承,族姻盘结,不愿分徙,遂变,囚贺德伦,逼之求救于晋。晋王李存勖遂入魏州(河北大名),兼天雄节度使。刘鄩以晋精兵悉在魏州,太原必虚,潜引兵西进。李存勖急发骑倍道赴太原。刘鄩至乐平(山西昔阳),粮尽,又知太原有备,乃退屯(山东)莘县。	英国剑桥大学创立。
刘鄩自莘县复潜引军还袭魏州(河北大名),至故元城西,晋追兵大集,四方环攻,后梁军溃,步卒七万,杀溺殆尽,刘鄩收残众奔滑州(河南滑县)。后梁匡国(河南许昌)节度使王檀乘虚袭太原,昼夜猛攻,城几陷者数四,晋昭义(山西长治)节度使李嗣昭率军救太原,内外夹击,后梁军死伤十之二三,王檀引兵大掠而退。　契丹王耶律阿保机称帝,于塞北开国,建都西楼城(后改称临潢府),称上京(内蒙古巴林左旗)。	
前蜀改国号为汉。　契丹围幽州(北京)凡三百日,晋安国(河北邢台)节度使李嗣源救之,契丹大败,解围去。　后梁清海(广东广州)节度使刘岩称帝,建都广州,国号越。　晋王李存勖刘夫人,其父以医卜为业,往投之,刘夫人耻其父家寒微,云已死,命笞其父于宫门,逐之。	

	年份	干支	国号王朝及纪年	
	918	戊寅	后梁贞明	四年
			晋天祐	十五年
			岐天祐	十五年
			南吴天祐	十五年
			前蜀光天	元年
			南楚贞明	四年
			吴越天宝	十一年
			南汉乾亨	二年
			契丹神册	三年
	919	己卯	后梁贞明	五年
			晋天祐	十六年
			岐天祐	十六年
			南吴武义	元年
			前蜀乾德	元年
			南楚贞明	五年
			吴越天宝	十二年
			南汉乾亨	三年
			契丹神册	四年
十世纪	920	庚辰	后梁贞明	六年
二〇年代			晋天祐	十七年
			岐天祐	十七年
			南吴武义	二年
			前蜀乾德	二年
			南楚贞明	六年
			吴越天宝	十三年
			南汉乾亨	四年
			契丹神册	五年

国内	国外
前蜀复国号为蜀,前蜀帝高祖王建卒,子王宗衍嗣位。　越改国号为汉,史称南汉。　晋王李存勖自杨刘(山东东阿北)渡黄河,直趋大梁(河南开封)。后梁行营招讨使贺瓌弃营追之,至胡柳陂(山东鄄城西南),晋兵大败,卢龙(北京)节度使周德威父子战死。李存勖退屯土山,向晚,反攻,后梁军溃,死三万人。梁晋各丧士卒三分之二,皆不能振。	朝鲜半岛泰封国王弓裔暴虐被杀,部将王建即位,改国号高丽,史称“王氏王朝”(——1392)。
晋内外马步总管李存审,于德胜(河南濮阳)南北筑两城,驻兵守之。后梁招讨使贺瓌攻南城,败还。　吴越王钱镠遣其子钱传瓘攻南吴,南吴舒州刺史彭彦章大败,自杀。钱传瓘进至(江苏)常州,南吴左仆射徐温迎击,大败吴越军,钱传瓘遁走。徐温尽归所俘与吴越,吴越亦遣使求和。从此二十年间,二国之间无战争,民得稍安。	萨克森公国大公亨利一世被选为日耳曼国王,史称“萨克森王朝”(——1024)。
南吴宣王杨隆演卒,弟丹阳公杨溥嗣位。　赵王(河北正定)王镕富贵久,不恤政事,宦官石希蒙以谄媚得宠,弄权中外。王镕出游西山,数月不返,士卒苦之,宦官李弘规谏,不听。李弘规乃使都将苏汉衡斩石希蒙。王镕怒且惧,急回镇州(河北正定),遣其子王昭祚杀李弘规及苏汉衡等数十家,复捕其党,穷治反状,亲军震恐。	

年份	干支	国号王朝及纪年	
921	辛巳	后梁贞明	七年
		龙德	元年
		晋天祐	十八年
		岐天祐	十八年
		南吴武义	三年
		顺义	元年
		前蜀乾德	三年
		南楚龙德	元年
		吴越天宝	十四年
		南汉乾亨	五年
		契丹神册	六年
922	壬午	后梁龙德	二年
		晋天祐	十九年
		岐天祐	十九年
		南吴顺义	二年
		前蜀乾德	四年
		南楚龙德	二年
		吴越天宝	十五年
		南汉乾亨	六年
		契丹神册	七年
		天赞	元年
923	癸未	后梁龙德	三年
		后唐同光	元年
		岐天祐	二十年
		南吴顺义	三年
		前蜀乾德	五年
		南楚同光	元年
		吴越天宝	十六年
		南汉乾亨	七年
		契丹天赞	二年

国内	国外
镇州(河北正定)兵变,斩王镕,焚其府第,立防城使张文礼为成德(河北正定)节度使,尽屠王氏家族。　晋任赵将符习为成德节度留后,击张文礼,张文礼惊惧而卒,其子张处瑾固守。　义武(河北定州)新军使王都,囚义父节度使王处直,尽杀王处直子孙在(河北)定州者,自任节度使,降于晋。	
王处直子王郁引契丹兵攻定州,晋王李存勖救定州,与契丹战于望都(河北望都),契丹败走。 晋攻镇州(河北正定)经年,相州(河南安阳)刺史史建瑭、昭义(山西长治)节度使李嗣昭均战死。今年,城陷,屠张处瑾族党。	
晋王李存勖于魏州(河北大名)称帝,是为庄宗,国号唐,史称“后唐”。　后梁帝朱友贞任段凝为招讨使,渡黄河而北,掠澶州(河南内黄南)诸县,屯于临河(河南濮阳西)县南。后唐帝李存勖大军自杨刘(山东东阿北)渡黄河,绕道郓州(山东东平),乘虚袭大梁(河南开封),后梁军迭溃,朱友贞自杀,段凝率军降后唐。后梁亡,立国十七年。　后唐建都(河南)洛阳。	

年份	干支	国号王朝及纪年	
924	甲申	后唐同光	二年
		岐天祐	二十一年
		南吴顺义	四年
		前蜀乾德	六年
		南楚同光	二年
		吴越宝大	元年
		南汉乾亨	八年
		南平同光	二年
		契丹天赞	三年
925	乙酉	后唐同光	三年
		南吴顺义	五年
		前蜀咸康	元年
		南楚同光	三年
		吴越宝大	二年
		南汉乾亨	九年
		白龙	元年
		南平同光	三年
		契丹天赞	四年

国内	国外
后唐帝庄宗李存勖立刘夫人为皇后,刘皇后专务蓄财,宝货山积,而政府乏钱劳军,士卒始怨。李存勖复用宦官为诸道监军,凌忽主帅,仗势争权,诸将无不愤怒。又宠诸伶人,命伶人陈俊任景州(河北东光)刺史、储德源任宪州(山西娄火)刺史,而亲军有从李存勖百战未得一官者,众心乃离。　岐王李茂贞向后唐称臣,改封秦王,寻卒,后唐政府授其子李继俨为(陕西)凤翔节度使,岐亡,立国十八年。　后唐封荆南(湖北江陵)节度使高季昌为南平王,南平建国。	
后唐政府命魏王李继岌任行营都统、枢密使郭崇韬任行营都招讨使,大举攻前蜀。前蜀帝王宗衍发成都,将游秦州(甘肃秦安),边将告急,尚以为沮己,在道与群臣赋诗不辍。及后唐军深入,王宗衍始仓卒返成都,后唐军继至,王宗衍乃出降。前蜀亡,立国十九年。宦官李从袭侍李继岌,以都统府牙门冷落,而前蜀之贵臣大将,日以宝货妓乐送郭崇韬,深耻且妒。后唐帝庄宗李存勖遣宦官向延嗣赴成都促郭崇韬还军,郭崇韬不出郊迎,及见,礼节又倨,向延嗣怒,遂与李从袭共诬郭崇韬谋反,归语李存勖,李存勖命西川(四川成都)节度使孟知祥倍道赴任察之。宦官又语刘皇后,刘皇后径下令杀郭崇韬。	

年份	干支	国号王朝及纪年	
926	丙戌	后唐同光	四年
		天成	元年
		南吴顺义	六年
		南楚天成	元年
		吴越宝正	元年
		南汉白龙	二年
		南平天成	元年
		契丹天赞	五年
927	丁亥	后唐天成	二年
		南吴顺义	七年
		乾贞	元年
		南楚天成	二年
		吴越宝正	二年
		南汉白龙	三年
		南平天成	二年
		契丹天赞	六年
		天显	元年

国内	国外
后唐魏王李继岌得刘皇后令,召郭崇韬,以铁锤挝碎其首。后唐帝庄宗李存勖下令暴其罪状,悉杀其诸子,朝野骇惋,群议纷然。天雄(河北大名)兵卒皇甫晖因人心不安,遂叛,杀节度使杨仁晸,劫指挥使杨在礼任节度使,发兵四掠。李存勖遣内外马步军总管李嗣源讨之,李嗣源部下兵亦变,逼李嗣源与兴唐府(河北大名)兵合,引军南陷大梁(河南开封)。李存勖欲亲攻李嗣源,整军将发,伶人直指挥使郭从谦叛,李存勖中流矢卒。李嗣源遂入洛阳,称帝,是为明宗。尽诛宦官。　威武(福建福州)节度使王延翰称闽王,淫虐,建州(福建建瓯)刺史王延禀杀之,立(福建)泉州刺史王延钧为节度使。　契丹帝耶律阿保机攻勃海王国,陷上京龙泉府(黑龙江宁安东京城),勃海亡(699——,立国二百二十八年)。耶律阿保机改勃海为东丹国(东契丹),封其长子耶律突欲为东丹王。　契丹帝太祖耶律阿保机卒,次子太宗耶律德光嗣位。	
后唐遣客省使李俨任西川(四川成都)都监,以监西川军,西川节度使孟知祥诬以诈宣敕,斩之。　后唐遣兴唐府(河北大名)兵三千五百人驻防芦台(河北青县),时芦台军帅为泰宁(山东兖州)节度使房知温,诏书命(河北)冀州刺史乌震代之,房知温怨,诱兴唐府兵叛,杀乌震。马军指挥使安审通脱身走,房知温恐事不成,乘乱奔安审通,骑兵纵击,杀三千五百兵殆尽。唐帝明宗李嗣源命乱兵家属全门处斩,兴唐府驱三千五百家,凡万余人,屠之,永济渠为之变赤。后唐枢密使安重诲诬太子少保任图谋反,杀之。　南吴大丞相徐温卒,吴王杨溥称帝,是为让帝。	

	年份	干支	国号王朝及纪年	
	928	戊子	后唐天成	三年
			南吴乾贞	二年
			南楚天成	三年
			吴越宝正	三年
			南汉白龙	四年
			大有	元年
			南平天成	三年
			契丹天显	二年
	929	己丑	后唐天成	四年
			南吴乾贞	三年
			太和	元年
			南楚天成	四年
			吴越宝正	四年
			南汉大有	二年
			南平天城	四年
			契丹天显	三年
十世纪	930	庚寅	后唐天成	五年
三〇年代			长兴	元年
			南吴太和	二年
			南楚长兴	元年
			吴越宝正	五年
			南汉大有	三年
			南平长兴	元年
			契丹天显	四年

国内	国外
南楚水军攻南汉,围封州(广东封开),南汉左右街使苏章率战舰百艘驰救,南楚大败。　南吴右雄武军使苗璘攻南楚,至君山(洞庭湖中),南楚右丞相许德勋以战舰千艘迎击,大败南吴军,擒苗璘。　后唐义武(河北定州)节度使王都叛,以重贿求救于奚,奚酋长秃馁率万骑入定州助守。后唐政府命成德(河北正定)节度使王晏球讨之,契丹遣大将惕隐助定州,王晏球逆战,擒惕隐,契丹大败北走。　后唐大梁(河南开封)民有私酿酒者,东都(河南洛阳)留守孔循屠其族。　南平武信王高季兴向南吴称藩,高季兴寻卒,子文成王高从诲嗣位。	
后唐王晏球陷(河北)定州,王都举族自焚死,王晏球擒秃馁送大梁,斩秃馁于市。　南平王高从诲改向后唐称藩。　南楚武穆王马殷子马希声诬都军判官高郁谋反,尽杀其族党。	
后唐西川(四川成都)节度使孟知祥、东川(四川三台)节度使董璋,联兵叛。后唐政府命天雄节度使石敬瑭任都招讨使击两川,数战无功。枢密使安重诲亲往前方督战。　南楚武穆王马殷卒,子衡阳王马希声嗣位。	

年份	干支	国号王朝及纪年	
931	辛卯	后唐长兴	二年
		南吴太和	三年
		南楚长兴	二年
		吴越宝正	六年
		南汉大有	四年
		南平长兴	二年
		契丹天显	五年
932	壬辰	后唐长兴	三年
		南吴太和	四年
		南楚长兴	三年
		吴越宝正	七年
		南汉大有	五年
		南平长兴	三年
		契丹天显	六年
933	癸巳	后唐长兴	四年
		南吴太和	五年
		南楚长兴	四年
		吴越长兴	四年
		南汉大有	六年
		南平长兴	四年
		闽龙启	元年
		契丹天显	七年

国内	国外
后唐(陕西)凤翔节度使朱弘昭以谄事枢密使安重诲,而连得大镇,安重诲赴两川督战,过凤翔,朱弘昭亲迎马前,延入寝室,妻子罗拜。安重诲既去,朱弘昭即诬安重诲谋反,告密。立贬安重诲为护国(山西永济)节度使,寻命其退休。寻又遣洋王李从璋挝杀之。　唐帝明宗李嗣源以两川之叛,归罪于安重诲,命石敬瑭率军还。西川(四川成都)节度使孟知祥上表谢罪,东川(四川三台)节度使董璋以家已被屠,不服。	
后唐东川(四川三台)节度使董璋大军袭成都,西川(四川成都)节度使孟知祥迎战,斩之,从此并有两川。　吴越武肃王钱镠卒,子文穆王钱传瓘嗣位。南楚衡阳王马希声卒,弟文昭王马希范嗣位。	
闽王王延钧称帝,是为惠宗,建都长乐府(福建福州),国号闽。任薛文杰为国计使,阴求富民之罪,没其家财,被榜掠者,胸背均受,复以铜斗火熨之。诬枢密使吴勖谋反,杀之,举国愤怨。 后唐封孟知祥为蜀王。　后唐帝明宗李嗣源疾笃,子秦王李从荣起兵欲攻皇宫,皇城使安从益斩之。李嗣源寻卒,子闵帝李从厚嗣位。	

年份	干支	国号王朝及纪年	
934	甲午	后唐长兴	五年
		应顺	元年
		清泰	元年
		南吴太和	六年
		南楚清泰	元年
		吴越清泰	元年
		南汉大有	七年
		南平清泰	元年
		闽龙启	二年
		后蜀明德	元年
		契丹天显	八年
935	乙未	后唐清泰	二年
		南吴太和	七年
		天祚	元年
		南楚清泰	二年
		吴越清泰	二年
		南汉大有	八年
		南平清泰	二年
		闽永和	元年
		后蜀明德	二年
		契丹天显	九年

国内	国外
南吴信州（江西上饶）节度使蒋延徽攻闽，围建州（福建建瓯），闽帝惠宗王延钧遣骠骑大将军王延宗驰救，军至中途不进，曰：“不得薛文杰，不能讨贼。”王延钧不得已，命送薛文杰往。薛文杰初以槛车广阔，更制狭者，形如木柜，以铁钉向内，动则触之，车方成，适用以载己。至军，军士脔食之。南吴兵闻闽救至，引退。　蜀王孟知祥称帝，是为高祖，建都成都，国号蜀，史称“后蜀”。寻卒，子孟昶嗣位。　后唐枢密使同平章事朱弘昭，同中书门下二品冯赟用事，忌（陕西）凤翔节度使潞王李从珂，调之为河东（山西太原）节度使。李从珂愤惧，遂叛。军抵洛阳，朱弘昭投井死，京师巡检使安重进斩冯赟，屠其族。闵帝李从厚奔卫州（河南卫辉），卫州刺史王弘贽缢杀之。李从珂入洛阳，嗣位，是为末帝。	
闽帝惠宗王延钧卧疾，皇城使李仿认为其必死，使壮丁杀嬖幸百工院使李可殷。王延钧少痊，临朝诘李可殷死状，李仿大惧，引兵入宫，王延钧匿九龙帐下，乱兵刺之出，王延钧婉转哀号不能绝，宫人不忍其苦，斩杀之。子康宗王继鹏嗣位。	新罗王金傅以疆土日缩，召开“和白会议”（御前会议）举国归附高丽，新罗亡（前57——，立国九百九十二年）。

年份	干支	国号王朝及纪年	
936	丙申	后唐清泰	三年
		后晋天福	元年
		南吴天祚	二年
		南楚天福	元年
		吴越天福	元年
		南汉大有	九年
		南平天福	元年
		闽永和	二年
		通文	元年
		后蜀明德	三年
		契丹天显	十年
937	丁酉	后晋天福	二年
		南吴天祚	三年
		南唐升元	元年
		南楚天福	二年
		吴越天福	二年
		南汉大有	十年
		南平天福	二年
		闽通文	二年
		后蜀明德	四年
		辽天显	十一年
		会同	元年

国内	国外
后唐末帝李从珂调河东(山西太原)节度使石敬瑭为天平(山东东平)节度使,石敬瑭不受命,起兵称帝,国号晋,史称“后晋”。向契丹称臣乞兵,南攻洛阳,李从珂举族自焚死。后唐亡,立国十四年。石敬瑭入洛阳,割燕云十六州与契丹。 后唐成德(河北正定)节度使董温琪贪暴,积财巨万,以牙内都虞候秘琼为腹心。董温琪引军北上攻石敬瑭时,为契丹所拘,秘琼遂尽屠董温琪家,埋于一冢,悉没其财,自任节度使。 附注:石敬瑭所割之燕云十六州:幽州(北京)、蓟州(天津蓟县)、瀛州(河北河间)、莫州(河北任丘)、涿州(河北涿州)、檀州(北京密云)、顺州(北京顺义)、新州(河北涿鹿)、妫州(河北怀来)、儒州(北京延庆)、武州(河北宣化)、云州(山西大同)、应州(山西应县)、寰州(山西朔州东)、朔州(山西朔州)、蔚州(河北蔚县)。	高丽王王建灭后百济(892——,立国四十五年),统一朝鲜半岛(第二次统一)。
后晋迁都大梁(河南开封)。后晋天雄(河北大名)节度使范延光叛,侍卫使杨光远任都部署,东都(河南开封)巡检使张作宾任副署讨之。而张作宾亦叛,义成(河南滑县)节度使符彦饶续叛。奉国右厢指挥使卢顺密击斩符彦饶,昭义节度使杜重威击斩张作宾。杨光远进围晋昌府(河北大名)。 南吴让帝杨溥让位于齐王徐知诰,南吴亡,立国二十八年。徐知诰即帝位,是为烈祖。建都江宁(江苏南京),国号唐,史称“南唐”。 契丹改国号为辽。	

	年份	干支	国号王朝及纪年	
	938	戊戌	后晋天福	三年
			南唐升元	二年
			南楚天福	三年
			吴越天福	三年
			南汉大有	十一年
			南平天福	三年
			闽通文	三年
			后蜀广政	元年
			辽会同	二年
	939	己亥	后晋天福	四年
			南唐升元	三年
			南楚天福	四年
			吴越天福	四年
			南汉大有	十二年
			南平天福	四年
			闽通文	四年
			永隆	元年
			后蜀广政	二年
			辽会同	三年
十世纪四〇年代	940	庚子	后晋天福	五年
			南唐升元	四年
			南楚天福	五年
			吴越天福	五年
			南汉大有	十三年
			南平天福	五年
			闽永隆	二年
			后蜀广政	三年
			辽会同	四年

国内	国外
后晋帝高祖石敬瑭尊辽帝太宗耶律德光为父皇帝,自称儿皇帝。今年,耶律德光年三十七,石敬瑭年四十七。 后晋杨光远围晋昌府久不下,石敬瑭命赦范延光罪,范延光始出降。	
南唐帝烈祖徐知诰改姓名为李昪。 闽帝康宗王继鹏猜忌,屡行屠戮。拱宸控鹤军使连重遇杀之,叔景宗王延羲嗣位。	
闽帝景宗王延羲骄淫苛暴,其弟建州(福建建瓯)刺史王延政屡谏,王延羲大怒,遣亲信邺翘往监其军,王延政遂起兵叛。	

年份	干支	国号王朝及纪年	
941	辛丑	后晋天福	六年
		南唐升元	五年
		南楚天福	六年
		吴越天福	六年
		南汉大有	十四年
		南平天福	六年
		闽永隆	三年
		后蜀广政	四年
		辽会同	五年
942	壬寅	后晋天福	七年
		南唐升元	六年
		南楚天福	七年
		吴越天福	七年
		南汉大有	十五年
		光天	元年
		南平天福	七年
		闽永隆	四年
		后蜀广政	五年
		辽会同	六年
943	癸卯	后晋天福	八年
		南唐升元	七年
		保大	元年
		南楚天福	八年
		吴越天福	八年
		南汉光天	二年
		应乾	元年
		乾和	元年
		南平天福	八年
		闽永隆	五年
		殷天德	元年
		后蜀广政	六年
		辽会同	七年

国内	国外
闽帝景宗王延羲与建州(福建建瓯)刺史王延政言和,封王延政为富沙王。既而又相攻,长乐府(福建福州)建州之间,暴尸如莽。　后晋山南东道(湖北襄樊)节度使安从进叛,西京(河南洛阳)留守高行周讨之。成德(河北正定)节度使安重荣继叛,天平(山东东平)节度使杜重威讨之。　吴越文穆王钱传瓘卒,子忠献王钱弘佐嗣位。	
后晋镇州(河北正定)兵内叛,杜重威入城,斩安重荣。杀军民二万余人。高行周陷襄州(湖北襄樊),安从进举族自焚死。后晋帝高祖石敬瑭卒,侄出帝石重贵嗣位。用同平章事景延广议,向辽告哀,称孙不称臣。辽卢龙(北京)节度使赵延寿久欲代后晋于北方称帝,从中构隙,辽帝太宗耶律德光遂有攻中原之志。　南汉帝高祖刘岩卒,子秦王刘弘度嗣位,是为殇帝。　南汉(广东)博罗县民张遇贤起兵,陷循州(广东龙川)。	
南唐帝烈祖李昪卒,子元宗李璟嗣位。　闽富沙王王延政称帝,建都建州(福建建瓯),国号殷。用杨思恭为仆射录军国事,聚敛苛刻,国人谓之杨剥皮。　南汉殇帝刘弘度骄暴,左右忤意即杀,无敢谏者,晋王刘弘熙乘其醉杀之,即位,是为中宗。　后晋旱蝗,大饥,南自长江,北至长城,原野山谷,城郭庐舍,蝗虫皆满,竹木叶俱尽。国用不足,后晋政府遣使者六十余人,分赴各道刮民谷,督责严急,不留民食,匿谷之民处死,民饿死者数十万,流亡者不可胜数。顺国(河北正定)节度使杜重威刮民谷二百万斛,奏缴三十万斛,余尽入私。	

年份	干支	国号王朝及纪年	
944	甲辰	后晋天福	九年
		开运	元年
		南唐保大	二年
		南楚开运	元年
		吴越开运	元年
		南汉乾和	二年
		南平开运	元年
		闽永隆	六年
		殷天德	二年
		后蜀广政	七年
		辽会同	八年
945	乙巳	后晋开运	二年
		南唐保大	三年
		南楚开运	二年
		吴越开运	二年
		南汉乾和	三年
		南平开运	二年
		闽天德	三年
		后蜀广政	八年
		辽会同	九年

国内	国外
辽卢龙(北京)节度使赵德钧攻陷后晋贝州(河北清河),屠万余人。辽帝太宗耶律德光分掠沧(河北沧州)、德(山东陵县)、深(河北深州)、莫(河北任丘)四州,所过烧杀,方广千里,民物殆尽。 后晋平卢(山东青州)节度使杨光远叛,泰宁(山东兖州)节度使李守贞讨之,辽遣大将耶律麻荅援杨光远,至马家口,后晋兵迎击,辽大败,溺死数千人,斩俘数千人。后晋军遂围青州。城中食尽,杨光远子杨承勋执其父出降。　闽帝景宗王延羲日益猜忌虐杀,拱宸都指挥使朱文进不自安,杀王延羲,尽屠王氏皇族。南廊承旨林仁翰复杀朱文进,降于殷。　后晋内外用兵,国用益竭,再遣使者三十六人分道刮民财,封剑授之,使者从吏卒,携锁械刀杖入民家,小大惊惧,求死无地。	
辽大举攻后晋,直入邢(河北邢台)、洺(河北永年)、磁(河北磁县)三州,杀掠殆尽。后晋义成(河南滑县)节度使皇甫遇败之于相州(河南安阳)榆林店。后晋出帝石重贵命顺国节度使杜重威为都招讨,统诸道兵乘胜北攻,陷辽泰州(河北保定)。辽帝耶律德光回击,后晋军退,至白团卫村(河北望都境),辽兵围之数重。后晋马步左右厢指挥使符彦卿、皇甫遇,逆风出战,辽兵大溃,势如山崩,杜重威不敢追,退屯(河北)定州。 殷帝王延政改国号为闽,遣其侄王继昌镇长乐府(福建福州),元从指挥使李仁达杀王继昌,立雪峰寺僧卓岩明为帝,寻杀之,奉表称藩于南唐。时长乐府兵戍建州(福建建瓯)者八千人,王延政悉屠之,以其肉为脯。　南唐枢密副史查文徽攻闽,围建州,陷之,王延政降,闽亡,立国十三年。南唐兵大掠,焚宫室庐舍殆尽,民多冻死。	

年份	干支	国号王朝及纪年	
946	丙午	后晋开运	三年
		南唐保大	四年
		南楚开运	三年
		吴越开运	三年
		南汉乾和	四年
		南平开运	三年
		后蜀广政	九年
		辽会同	十年
947	丁未	后汉天福	十二年
		南唐保大	五年
		南楚天福	十二年
		吴越天福	十二年
		南汉乾和	五年
		南平保大	五年
		后蜀广政	十年
		辽会同	十一年
		大同	元年
		天禄	元年

国内	国外
南唐征威武(福建福州)节度使李仁达入朝,李仁达遂叛,南唐遣永安节度使王崇文讨之,李仁达奉表降后晋,复奉表降吴越,乞救兵。吴越遣统军张筠水陆两道救福州。　后晋出帝石重贵,以连年屡胜,遂大举攻辽,任天雄(河北大名)节度使杜重威为都指挥使,下诏曰:"专发大军,往平黠虏,先取瀛莫,次复幽燕,有擒虏主者,用为上镇节度使。"辽帝太宗耶律德光闻之,起兵迎战,直入恒州(河北正定),围杜重威于中度桥,水泄不通,许立杜重威为帝,杜重威遂举军降,士卒奉命解甲,皆恸哭。辽遣降将彰德节度使张彦泽率骑兵星夜袭大梁(河南开封),斩关而入。石重贵欲自焚,为人所救,乃脱黄袍,换素衫,奉表出降,张彦泽囚之于开封府,后晋亡,立国十一年。张彦泽纵兵杀掠,其旗帜皆题:"忠心为主",大梁为之一空。	
辽帝太宗耶律德光入大梁(河南开封),封后晋出帝石重贵为负义侯,举族迁之于黄龙府(吉林农安)。大臣请筹军粮,耶律德光曰:"吾国无此法。"纵兵四出剽掠,谓之"打草谷",民变纷起。乃留萧翰任宣武节度使,镇大梁,已则席卷宝货返故地,至杀胡林(河北栾城境)病卒。侄世宗耶律兀欲嗣位。述律太后闻之,发兵拒其入国,军败,耶律兀欲囚述律太后于太祖耶律阿保机墓园。　后晋河东节度使刘知远于(山西)太原称帝,是为高祖。引兵南下,辽萧翰北奔。刘知远入大梁,国号汉,史称"后汉"。 吴越兵入福州,大破南唐军,杀二万余人,南唐国库为之耗竭。　南楚文昭王马希范卒,弟马希广嗣位。 吴越忠献王钱弘佐卒,弟钱弘倧嗣位,刚严喜杀,内牙统军使胡进思囚之,立其弟钱弘俶为吴越王。 南平王高从诲攻后汉襄州(湖北襄樊)、郢州(湖北钟祥),不克,乃向南唐称藩。南平自一任王高季兴时,即所向臣服,利其赐予,诸道入贡过境者,多掠其货币,以兵加之,复归还,毫不为愧。诸国贱之,称为"高无赖"。	

年份	干支	国号王朝及纪年	
948	戊申	后汉天福	十三年
		乾祐	元年
		南唐保大	六年
		南楚乾祐	元年
		吴越乾祐	元年
		南汉乾和	六年
		南平乾祐	元年
		后蜀广政	十一年
		辽天禄	二年
949	己酉	后汉乾祐	二年
		南唐保大	七年
		南楚乾祐	二年
		吴越乾祐	二年
		南汉乾和	七年
		南平乾祐	二年
		后蜀广政	十二年
		辽天禄	三年

国内	国外
后汉帝高祖刘知远卒,子隐帝刘承祐嗣位。　后汉晋昌(陕西西安)节度使赵匡赞入朝,征其牙兵赴大梁,军校赵思绾率众叛,镇宁节度使郭从义讨之。护国节度使李守贞据河中(山西永济)亦叛,保义(河南三门峡)节度使白文珂讨之。(陕西)凤翔巡检使王景崇据凤翔亦叛,凤翔节度使赵晖讨之。均久无功,后汉政府命枢密使郭威任招慰安抚使,统诸道兵,总讨三叛。　南平文献王高从诲既与后汉绝,北方商旅不至,境内贫乏,乃再向后汉称藩。寻卒,子贞懿王高保融嗣位。	
后汉赵思绾据长安,好食人肝,面剖人腹,取肝烹饪,食已尽而人尚未死。悉取妇女儿童为军粮,每犒军则屠数百人,如屠猪羊。围城既久,不知所为,遂出降,复又思叛,被执,并其父兄部曲三百人,尽屠于市。李守贞据河中(山西永济),城中食尽,民饿死者十之五六,李守贞举家自焚死。王景崇据(陕西)凤翔,闻二镇已败,亦举家自焚死。三叛悉平(明年,后汉政府遣使臣往河中、凤翔收葬战死及饿死者遗骸,时有僧已先收葬二十万具)。　南楚武平(湖南常德)节度使马希萼以己为兄而不得立,起兵攻长沙,败还。	

	年份	干支	国号王朝及纪年	
十世纪 五〇年代	950	庚戌	后汉乾祐	三年
			南唐保大	八年
			南楚乾祐	三年
			吴越乾祐	三年
			南汉乾和	八年
			南平乾祐	三年
			后蜀广政	十三年
			辽天禄	四年
	951	辛亥	后汉乾祐	四年
			后周广顺	元年
			南唐保大	九年
			南楚广顺	元年
			吴越广顺	元年
			南汉乾和	九年
			南平广顺	元年
			后蜀广政	十四年
			辽天禄	五年
			应历	元年

国内	国外
南楚马希萼向南唐称藩,诱辰州(湖南沅陵)蛮,再攻长沙,城陷,杀其弟楚王杨希广,自立,是为恭孝王。　后汉隐帝刘承祐,年益壮(是岁,年二十),厌为辅政大臣所制,武德使李业、枢密承旨聂文进,亦因不迁官怨辅政大臣,乃共谋诛杀。伺右仆射同平章事杨邠、中书令史弘肇、三司使同平章事王章等入朝,悉斩之于东庑下。复密命杀邺都(河北大名)留守郭威。郭威遂叛,起兵南下,刘承祐出战兵败,奔至赵村,为乱兵所杀。郭威入大梁(河南开封),李太后临朝,以高祖刘知远弟刘崇子刘赟,时任武宁(江苏徐州)节度使,可承大统,遣太师冯道往迎。　辽南侵,陷(河北)内丘、(河北)饶阳,李太后命郭威击之,至澶州(河南濮阳),兵变,拥郭威为帝,返军南行。刘赟至宋州(河南商丘),侍卫马军都指挥使郭崇威囚之。	
郭威入大梁(河南开封),称帝,是为高祖,国号周,史称“后周”。遣使杀刘赟于宋州。　后汉河东节度使刘崇,于(山西)太原称帝,是为世祖,亦称北汉,五道攻晋州(山西临汾)、隰州(山西隰县),均不能克,引去。刘崇向辽称臣,尊辽帝世宗耶律兀欲为叔皇帝,自称侄皇帝,并请兵相助,耶律儿欲统军拨之,诸部皆不欲行,至新州(河北涿鹿),燕王耶律述轧作乱,杀耶律兀欲。太宗耶律德光子耶律述律嗣位,是为穆宗。　南楚恭孝王马希萼,多寻旧怨,杀戮无度,马步都指挥使徐威起兵囚之,立其弟马希崇为楚王。马希崇纵酒荒淫,徐威见其所为,知必无成,恐一朝丧败,仍难免祸,欲杀之以自解。马希崇微觉之,大惧,密遣使向南唐请兵。南唐信州(江西上饶)刺史边镐入长沙,尽迁马氏宗族于江宁(江苏南京),千余人号哭上道。南楚亡,立国四十五年。	

年份	干支	国号王朝及纪年	
952	壬子	后汉乾祐	五年
		后周广顺	二年
		南唐保大	十年
		吴越广顺	二年
		南汉乾和	十年
		南平广顺	二年
		后蜀广政	十五年
		辽应历	二年
953	癸丑	后汉乾祐	六年
		后周广顺	三年
		南唐保大	十一年
		吴越广顺	三年
		南汉乾和	十一年
		南平广顺	三年
		后蜀广政	十六年
		辽应历	三年
954	甲寅	后汉乾祐	七年
		后周显德	元年
		南唐保大	十二年
		吴越显德	元年
		南汉乾和	十二年
		南平显德	元年
		后蜀广政	十七年
		辽应历	四年

国内	国外
后周泰宁(山东兖州)节度使慕容彦超,以与后汉高祖刘知远异父同母,不自安,起兵叛。昭武节度使曹英讨之,久不能克。周帝太祖郭威亲征,慕容彦超投井死。曹英入兖州(山东兖州),纵兵大掠,城中死者逾万人。　南唐武安(湖南长沙)节度使边镐昏懦无断,会南唐政府召武平(湖南常德)节度使刘言入朝,刘言遂叛,起兵陷长沙,边镐奔金陵(江苏南京)。刘言尽复南楚故地,向后周称藩,实则独立为政。	
武安(湖南长沙)节度使王逵袭朗州(湖南常德),执武平(湖南常德)节度使刘言,诬以谋反,杀之。	
后周帝太祖郭威卒,子世宗郭荣嗣位。后汉帝世祖刘崇闻郭威卒,甚喜,辽复援以兵,刘崇亲统大军攻后周,后周帝郭荣亦亲统大军拒之,战于高平(山西高平),后周马军都指挥使樊爱能率骑兵先遁,右军溃,步兵千余人解甲呼万岁,降后汉。郭荣自引亲兵,犯箭石督战,后汉大败,刘崇自举赤旗收兵,兵不为止,薄暮方收其余众。郭荣再击之,后汉军溃散,僵尸满山谷。刘崇率百骑昼夜北奔,仅入太原。郭荣乘胜入后汉境,攻太原,不克,引还。刘崇寻卒,子睿宗刘承钧嗣位。	

年份	干支	国号王朝及纪年	
955	乙卯	后汉乾祐	八年
		后周显德	二年
		南唐保大	十三年
		吴越显德	二年
		南汉乾和	十三年
		南平显德	二年
		后蜀广政	十八年
		辽应历	五年
956	丙辰	后汉乾祐	九年
		后周显德	三年
		南唐保大	十四年
		吴越显德	三年
		南汉乾和	十四年
		南平显德	三年
		后蜀广政	十九年
		辽应历	六年
957	丁巳	后汉天会	元年
		后周显德	四年
		南唐保大	十五年
		吴越显德	四年
		南汉乾和	十五年
		南平显德	四年
		后蜀广政	二十年
		辽应历	七年

国内	国外
后周(陕西)凤翔节度使王景攻后蜀,后蜀保宁(四川阆中)节度使李廷珪拒之,战于黄花(陕西凤县北),后蜀军大败。后周连取秦(甘肃秦安)、成(甘肃成县)、阶(甘肃武都)、凤(陕西凤县)四州。	匈奴马札尔部落攻意大利,日耳曼国王鄂图一世于兰克斐尔脱邀击,马札尔部落大败,退居今匈牙利地,建匈牙利王国(——1526)。
后周帝世宗郭荣大举攻南唐,南唐神武统军刘彦贞任都部署拒之,战于正阳东,南唐军大败,刘彦贞被杀,死万余人,伏尸三十里。后周连陷滁(安徽滁州)、舒(安徽潜山)、扬(江苏扬州)、和(安徽和县)等州,进攻寿州(安徽寿县),久不能克,因悉弃所陷诸州,并力围寿州。南唐齐王李景达救寿州,军政悉出于幸臣兵部侍郎陈觉。　南唐军屡败,南唐帝元宗李璟遣园苑使尹延范赴(江苏)泰州,迁南吴故让帝杨溥之族于润州(江苏镇江),尹延范悉斩杨氏男子凡六十人。　武平(湖南常德)节度使王逵攻南唐鄂州(湖北武汉),引兵过岳州(湖南岳阳),岳州团练使潘叔嗣奉迎甚恭,而王逵左右求取无厌,不满意者,诬其谋反,王逵怒形于色,潘叔嗣恐,袭王逵杀之。	
南唐寿州(安徽寿县)城中食尽,齐王李景达命永安(福建建瓯)节度使许文镇由淮水逆流而上,屯于八公山,筑甬道抵寿州,欲运军粮。后周侍卫亲军都指挥使李重进邀击,大破之。后周帝世宗郭荣亲征,复大破紫金山寨,杀获万余人,穷追南唐兵,又杀溺四万余人。李景达奔江宁(江苏南京),寿州不能支,降于后周。	

年份	干支	国号王朝及纪年	
958	戊午	后汉天会	二年
		后周显德	五年
		南唐保大	十六年
		中兴	元年
		交泰	元年
		显德	五年
		吴越显德	五年
		南汉乾和	十六年
		大宝	元年
		南平显德	五年
		后蜀广政	二十一年
		辽应历	八年
959	己未	后汉天会	三年
		后周显德	六年
		南唐显德	六年
		吴越显德	六年
		南汉大宝	二年
		南平显德	六年
		后蜀广政	二十二年
		辽应历	九年

国内	国外
南唐帝元宗李璟闻后周兵已临长江,大惧,上表称藩,去帝号,复去年号,用后周年号。时长江以北尚余庐(安徽合肥)、舒(安徽潜山)、蕲(湖北蕲春)、黄(湖北黄州)四州为南唐固守,悉割于后周。　南汉帝中宗刘弘熙卒,子刘继兴嗣位。	
后周帝世宗郭荣大举攻辽,连陷莫(河北任丘)、瀛(河北河间)、雄(河北雄县)、霸(河北霸州)诸州,复欲攻幽州(北京),会有疾,引军还大梁(河南开封),寻卒,子恭帝郭宗训嗣位,年方七岁。 南汉宦官诬中书舍人钟允章谋反,杀之。南汉帝刘继兴暴虐,群臣中有才能,或进士第一人,或僧,或道,可与谈者,皆先下蚕室,处以宫刑,亦有自宫而进,或为免死而自宫者。全国宦官凡二万人,悉据要津,谓知识分子为“门外人”,不得预政事。	

	年份	干支	国号王朝及纪年	
十世纪 六〇年代	960	庚申	后汉天会 后周显德 宋建隆 南唐建隆 吴越建隆 南汉大宝 南平建隆 后蜀广政 辽应历	四年 七年 元年 元年 元年 三年 元年 二十三年 十年
	961	辛酉	后汉天会 宋建隆 南唐建隆 吴越建隆 南汉大宝 南平建隆 后蜀广政 辽应历	五年 二年 二年 二年 四年 二年 二十四年 十一年

国内	国外
后周政府方贺正旦,镇州(河北正定)、(河北)定州驰奏辽军与后汉军南下。执政命太尉殿前都点检赵匡胤御之,进至陈桥(河南封丘东南),兵变,拥赵匡胤为帝,引军还大梁(河南开封),周恭帝郭宗训遂让帝位,后周亡,立国十年。赵匡胤即位,是为太祖,国号宋。 后周昭义(山西长治)节度使李筠起兵讨赵匡胤,入屯泽州(山西晋城),赵匡胤围之,城陷,李筠自焚死。淮南(江苏扬州)节度使李重进继起兵讨赵匡胤,赵匡胤径至(江苏)扬州城下,即日攻陷,李重进举族自焚死。 南平贞懿王高保融卒,弟高保勋嗣位。	
南唐帝元宗李璟以江宁(江苏南京)与宋仅隔一带长江,忧不易保,乃迁都(江西)南昌。李璟寻卒,子李煜嗣位,仍还都江宁。 宋帝赵匡胤召归德(河南商丘南)节度使石守信等饮,酒酣,屏左右,谓曰:"人生如白驹过隙,所为富贵,不过欲多积金钱,厚自娱乐,使子孙不贫乏耳。卿等何不释去兵权,出守大镇,择良田好宅买之,为子孙立永久之业,多致歌儿舞女,日饮酒相欢,君臣之间,两无猜忌,不亦善乎。"众皆拜谢。明日,均称疾罢兵权。自是兵权集于中央,将与兵不相习,拥兵作乱不易。	教皇约翰十二世不堪意大利半岛诸贵族凌侮,向日耳曼国王鄂图一世求援,鄂图一世统军入意大利,悉剥诸贵族兵权。

年份	干支	国号王朝及纪年	
962	壬戌	后汉天会	六年
		宋建隆	三年
		南唐建隆	三年
		吴越建隆	三年
		南汉大宝	五年
		南平建隆	三年
		后蜀广政	二十五年
		辽应历	十二年
963	癸亥	后汉天会	七年
		宋建隆	四年
		乾德	元年
		南唐乾德	元年
		吴越乾德	元年
		南汉大宝	六年
		南平乾德	元年
		后蜀广政	二十六年
		辽应历	十三年
964	甲子	后汉天会	八年
		宋乾德	二年
		南唐乾德	二年
		吴越乾德	二年
		南汉大宝	七年
		后蜀广政	二十七年
		辽应历	十四年

国内	国外
武平(湖南常德)节度使周行逢卒,子周保权继为节度使,年十一。衡州(湖南衡阳)刺史张文表起兵攻之,陷(湖南)长沙,周保权向宋乞援。　南平王高保勋卒,侄高继冲嗣位。	教皇约翰十二世加冕鄂图一世为罗马帝国皇帝,使继查理曼(800)之后。因帝号系教皇代表上帝所授,故称为"神圣罗马帝国"(——1806)。自是日耳曼国王必加冕为神圣罗马帝国皇帝,然固为一组织松懈之邦联,皇帝犹如中国春秋及战国初期之周王(天子)。
宋任山南东道(湖北襄樊)节度使慕容延钊为都部署,统军南下,讨张文表。时周保权遣其将杨师璠已攻陷(湖南)长沙,斩张文表于市,而宋军不止。途经(湖北)荆门,以奇兵袭(湖北)江陵,南平王高继冲仓皇出降,南平亡,立国四十年。 宋军继进,直趋朗州(湖南常德),擒周保权,湖南之地,亦入于宋。	
后蜀帝孟昶用知枢密事王昭远议,遣使间道赴后汉,约共攻宋,宋帝赵匡胤曰:"吾出师有名矣。"任忠武节度使王全斌为都部署进兵。后蜀任王昭远为都统御之,王昭远手执铁如意,指挥军事,自比诸葛亮,曰:"吾此行何止克敌,当领此二三万雕面恶少年,取中原如反掌。"	

年份	干支	国号王朝及纪年	
965	乙丑	后汉天会	九年
		宋乾德	三年
		南唐乾德	三年
		吴越乾德	三年
		南汉大宝	八年
		后蜀广政	二十八年
		辽应历	十五年
966	丙寅	后汉天会	十年
		宋乾德	四年
		南唐乾德	四年
		吴越乾德	四年
		南汉大宝	九年
		辽应历	十六年
967	丁卯	后汉天会	十一年
		宋乾德	五年
		南唐乾德	五年
		吴越乾德	五年
		南汉大宝	十年
		辽应历	十七年

国内	国外
宋军深入后蜀境,击剑门(四川剑阁北),王昭远免胄弃甲而逃,匿民舍,为宋追兵生擒。后蜀帝孟昶惶骇不知所为,奉表出降。后蜀亡,立国三十二年。宋军入成都,大掠子女货财,有割民妻乳房而杀之者,民变纷起,后蜀兵尤愤,拥故将全师雄为王。宋都部署王全斌遣马军都监朱光绪前往招抚,朱光绪尽杀全师雄之族,纳其爱女为妾,全师雄益怒,引兵攻(四川)彭州宋军,陷州城,各地响应。时王全斌置后蜀降兵于成都夹城中,至是,悉屠之,杀二万七千人。	
后蜀全师雄卒,民变悉平。 宋政府命人臣家不得私养宦官及阉童男。民间不得有宦官自此始。	

年份	干支	国号王朝及纪年	
972	壬申	后汉天会	十六年
		宋开宝	五年
		江南开宝	五年
		吴越开宝	五年
		辽保宁	四年
973	癸酉	后汉天会	十七年
		宋开宝	六年
		江南开宝	六年
		吴越开宝	六年
		辽保宁	五年
974	甲戌	后汉广运	元年
		宋开宝	七年
		江南	甲戌年
		吴越开宝	七年
		辽保宁	六年
975	乙亥	后汉广运	二年
		宋开宝	八年
		江南	乙亥年
		吴越开宝	八年
		辽保宁	七年
976	丙子	后汉广运	三年
		宋开宝	九年
		太平兴国	元年
		吴越太平兴国	元年
		辽保宁	八年

国内	国外
宋黄河决(河北)大名。大饥。	
宋大举攻江南,宣徽南院使曹彬任都部署,分道进兵,渡长江,大败江南军于采石(安徽马鞍山西南)及白鹭洲(长江中沙洲)。	
宋军围江宁(江苏南京),民樵采路绝,自春至冬,城陷,江南国主李煜与群臣于宫门拜迎乞降。南唐亡,立国三十九年。	
江南江州(江西九江)军校胡则,杀其刺史,固守,宋先锋都指挥使曹翰攻之,自去冬至今夏,城陷。屠城,杀数万人,所掠金帛以亿万计。　宋帝太祖赵匡胤卧疾,午夜,大雪,召其弟晋王赵光义,嘱以后事,左右皆不得闻,但遥见烛影下赵光义时或离席,赵匡胤引柱斧戳地,大声曰:“汝好为之。”遂卒。赵光义即帝位,是为太宗。	

十世纪
八〇年代

年份	干支	国号王朝及纪年	
977	丁丑	后汉广运	四年
		宋太平兴国	二年
		吴越太平兴国	二年
		辽保宁	九年
978	戊寅	后汉广运	五年
		宋太平兴国	三年
		吴越太平兴国	三年
		辽保宁	十年
979	己卯	后汉广运	六年
		宋太平兴国	四年
		辽保宁	十一年
		乾亨	元年
980	庚辰	宋太平兴国	五年
		辽乾亨	二年
981	辛巳	宋太平兴国	六年
		辽乾亨	三年
982	壬午	宋太平兴国	七年
		辽乾亨	四年

国内	国外
吴越王钱弘俶入朝于宋,宋政府留之不使返国,钱弘俶大惧,上表尽献其地。吴越亡,立国七十二年。	
宋帝太宗赵光义统军攻后汉,围太原,后汉帝刘继元降。后汉亡,立国三十三年。　五代十一国时代终(907——,凡七十三年)。　赵光义乘灭后汉余威,转军攻辽,围辽南京(北京),辽惕隐(官名)耶律休格援至,战于高粱河(北京西),宋军大溃,赵光义中箭重伤,乘驴车南遁,辽追至(河北)涿州始止。	
宋政府任邕州(广西南宁)知州侯仁宝为交州(越南河内)转运使、兰州团练使孙全兴为都部署,命攻交趾(越南河内)。	
孙全兴不用命,侯仁宝为降卒所杀,又逢炎瘴,人多死,引还。宋政府逮孙全兴下狱,斩之。	
宋帝太宗赵光义诬其弟秦王赵廷美与中书侍郎平章事卢多逊交通,大逆不道,贬赵廷美为涪陵县公,房州(湖北房县)安置,流卢多逊崖州(海南三亚)。　辽帝景宗耶律贤卒,子圣宗耶律隆绪嗣位,年十二,萧太后临朝。　定难(陕西靖边北)留后李继捧入朝于宋,献夏(陕西靖边北)、银(陕西榆林南)、绥(陕西绥德)、宥(内蒙鄂托克前旗)四州之地。夏州久与中原绝,宋帝太宗赵光义大喜,留不使返,迁其亲族于大梁(河南开封),其族弟李继迁遂奔斤泽(内蒙伊金霍洛旗西南),聚众起兵,斤泽距夏州三百里。	

年份	干支	国号王朝及纪年	
983	癸未	宋太平兴国	八年
		辽乾亨	五年
		契丹统和	元年
984	甲申	宋太平兴国	九年
		雍熙	元年
		契丹统和	二年
985	乙酉	宋雍熙	二年
		契丹统和	三年
986	丙戌	宋雍熙	三年
		契丹统和	四年

国内	国外
辽改国号为契丹。　宋国史馆编纂《太平御览》。	
宋政府不得已,送李继捧还,授夏州(陕西靖边北)刺史,赐姓名为赵保忠,使击李继迁。　日本僧奝然来中国。	
李继迁袭据银州(陕西榆林南)。	
宋大举攻契丹,任枢密使曹彬为幽州路都部署,侍卫马车都指挥使潘美为云朔路都部署,分道北进。曹彬至(河北)涿州,契丹南京(北京)留守耶律休格迎击,宋军败于岐沟关(河北高碑店西北),再败于巨马河,大溃,死伤狼藉。潘美军亦败于飞狐(河北涞源北),契丹兵马都统耶律色珍逼代州,潘美与副都部署云州观察使杨业,引兵护云(山西大同)、朔(山西朔州)、寰(山西朔州东)、应(山西应县)四州民南迁。杨业知契丹势锐不可当,欲出大石口(山西应县东南二十公里),强弓护谷口,可保万全。监军王铣欲出雁门关(山西代县北),路程较近。杨业力争,王铣曰:“君素号无敌,今不战,非有他志乎。”杨业不得已出兵,指陈家谷(山西朔州南),泣曰:“请于此为左右翼,转战至此,即以步兵夹击相救,不然无遗类矣。”遂进,契丹伏兵起,杨业败还,力战至陈家谷口,望无一人,拊膺大恸,身被数十创,与其子俱被杀,亲兵三百人,皆死,无一生还。	

	年份	干支	国号王朝及纪年	
	987	丁亥	宋雍熙	四年
			契丹统和	五年
	988	戊子	宋雍熙	五年
			端拱	元年
			契丹统和	六年
	989	己丑	宋端拱	二年
			契丹统和	七年
十世纪 九〇年代	990	庚寅	宋淳化	元年
			契丹统和	八年
	991	辛卯	宋淳化	二年
			契丹统和	九年
	992	壬辰	宋淳化	三年
			契丹统和	十年
	993	癸巳	宋淳化	四年
			契丹统和	十一年

国内	国外
	西法兰克国王胖子查理卒,无子,加洛林王朝绝(751——)。诸侯选法兰西公爵卡佩为王,改国名为法兰西王国,称“卡佩王朝”(——1328)。
契丹攻宋,入长城口,败于唐河(河北唐县境)。 宋授李继捧为定难(陕西靖边北)节度使,命图李继迁。	
契丹封李继迁为夏国王。	
宋定难节度使李继捧据夏州(陕西靖边北)降契丹,契丹封为西平王。	萨拉森王国自埃及北攻黑衣大食(东阿拉伯帝国),陷大马士革,收叙利亚地及巴勒斯坦入版图。
宋帝太宗赵光义征终南山隐士种放,种放辞疾不赴。	
宋益州(四川成都)自后蜀亡以来,除常赋外,更课织作,禁商旅私自买卖,小民贫困,青城(四川都江堰西南)民王小波聚众起兵,谓曰:“吾恨贫富不均,今为汝均之。”(四川)彭山令齐元振贪暴,王小波杀之,剖其腹,以钱刀塞之。西川(四川成都)都巡检史张玘进击,王小波中流矢死,众复拥其将李顺为主。	

年份	干支	国号王朝及纪年	
994	甲午	宋淳化	五年
		契丹统和	十二年
995	乙未	宋至道	元年
		契丹统和	十三年
996	丙申	宋至道	二年
		契丹统和	十四年
997	丁酉	宋至道	三年
		契丹统和	十五年
998	戊戌	宋咸平	元年
		契丹统和	十六年
999	己亥	宋咸平	二年
		契丹统和	十七年

国内	国外
李顺陷(四川)成都,昭宣使王继恩克成都,杀三万余人,擒李顺,磔死。　宋马步军都指挥使李继隆攻夏州(陕西靖边北),擒李继捧,堕毁夏州城(夏州为胡夏京都统万)。	
契丹攻宋,败于子河汊(内蒙伊金霍洛旗)。	
夏王李继迁围攻宋灵州(宁夏灵武)。岁余不能克,解围去。	
宋帝太宗赵光义卒,子真宗赵恒嗣位。	
契丹梁王耶律隆庆攻宋,破狼山寨(河北易县西南),宋都部署溥潜守镇州(河北正定)不敢出。	

十一世纪

宋、辽由不断战争而终在本世纪(十一)〇〇年代和解,两国间保持一百一十四年的长期和平。但宋王朝国势太弱,西北隅原唐王朝夏州(陕西靖边北白城子)地区,新建西夏帝国。

宋王朝立国精神是“苟且偷安”,大政治家王安石变法图强,为旧势力阻挠而失败。新旧党争日趋激烈。

中国国土上,宋、辽、西夏,三国并立。

	年份	干支	国号王朝及纪年	
十一世纪 〇〇年代	1000	庚子	宋咸平 契丹统和	三年 十八年
	1001	辛丑	宋咸平 契丹统和	四年 十九年
	1002	壬寅	宋咸平 契丹统和	五年 二十年
	1003	癸卯	宋咸平 契丹统和	六年 二十一年
	1004	甲辰	宋景德 契丹统和	元年 二十二年
	1005	乙巳	宋景德 契丹统和	二年 二十三年

国内	国外
契丹军攻瀛州(河北河间),宋高阳关(河北高阳东)都部署康保裔大败,被擒,契丹大掠而去。(河北)定州都部署范廷召以大捷奏闻,宋帝真宗赵恒喜,作《喜捷诗》,群臣称贺。 宋益州(四川成都)兵变,戍卒拥都虞候王均为主,据成都,四出攻掠。益州知州雷有终击之,王均自缢死,雷有终入成都,积薪引火,尽捕受王均官职者,捽投火中,自晨至晚,焚数百人,备极冤酷。	
契丹梁王耶律隆庆攻宋,至威鲁军(山西左云东北),以积雨引还。	
夏王李继迁攻宋灵州(宁夏灵武),粮道断绝,知州裴济血书求救,而宋政府方议弃灵州,援军迄不至,城遂陷。	
夏王李继迁攻西蕃(回鹘残部),取西凉府(甘肃武威),六谷蕃部酋长潘罗支伪降,乘隙反击,李继迁中流矢卒。子李德明嗣位。	
契丹帝圣宗耶律隆绪与母萧太后,亲统军大举攻宋,深入中原,抵澶州(河南濮阳)城下,合围三面。宋大震,参知政事王钦若请迁都升州(江苏南京),佥署枢密院事陈尧叟请迁都(四川)成都,三司使寇准力主亲征。宋帝真宗赵恒从寇准议,至澶州。会契丹有和意,乃订盟,约为兄弟之国,宋每年送契丹银十万两,绢二十万匹。自是契丹与宋朝一百一十四年间无争战(——1122,宋先叛盟)。	

	年份	干支	国号王朝及纪年	
	1006	丙午	宋景德 契丹统和	三年 二十四年
	1007	丁未	宋景德 契丹统和	四年 二十五年
	1008	戊申	宋景德 大中祥符 契丹统和	五年 元年 二十六年
	1009	己酉	宋大中祥符 契丹统和	二年 二十七年
十一世纪 一〇年代	1010	庚戌	宋大中祥符 契丹统和	三年 二十八年
	1011	辛亥	宋大中祥符 契丹统和	四年 二十九年
	1012	壬子	宋大中祥符 契丹统和 开泰	五年 三十年 元年
	1013	癸丑	宋大中祥符 契丹开泰	六年 二年
	1014	甲寅	宋大中祥符 契丹开泰	七年 三年

国内	国外
宋(广西)宜州知州刘家规驭下严酷,军校陈进因众怨,杀之。推判官卢成均为南平王。忠州(四川忠县)刺史曹利用击之,卢成均降,陈进被杀。	
宋帝真宗赵恒于正旦日崇政殿告群臣曰:“去岁十一月,朕方就寝,忽一室明朗,惊视之,见神人谓曰:‘来月当降天书《大中祥符》三篇。’顷皇城司奏云,左承天门屋之南角,有帛长二丈,系有一物隐约有字,殆是天书。”乃率群臣至承天门,焚香拜望,命宦官升屋对捧以降,群臣皆贺。从此祥瑞纷起。 赵恒赴泰山封禅。	
高丽西北巡检使康肇,杀高丽王王诵,立王弟王询为高丽王。契丹帝圣宗耶律隆绪起兵讨弑君之罪,军至高丽铜州,斩康肇。再陷开京,王询出奔。	
宋各州县狱多空。	

	年份	干支	国号王朝及纪年	
	1015	乙卯	宋大中祥符	八年
			契丹开泰	四年
	1016	丙辰	宋大中祥符	九年
			契丹开泰	五年
	1017	丁巳	宋天禧	元年
			契丹开泰	六年
	1018	戊午	宋天禧	二年
			契丹开泰	七年
	1019	己未	宋天禧	三年
			契丹开泰	八年
十一世纪	1020	庚申	宋天禧	四年
二〇年代			契丹开泰	九年
	1021	辛酉	宋天禧	五年
			契丹开泰	十年
			太平	元年
	1022	壬戌	宋乾兴	元年
			契丹太平	二年
	1023	癸亥	宋天圣	元年
			契丹太平	三年
	1024	甲子	宋天圣	二年
			契丹太平	四年

国内	国外
宋久旱,大蝗,弥覆郊野,过京师大梁(河南开封),宋帝真宗赵恒方坐便殿,起立仰视,蝗势连云蔽月,不见其际,命诸路转运使督民捕蝗。	
契丹枢密使萧哈绰攻高丽,围兴化城,不能克,败还。	
契丹东平郡王萧排押攻高丽,战于茶陀河,忽风雨自南来,旌旗皆北指,高丽军乘势急攻,契丹大败,伤亡略尽。	
宋中书侍郎平章事寇准,与参知政事丁谓会食,羹染污寇准须,丁谓起徐拂之,寇准曰:“参政乃国大臣,乃为长官拂须耶。”丁谓大恨。	
宋丁谓与翰林学士钱惟演共谮毁寇准,贬寇准为道州(湖南道县)司马(1022 年,复贬为【广东】雷州司马)。	
宋帝真宗赵恒卒,子仁宗赵受益嗣位,年十三,嫡母刘太后临朝。　宋宦官雷允恭于筑赵恒陵墓时,擅自移穴,杖死,丁谓坐贬为崖州(海南三亚)司马。	

	年份	干支	国号王朝及纪年
	1025	乙丑	宋天圣 三年 契丹太平 五年
	1026	丙寅	宋天圣 四年 契丹太平 六年
	1027	丁卯	宋天圣 五年 契丹太平 七年
	1028	戊辰	宋天圣 六年 契丹太平 八年
	1029	己巳	宋天圣 七年 契丹太平 九年
十一世纪 三〇年代	1030	庚午	宋天圣 八年 契丹太平 十年
	1031	辛未	宋天圣 九年 契丹太平 十一年 景福 元年
	1032	壬申	宋天圣 十年 明道 元年 契丹景福 二年 重熙 元年 西夏显道 元年
	1033	癸酉	宋明道 二年 契丹重熙 二年 西夏显道 二年
	1034	甲戌	宋景祐 元年 契丹重熙 三年 西夏显道 三年 开运 元年 广运 元年

国内	国外
契丹东京(辽宁辽阳)故勃海王国地,契丹为政苛虐,民不堪命,舍利军详隐(官名)大延琳起兵叛。	
契丹都统萧孝穆克东京,擒大延琳。	
契丹帝圣宗耶律隆绪卒,子兴宗耶律宗真嗣位。遗诰命耶律宗真嫡母皇后萧菩萨哥为太后,生母元妃萧耨斤为太妃。萧耨斤匿之,自为太后,摄国政。诬萧菩萨哥谋反,囚之于上京(内蒙巴林左旗)。	白衣大食(西阿拉伯帝国)无子嗣,倭马亚王朝绝(756——),哈利发改为选举。
宋帝仁宗赵受益生母李宸妃卒。 契丹太后萧耨斤杀前后萧菩萨哥,并屠其左右五十人。 夏王李德明卒,子李元昊嗣位,建都兴庆(宁夏银川),史称“西夏”。	
宋刘太后卒,宋帝仁宗赵受益亲政,始知其生母。	
契丹太后萧耨斤以其子契丹帝圣宗耶律宗真年渐长(是岁十九)难制,谋废之,立少子耶律重元。事泄,耶律宗真囚其母于庆州(内蒙巴林右旗北)。 西夏王李元昊下秃发令。	

	年份	干支	国号王朝及纪年	
	1035	乙亥	宋景祐	二年
			契丹重熙	四年
			西夏广运	二年
	1036	丙子	宋景祐	三年
			契丹重熙	五年
			西夏大庆	元年
	1037	丁丑	宋景祐	四年
			契丹重熙	六年
			西夏大庆	二年
	1038	戊寅	宋景祐	五年
			宝元	元年
			契丹重熙	七年
			西夏天授礼法延祚	元年
	1039	己卯	宋宝元	二年
			契丹重熙	八年
			西夏天授礼法延祚	二年
十一世纪	1040	庚辰	宋宝元	三年
四〇年代			康定	元年
			契丹重熙	九年
			西夏天授礼法延祚	三年

国内	国外
西夏王李元昊制夏国文字十二卷,夏人记事悉用之。西攻回鹘,取瓜(甘肃安西),沙(甘肃敦煌)、兰(甘肃兰州)三州,境域倍增。	
西夏王李元昊称帝,是为景宗。	
西夏攻宋延州(陕西延安),陷金明寨(陕西安塞),延州知州范雍不敢救,宋鄜延副部署刘平战死,保安(陕西志丹)副部署石元孙被擒。宋政府命泾原安抚使夏竦任陕西经略安抚使,陕西安抚使韩琦、知永兴军(陕西西安)范仲淹,俱任经略安抚副使,范仲淹兼任延州知州。范仲淹善扬己,宣称云:"夏人相戒曰:'无以延州为意,今小范老子腹中自有数万甲兵,不似大范老子可欺。'"	突厥伊斯兰教徒塞尔柱部落酋长托格卢尔,于中亚细亚建帝国,自称苏丹(皇帝),定都麦尔夫,史称"塞尔柱帝国"(——1194)。

年份	干支	国号王朝及纪年	
1041	辛巳	宋康定	二年
		庆历	元年
		契丹重熙	十年
		西夏天授礼法延祚	四年
1042	壬午	宋庆历	二年
		契丹重熙	十一年
		西夏天授礼法延祚	五年

国内	国外
宋韩琦遣环庆副部署任福,攻西夏,西夏军佯败,诱至六盘山下好水川(甜水河),伏兵起,任福战死,宋军覆没。死一万三百人,关西大震,韩琦还至半途,阵亡者父兄妻子数千人,号于马首,招魂哭曰:"汝从招讨出军,今招讨归,而汝死矣,汝之魂亦能从招讨归乎。"哀恸震天地,韩琦惭泣不能进。西夏陷宋丰州(陕西府谷西北),又攻麟州(陕西神木)、府州(陕西府谷)、鄜州(陕西富县),均不能克。宋政府改授韩琦秦州(甘肃天水)知州、范仲淹庆州(甘肃庆阳)知州,范仲淹又宣称:"羌人爱之,呼为龙图老子。"(范本官为龙图阁直学士。)	
契丹见宋屡为西夏所败,欲起兵夺回瓦桥以南十县地(959年,后周帝世宗郭荣收复),遣使责宋何以向其属国西夏用兵。宋政府遣右正言富弼为接伴使,赴契丹请盟,增岁币金帛二十万。宋泾州观察使王沿,遣泾原副都部署葛怀敏攻西夏,战丁定川寨(宁夏固原西北),大溃,葛怀敏被杀,士卒九千四百人全军覆没。西夏军直抵渭州(甘肃平凉),屠掠居民而去,诸镇震恐。宋政府命韩琦任陕西四路都部署、范仲淹为环庆路缘边招讨使,同镇泾州(甘肃泾川),仅暂自保而已,然复宣称云:"边民歌曰'军中有一韩,西贼闻之心胆寒。军中有一范,西贼闻之惊破胆。'"	

年份	干支	国号王朝及纪年	
1043	癸未	宋庆历	三年
		契丹重熙	十二年
		西夏天授礼法延祚	六年
1044	甲申	宋庆历	四年
		契丹重熙	十三年
		西夏天授礼法延祚	七年
1045	乙酉	宋庆历	五年
		契丹重熙	十四年
		西夏天授礼法延祚	八年
1046	丙戌	宋庆历	六年
		契丹重熙	十五年
		西夏天授礼法延祚	九年
1047	丁亥	宋庆历	七年
		契丹重熙	十六年
		西夏天授礼法延祚	十年

国内	国外
契丹遣使西夏,促与宋和,西夏遣六宅使贺从勖赴宋议款。　宋沂州(山东临沂)军卒王伦起兵叛,劫掠诸州,连骑扬旗,如入无人之境,至顺阳(河南淅川),县令李正己迎宴,宿于县厅,翌日鼓乐送出城外。王伦寻军败,被擒。宋光化军(湖北老河口)知军韩纲苛急,兵变,逐韩纲。	
宋与西夏和约成,夏帝景宗李元昊向宋上誓书,称男称臣,奉宋年号,宋政府封李元昊为夏国王,每年致送绢十三万匹,银五万两,茶二万斤,另节日贺使至,共再致送银二万二千两,绢一万二千匹,茶五千斤,银器二千两。而西夏称帝及自用年号如故。　宋保州(河北保定)兵变,拥立都监韦贵为帅,诸道兵围之,右侍禁郭逵持诏书登城,谕以不杀,变兵乃降。诸道兵入城,得为逆者二百四十九人,悉坑之。宣抚使富弼欲尽屠余卒二千余人,经人谏止。　契丹击党项,西夏助党项。契丹帝兴宗耶律宗真怒,击西夏,战于河曲(山西永济),契丹大败,耶律宗真几不得脱。	
宋贝州(河北清河)小校王则,言释迦佛衰谢,弥勒佛持世,聚众起兵,陷贝州,称安阳王。	

	年份	干支	国号王朝及纪年
	1048	戊子	宋庆历 八年 契丹重熙 十七年 西夏天授礼法延祚 十一年
	1049	己丑	宋皇祐 元年 契丹重熙 十八年 西夏延嗣宁国 元年
十一世纪 五〇年代	1050	庚寅	宋皇祐 二年 契丹重熙 十九年 西夏天祐垂圣 元年
	1051	辛卯	宋皇祐 三年 契丹重熙 二十年 西夏天祐垂圣 二年
	1052	壬辰	宋皇祐 四年 契丹重熙 二十一年 西夏天祐垂圣 三年

国内	国外
宋参知政事文彦博任河北宣抚使,攻贝州(河北清河),城陷,擒王则,磔死。　宋亲从官颜秀等夜变,直入寝宫,寻为宿卫兵所杀,终不知其始所谋。　西夏帝景宗李元昊卒,子毅宗李谅祚嗣位,年方一岁,生母没藏太后临朝。	
宋广源州(羁縻州·越南广渊)知州侬智高与母阿侬,袭据德安州,称帝,国号南天。　契丹遣韩国王萧惠攻西夏,既入西夏境,毫不设备,西夏军掩至,萧惠不及甲而走,追兵射之,几不能脱,士卒死伤不可胜计。	
西夏没藏太后遣使赴契丹,乞依旧称藩。	
宋知谏院包拯任龙图阁直学士。　南天帝侬智高上表于宋求内属,宋拒之。更贡金函书,请宋邕州(广西南宁)知州陈珙上闻,陈珙不为报。侬智高遂陷邕(广西南宁)、横(广西横县)、贵(广西贵港)、龚(广西平南)、梧(广西梧州)、封(广东封开)、康(广东德庆)诸州。围广州五十七日不克,又陷昭(广西平乐)、宾(广西宾阳)诸州,所至残破。宋宣徽南院使狄青击之,无宦官监军。	

年份	干支	国号王朝及纪年	
1053	癸巳	宋皇祐	五年
		契丹重熙	二十二年
		西夏福圣承道	元年
1054	甲午	宋皇祐	六年
		至和	元年
		契丹重熙	二十三年
		西夏福圣承道	二年
1055	乙未	宋至和	二年
		契丹重熙	二十四年
		清宁	元年
		西夏福圣承道	三年
1056	丙申	宋至和	三年
		嘉祐	元年
		契丹清宁	二年
		西夏福圣承道	四年
1057	丁酉	宋嘉祐	二年
		契丹清宁	三年
		西夏䜩都	元年
1058	戊戌	宋嘉祐	三年
		契丹清宁	四年
		西夏䜩都	二年

国内	国外
宋狄青军至宾州(广西宾阳),逼昆仑关(宾阳西南),时上元节,命张灯烛,欢宴将士,侬智高侦知之,不为备。狄青夜渡昆仑关,至归仁铺,合战,侬智高大败,奔大理国(云南大理)。广西安抚使余靖遣兵击擒侬智高母阿侬、侄侬继宗等(1055年,斩于大梁)。	
契丹帝兴宗耶律宗真卒,子道宗耶律洪基嗣位。	塞尔柱帝国陷黑衣大食(东阿拉伯帝国)首都巴格达,自是东阿拉伯帝国政教分离,塞尔柱苏丹为政治元首,黑衣大食哈利发为宗教元首。
宋龙图阁学士包拯出任开封府知府。	

年份	干支	国号王朝及纪年	
1059	己亥	宋嘉祐	四年
		契丹清宁	五年
		西夏䍁都	三年

十一世纪
六〇年代

年份	干支	国号王朝及纪年	
1060	庚子	宋嘉祐	五年
		契丹清宁	六年
		西夏䍁都	四年
1061	辛丑	宋嘉祐	六年
		契丹清宁	七年
		西夏䍁都	五年
1062	壬寅	宋嘉祐	七年
		契丹清宁	八年
		西夏䍁都	六年
1063	癸卯	宋嘉祐	八年
		契丹清宁	九年
		西夏拱化	元年
1064	甲辰	宋治平	元年
		契丹清宁	十年
		西夏拱化	二年

国内	国外
	北蛮诺尔曼族酋长基思卡侵入意大利南部及西西里岛,建两西西里王国,亦称那不勒斯王国,后成意大利人。教皇尼古拉二世颁令,以后教皇选举,不再由神圣罗马帝国皇帝或意大利半岛诸贵族提名,改由主教大会(红衣主教团)推选,自是遂为定制,不再受外界势力影响。
宋枢密副使包拯卒。	
宋帝仁宗赵受益无子,其叔父商王赵元份,生子濮王赵允让。赵允让生子赵宗实,赵受益堂侄也,立以为己子。　今年,赵受益卒,赵宗实嗣位,是为英宗。　契丹帝道宗耶律洪基猎于滦河太子山,皇太叔耶律重元起兵袭行宫,南院枢密使耶律仁先击之,耶律重元众溃,自杀。	

年份	干支	国号王朝及纪年	
1065	乙巳	宋治平	二年
		契丹咸雍	元年
		西夏拱化	三年
1066	丙午	宋治平	三年
		辽咸雍	二年
		西夏拱化	四年
1067	丁未	宋治平	四年
		辽咸雍	三年
		西夏拱化	五年
1068	戊申	宋熙宁	元年
		辽咸雍	四年
		西夏乾道	元年

国内	国外
宋帝英宗赵宗实命群臣议崇奉其生父濮王赵允让典礼。“濮议”之争于是起,天章阁待制司马光、翰林学士王珪、侍御史吕诲等,以:“为人后者为人子,不得复顾私亲,应称叔父仁宗赵受益为父,称生父濮王赵允让为伯。”昭文殿大学士监修国史韩琦、参知政事欧阳修等以:“出继之子,于所继所生,皆称父母,应称生父濮王赵允让为父。”司马光之党汹汹,如对大敌。	
契丹复国号为辽。 宋侍御史范纯仁、监察御史吕大防及吕诲等,上表诬韩琦、欧阳修为奸邪,乞斩二人以谢天下。曹太后下诏命赵宗实称生父赵允让为父。范纯仁等三人皆贬官。	诺曼底公爵威廉统军五千,自法国渡海攻入不列颠,英格兰国王哈罗德战败被杀,威廉遂称英格兰国王。
宋帝英宗赵宗实卒,子神宗赵顼嗣位。 西夏帝毅宗李谅祚卒,子惠宗李秉常嗣位,年七岁,梁太后临朝。 宋殿中侍御史蒋之奇、御史中丞彭思家,怒“濮议”之败,诬欧阳修与甥女通奸。 西夏将嵬名山率部降宋,宋知青涧城(陕西清涧)种谔以兵迎之,筑绥州(陕西绥德)城。夏政府大怒,诱杀宋保安军(陕西志丹)知军杨定报复(明年,宋贬种谔,安置【湖北】随州)。	
宋帝神宗赵顼命翰林学士越次入对。	

	年份	干支	国号王朝及纪年	
	1069	己酉	宋熙宁	二年
			辽咸雍	五年
			西夏乾道	二年
十一世纪 七〇年代	1070	庚戌	宋熙宁	三年
			辽咸雍	六年
			西夏天赐礼盛国庆	元年
	1071	辛亥	宋熙宁	四年
			辽咸雍	七年
			西夏天赐礼盛国庆	二年

国内	国外
宋帝神宗赵顼任翰林学士王安石为参知政事,变法。置三司条例司,颁青苗法、均输法。御史中丞吕诲上书劾王安石巧诈,贬吕诲为(河南)邓州知州。然苟且自私之士,牵引结党,诬毁王安石及新法无已时。知谏院范纯仁、侍御史刘述、刘琦、钱频、条例司检详文字苏辙,纷上书劾王安石,均贬为地方官。赵顼问龙图阁直学士司马光曰:“汉王朝常守萧何法,不变可乎。”司马光曰:“何只汉也,使三代之君,常守禹汤文武之法,虽至今存可也。”	
宋政府颁免役法、保甲法。知通进银台司范镇、河北安抚使韩琦、判尚书省张方平、御史中丞吕公著、翰林学士司马光、监察御史程颢、张戬、参知政事赵抃等,纷上书攻新法,均贬为地方官。苟且自私之士既悉为地方官,而新法赖地方官推行,于是百计沮之以实其言。　西夏筑闹讹堡,宋庆州(甘肃庆阳)知州李复圭遣将出击,大败而还。　宋擢王安石为同中书门下平章事。	
宋政府续颁贡举法,罢诗赋及明经诸科,以经义论策试进士。　监官告院苏轼、开封知府韩维、御史中丞杨绘,纷上书攻新法,均贬为地方官。山阴(浙江绍兴)知县陈舜俞拒发青苗钱,(河南)长葛知县乐京、湖阳(河南唐河)知县刘蒙,拒行免役法。陈留(河南开封东南)知县姜潜榜青苗法于衙门,无人敢至。　西夏陷宋抚宁城(陕西米脂西)。	塞尔柱帝国侵入小亚细亚,与东罗马帝国战于曼西格,东罗马大败,皇帝被掳。

年份	干支	国号王朝及纪年	
1072	壬子	宋熙宁	五年
		辽咸雍	八年
		西夏天赐礼盛国庆	三年
1073	癸丑	宋熙宁	六年
		辽咸雍	九年
		西夏天赐礼盛国庆	四年
1074	甲寅	宋熙宁	七年
		辽咸雍	十年
		西夏天赐礼盛国庆	五年
1075	乙卯	宋熙宁	八年
		辽太康	元年
		西夏大安	元年

国内	国外
宋政府续颁市易法、保马法。司天监灵台郎尤瑛、判汝州富弼、监察御史张商英,纷上书攻新法,均贬为地方官。	
宋枢密使文彦博攻新法,贬为地方官。　宋洮河路安抚使王韶击吐蕃,筑武胜城,定名熙州(甘肃临洮)。	教皇格列高里七世改革教会,禁止教职经商、娶妻,并不得向君王行臣服礼。神圣罗马帝国皇帝亨利四世否认禁令,图废教皇,格列高里七世下令将亨利四世逐出教会。
吐蕃酋长木征陷宋河州(甘肃临夏),王韶时方入朝,还击之,木征败走,于是岷(甘肃岷县)、宕(甘肃宕昌),洮(甘肃临潭)、叠(青海选部),四州皆降宋。招抚羌蕃三十余万,辟地二千余里,皆二百年来沦丧之地。　宋久旱,监安上门郑侠进"流民图"。苟且自私之士盘结甚固,时谓旧党,复蛊惑太皇太后曹氏、皇太后高氏,屡告宋帝赵顼曰:"祖宗法度不可轻改,王安石乱天下。"王安石不自安,乞罢相。赵顼不得已,贬王安石为江宁(江苏南京)知府。	
宋帝神宗赵顼复召王安石任观文殿大学士同平章事,王安石撰《三经新义》颁于学官。　交趾(越南河内)攻宋地,陷钦(广西钦州)、廉(广西合浦)二州。　辽北院枢密使耶律乙辛擅政,深恶皇后萧观音之族及太子耶律浚,乃诬萧观音与伶人赵惟一通奸,逮赵惟一,加钉灼诸酷刑,赵惟一诬服,萧观音缢死。	

	年份	干支	国号王朝及纪年	
	1076	丙辰	宋熙宁 辽太康 西夏大安	九年 二年 二年
	1077	丁巳	宋熙宁 辽太康 西夏大安	十年 三年 三年
	1078	戊午	宋元丰 辽太康 西夏大安	元年 四年 四年
	1079	己未	宋元丰 辽太康 西夏大安	二年 五年 五年
十一世纪 八〇年代	1080	庚申	宋元丰 辽太康 西夏大安	三年 六年 六年

国内	国外
交趾陷宋邕州(广西南宁),屠城,杀五万八千人。 宋宣徽南院使郭逵击之,战于富良江,斩交趾太子李洪真,交趾王李乾德遣人奉表赴军门降,自是与宋不再有争战。　宋王安石疾病日甚,引退,出任判江宁府。王安石为相,前后共六年,变法图强,有功于国,旧党恨之入骨。	
辽耶律乙辛诬太子耶律浚与北院宣徽使耶律挞不也等谋反,辽帝耶律洪基亲问,耶律挞不也等身荷重械,绳系其颈,不能出气,不堪其酷,唯求速死,悉诬服。遂废耶律浚为平民,囚于上京(内蒙巴林左旗)。	神圣罗马帝国皇帝亨利四世自被逐出教会,国内纷叛,不得已,大雪中赴意大利,身被悔罪麻布衣,赤足立于教廷三昼夜,教皇格列高里七世始予赦免。
宋封王安石为舒国公。	
宋御史中丞李定,诬(浙江)湖州知州苏轼作诗诽谤政府,诋讪君父:“陛下发钱以本业贫民,则曰:‘赢得儿童语音好,一年强半在城中。’陛下明法以课试群吏,则曰:‘读书万卷不读律,致君尧舜知无术。’陛下兴水利,则曰:‘东海若知明主意,应教斥卤变桑田。’陛下谨盐禁,则曰:‘岂是闻诏解忘味,尔来三月食无盐。’其他触物即事,应口所言,无一不以诋谤为主。”逮苏轼下狱,寻释之,贬为黄州团练副使,安置(湖北)黄州。	
宋改封王安石为荆国公。	

年份	干支	国号王朝及纪年	
1081	辛酉	宋元丰	四年
		辽太康	七年
		西夏大安	七年
1082	壬戌	宋元丰	五年
		辽太康	八年
		西夏大安	八年
1083	癸亥	宋元丰	六年
		辽太康	九年
		西夏大安	九年

国内	国外
西夏将军李清,说西夏帝惠宗李秉常以河南地归宋,梁太后知之,斩李清。宋大举攻西夏,五路并进,而无统帅。宦官泾河经制李宪出(甘肃)兰州,鄜延经略副使种谔出绥州(陕西绥德),环庆经略使高遵裕出庆州(甘肃庆阳),泾原经略副使刘昌祚出泾州(甘肃泾川),宦官王中正出麟州(陕西神木)。诸路势如破竹,围西夏灵州(宁夏灵武),既无攻城武器,而李宪兵又不至,西夏坚壁清野,决黄河灌宋营,宋军大溃,死二十余万人,举国震动。	
宋改官制,正官名,中书省取旨,门下省审议,尚书省执行,悉仿唐法。　宋于故银州(陕西榆林南)西二十五里处筑永乐城。西夏倾国而至,城陷,宋士卒役夫二十余万全没,西夏趺兵(陕西)米脂城下而还。计连同去年灵州之役,宋军及熟羌、义保(民兵),死者达六十万。宋帝神宗赵顼临朝痛悼,为之不食,知兵力不可信倚。	
西夏攻宋(甘肃)兰州,不能克,引还。	

年份	干支	国号王朝及纪年	
1084	甲子	宋元丰	七年
		辽太康	十年
		西夏大安	十年
1085	乙丑	宋元丰	八年
		辽大安	元年
		西夏大安	十一年
1086	丙寅	宋元祐	元年
		辽大安	二年
		西夏天安礼定	元年

国内	国外
宋端明殿学士司马光编撰《资治通鉴》成,历时十九年。 西夏再攻兰州、延州(陕西延安),均不克。	塞尔柱军团陷萨拉森王国(法蒂玛王朝)安提阿,自是叙利亚境及巴勒斯坦境,两国战争不息,民生萧条。 神圣罗马帝国皇帝亨利四世,统军攻罗马城,欲报被逐出教会之仇,教皇格利高里七世向两西西里王国求援,亨利四世败走。唯两西西里国王基思卡入罗马城后,纵兵大掠,格列高里七世惧受责难,随基思卡退往那不勒斯,道卒。
宋帝神宗赵顼卒,子哲宗赵煦嗣位,年十岁,祖母高太皇太后临朝。高太皇太后固反新法,召陈州(河南淮阳)知州司马光入为资政殿学士门下侍郎,旧党悉进,罢保甲法、市易法、保马法,尽逐新党。	
宋政府继罢青苗法,又罢免役法,复差役法。司马光刚愎自用,给事中范纯仁、右司谏苏轼均言:“免役之法,类于唐制,差役法不可复,愿虚心以延众论,不必谋从己出。”司马光大怒,于是凡新法悉行废除。 今年,司马光、王安石均卒。 宋崇政殿说书程颐进讲时多用古礼,翰林学士苏轼厌其不近人情,每加玩侮。司马光卒,时百官方有庆礼,事毕,欲往吊,程颐曰:“孔丘是日哭则不歌。”或曰:“不言歌则不哭。”苏轼曰:“此枉死市叔孙通制之礼也。”程颐大恨。	

	年份	干支	国号王朝及纪年	
	1087	丁卯	宋元祐	二年
			辽大安	三年
			西夏天仪治平	元年
	1088	戊辰	宋元祐	三年
			辽大安	四年
			西夏天仪治平	二年
	1089	己巳	宋元祐	四年
			辽大安	五年
			西夏天仪治平	三年
十一世纪	1090	庚午	宋元祐	五年
九〇年代			辽大安	六年
			西夏天仪治平	四年

国内	国外
宋罢试《三经新义》,仍试诗赋。　宋程颐门人右司谏贾易、左正言朱光庭,劾苏轼所出试题,讪谤朝廷,欲置之死地。谏议大夫孔仲文劾程颐污下险巧,为五鬼之魁。于是旧党分裂为三:洛党以程颐为首,蜀党以苏轼为首,朔党以刘挚为首,互相倾轧。	
宋新党前左仆射中书侍郎蔡确,屡贬为(河南)邓州知州,游(湖北)安陆车盖亭,赋诗十章,旧党汉阳军(湖北武汉)知军吴处厚诬其诗用唐郝处俊谏高宗李治欲传位皇后武曌故事,显系讽刺高太皇太后。左谏议大夫梁焘、右正言刘安世等,更罗织其罪,必欲杀之,并思乘机将新党一网打尽,乃开具王安石亲党章惇、吕惠卿、曾布等三十人,蔡确亲党蔡京、邢恕等十人,榜于草堂,指为奸邪。旧党尚书右仆射中书侍郎范纯仁力救,高太皇太后怒稍解,乃仅窜蔡确于新州(广东新兴),卒于窜所。	
宋自1085年司马光等旧党执政,专肆报复,新党尽遭罢逐,人心不平,尚书左仆射吕大防、门下侍郎刘挚患之,欲稍引用以平宿怨,翰林学士苏轼讥为调停,高太皇太后不能决。苏轼上书,指新党为小人,自称旧党为君子。曰:“君子小人不并处,亲君子远小人,则主尊国安,疏君子任小人,则主忧国殆。未闻有小人在外,忧其不悦,而引于内者,此辈若还,必将戕害君子。”议遂止,而人心益愤。	

年份	干支	国号王朝及纪年	
1091	辛未	宋元祐	六年
		辽大安	七年
		西夏天祐民安	元年
1092	壬申	宋元祐	七年
		辽大安	八年
		西夏天祐民安	二年
1093	癸酉	宋元祐	八年
		辽大安	九年
		西夏天祐民安	三年
1094	甲戌	宋元祐	九年
		绍圣	元年
		辽大安	十年
		西夏天祐民安	四年
1095	乙亥	宋绍圣	元年
		辽寿昌	元年
		西夏天祐民安	五年
1096	丙子	宋绍圣	三年
		辽寿昌	二年
		西夏天祐民安	六年

国内	国外
宋旧党内斗愈烈,洛党右司谏贾易劾翰林学士苏轼诽怨先帝(赵顼),贾易贬庐州(安徽合肥)知州,苏轼贬颍州(安徽阜阳)知州。洛党御史中丞郑雍又劾朔党尚书右仆射中书侍郎刘挚朋党不公,刘挚贬郓州(山东东平)知州。	
宋高太皇太后卒,临朝九年,悉罢新法,国事大坏。宋帝哲宗赵煦亲政。	
宋帝哲宗赵煦素主变法,召新党章惇任尚书左仆射门下侍郎、曾布任翰林学士、蔡京任户部尚书,悉复新法。蔡京等新党亦专肆报复,尽窜旧党。	塞尔柱帝国禁止基督徒赴耶路撒冷朝圣,且将攻君士坦丁堡,东罗马帝国皇帝阿历克塞一世大惧,向罗马城教皇乌尔班二世求救。
	教皇乌尔班二世于克勒门召集宗教会议,呼吁组十字军,对回教徒圣战。
宋孟皇后女有疾,用道教水治之,狱遂起。刘婕妤之党诬其为厌魅,宋帝哲宗赵煦命皇城司鞫问,逮宦官宫女三十人,榜掠备至,肢体折毁,有断舌者。赵煦复命侍御史董敦逸复审,罪人过庭下,气息仅属,无一人能出声,董敦逸不敢救,皆斩。废孟皇后,囚于瑶华宫(明年,立刘婕妤为皇后)。	第一次十字军起(——1099),由法国贵族统军东征。

年份	干支	国号王朝及纪年	
1097	丁丑	宋绍圣	四年
		辽寿昌	三年
		西夏天祐民安	七年
1098	戊寅	宋绍圣	五年
		元符	元年
		辽寿昌	四年
		西夏天祐民安	八年
1099	己卯	宋元符	二年
		辽寿昌	五年
		西夏永安	元年

国内	国外
西夏攻宋平夏城(宁夏固原西北),宋渭州(甘肃平凉)知州章节击败之。	
	第一次十字军终(1096——,历时四年),攻克耶路撒冷,建耶路撒冷王国,选两西西里王国王子高弗梨为国王。

十二世纪

辽所臣属的女真部落建金帝国，以雷霆万钧之力灭辽。

宋先与金结盟，既而叛盟，金遂攻宋，陷首都汴京（河南开封），生擒两个皇帝而去。

宋政府撤退到淮河以南，迁都临安（浙江杭州），苟延残喘。中国境内，宋、金、西夏，三国并立。

	年份	干支	国号王朝及纪年	
十二世纪 〇〇年代	1100	庚辰	宋元符 辽寿昌 西夏永安	三年 六年 二年
	1101	辛巳	宋建中靖国 辽寿昌 乾统 西夏贞观	元年 七年 元年 元年
	1102	壬午	宋崇宁 辽乾统 西夏贞观	元年 二年 二年
	1103	癸未	宋崇宁 辽乾统 西夏贞观	二年 三年 三年
	1104	甲申	宋崇宁 辽乾统 西夏贞观	三年 四年 四年
	1105	乙酉	宋崇宁 辽乾统 西夏贞观	四年 五年 五年

国内	国外
宋帝哲宗赵煦卒,无子,向太皇太后欲立赵煦弟端王赵佶,章惇曰:“端王轻佻,不可以君天下。”知枢密院事曾布叱曰:“听太后处分。”乃立赵佶为帝,是为徽宗,年十九。向太皇太后临朝,复引旧党而排新党,用尚书右仆射韩忠彦任尚书左仆射门下侍郎,窜章惇于潭州(湖南长沙)。既而向太皇太后因疾还政,赵佶亲政,再引新党,用曾布任尚书右仆射中书侍郎。	
辽帝道宗耶律洪基卒,孙天祚帝耶律延禧嗣位。	
宋政府贬旧党韩忠彦任大名知府,任新党蔡京为尚书右仆射中书侍郎。　禁旧党司马光等子孙留京都,定司马光、文彦博等一一七人为奸党,由宋帝徽宗赵佶亲书其名,刻石为碑,立于端礼门。	
宋洮西安抚使王厚,议复河湟(黄河、湟水两流域之地,指青海东部),宋帝赵佶遣宦官童贯赴熙州(甘肃临洮)传语劳军,并进军攻吐蕃,取湟州(青海乐都)。	
宋王厚再攻吐蕃,取青唐(青海西宁)、廓州(青海尖扎)。　宋政府再定奸党司马光等三〇六人名单,颁发州县,刻石立碑。	
宋帝徽宗赵佶喜花石,宦官童贯荐苏州人朱勔领苏州应奉局,以浙中珍异进,舳橹相衔于淮水,号“花石纲”。	

	年份	干支	国号王朝及纪年	
	1106	丙戌	宋崇宁	五年
			辽乾统	六年
			西夏贞观	六年
	1107	丁亥	宋大观	元年
			辽乾统	七年
			西夏贞观	七年
	1108	戊子	宋大观	二年
			辽乾统	八年
			西夏贞观	八年
	1109	己丑	宋大观	三年
			辽乾统	九年
			西夏贞观	九年
十二世纪 一〇年代	1110	庚寅	宋大观	四年
			辽乾统	十年
			西夏贞观	十年
	1111	辛卯	宋政和	元年
			辽天庆	元年
			西夏贞观	十一年
	1112	壬辰	宋政和	二年
			辽天庆	二年
			西夏贞观	十二年

国内	国外
宋政府毁奸党碑,除奸党之禁。	
宋宦官童贯任武库军节度使,遣统制官辛淑献攻吐蕃,再取洮州(甘肃临潭),擢童贯为司空。	
宋宦官童贯既得志于吐蕃,谓辽可图,因请出使辽国侦之。宋帝徽宗赵佶任端明殿学士郑允中为贺生辰使、童贯为副使前往。道经芦沟,遇辽幽州人马植,故北宋燕人沦没者,言有灭辽之策,童贯大奇之,载与俱归,改姓名赵良嗣,献策与女真部落结好,相约夹击,辽无不亡。赵佶大喜,用为秘书丞。背盟之议自此始。	

年份	干支	国号王朝及纪年	
1113	癸巳	宋政和	三年
		辽天庆	三年
		西夏贞观	十三年
1114	甲午	宋政和	四年
		辽天庆	四年
		西夏贞观	十四年
1115	乙未	宋政和	五年
		辽天庆	五年
		金收国	元年
		西夏雍宁	元年
1116	丙申	宋政和	六年
		辽天庆	六年
		金收国	二年
		西夏雍宁	二年

国内	国外
辽每岁遣使收购海东青(鹰名,能擒天鹅)于海上(鞑靼海峡),使臣道经女真部落,贪纵横暴,公私厌苦。今年,女真酋长完颜乌雅束卒,弟完颜阿骨打嗣位,称“都勃极烈”(总管)。辽遣使责其不告丧。既而,见丧礼之马又欲取去。完颜阿骨打大怒,欲杀之,经谏而止,然遂决心叛辽。	
女真酋长完颜阿骨打聚众起兵,攻辽,陷宁江州(吉林松原东),辽司空萧嗣先讨之,战于混同江(松花江),辽军大溃。而萧嗣先仅只免官,诸军相谓曰:“战,有死无功。退,有生无罪。”自是辽军无斗志,见敌则奔。	
女真酋长完颜阿骨打称帝,是为太祖,国号金。辽都统耶律讹里朵讨之,战于达鲁古城(吉林松原东南),又大溃,金进陷黄龙府(吉林农安)。辽天祚帝耶律延禧自率军七十万攻金。方渡混同江,副都统耶律张奴内叛,率众返上京(内蒙巴林左旗),谋立魏国王耶律淳为帝。耶律延禧急西还,擒斩耶律张奴。金兵乘其西还之势追击,辽复大溃,尸横百里。　宋宦官太尉童贯由兰州遣军北出攻西夏,西夏迎战于藏底河,宋军大败,死者十之四五。	
辽东京(辽宁辽阳)留守萧保先苛虐,民变,斩之。裨将高永昌引兵据城称帝。金军攻之,斩高永昌,入辽阳。　西夏攻宋靖夏城(甘肃平凉境),穿地道入城中,尽屠居民而去。	

	年份	干支	国号王朝及纪年	
	1117	丁酉	宋政和	七年
			辽天庆	七年
			金天辅	元年
			西夏雍宁	三年
	1118	戊戌	宋政和	八年
			重和	元年
			辽天庆	八年
			金天辅	二年
			西夏雍宁	四年
	1119	己亥	宋重和	二年
			宣和	元年
			辽天庆	九年
			金天辅	三年
			西夏雍宁	五年
十二世纪二〇年代	1120	庚子	宋宣和	二年
			辽天庆	十年
			金天辅	四年
			西夏元德	元年
	1121	辛丑	宋宣和	三年
			辽保大	元年
			金天辅	五年
			西夏元德	二年

国内	国外
辽燕国王耶律淳募自金地流亡饥民为兵,使之报怨于金,号“怨军”,用郭药师为帅。　宋帝徽宗赵佶奉道教,道箓院上表封其为“教主道君皇帝”。	
金帝太祖完颜阿骨打认为英雄开国,必先有大国册封,乃自定尊号,并命辽帝奉己为兄,遣使赴辽请和,命依式册封。　宋遣武义大夫马政,由登州(山东蓬莱)海道使金,约共击辽,金遣使李庆善持国书报聘。	
辽封完颜阿骨打为东怀国皇帝,完颜阿骨打以不封金国,而云东怀,乃小邦怀其德之意,又无以兄事金之语,册文复有“渠材”二字,更涉轻侮,无一如式,不受。再遣使请,辽不许,和议不成,金决意再用兵。　金制女真字颁行。	
宋中奉大夫赵良嗣使金,约明年宋自雄州(河北雄县)出兵击辽,灭辽后以燕京等十七州(936年后晋所割之十六州及辽新置之景州)归宋,不出兵则地不可得,然后由宋以致辽岁币致金。金攻辽,陷上京(内蒙巴林左旗),复弃之而还。　宋方困于“花石纲”之扰,比屋皆怨,睦州(浙江建德)民方腊聚众起兵,陷睦州、(浙江)杭州。	
宋宦官童贯任江淮宣抚使,击方腊。童贯命其僚董耘代宋帝徽宗赵佶作罪己诏,罢花石纲,逐朱勔,江南民大悦,遂斩方腊。方腊既平,赵佶复立应奉局,起用朱勔,花石纲如故。见诏书自责之词,大怒,黜董耘。　辽枢密使萧奉先诬晋王耶律敖鲁干与母文妃谋反,辽天祚帝耶律延禧杀文妃,文妃妹夫都统耶律余睹大惧,率军降金,金自是悉知辽事。	

年份	干支	国号王朝及纪年	
1122	壬寅	宋宣和	四年
		辽保大	二年
		金天辅	六年
		西夏元德	三年
1123	癸卯	宋宣和	五年
		辽保大	三年
		金天辅	七年
		天会	元年
		西夏元德	四年

国内	国外
金大举攻辽,陷中京(内蒙宁城),辽帝耶律延禧正猎于鸳鸯泺(河北张北西北),奔西京(山西大同),取马三千匹,再奔夹山(内蒙武川)。辽国无主,南京(北京)南府宰相张琳、林牙耶律大石,立晋国王耶律淳为帝,耶律淳寻卒。又遥立秦国王耶律定为帝,萧太后临朝。　宋宦官童贯任河北宣抚使,统军十五万攻辽燕京(北京),辽常胜军(怨军)郭药师降宋,遂出雄州(河北雄县)。辽都统萧干迎击,宋军大败,士卒蹂践死者百余里。　金闻宋败,长驱直入,辽军溃,燕京(北京)乃入于金。	
金以宋夹攻失期,拒履原约,仅将燕京及涿、易、檀、顺、景、蓟七州地归宋,然居民全为金挟去,宋仅得七空城。宋欲再索营(河北昌黎)、平(河北卢龙)、滦(河北滦县)三州,金不予,宋遣龙图阁学士赵良嗣赴金订盟,宋每年输银二十万两,绢二十万匹,别许劳军米二十万石。　金帝太祖完颜阿骨打卒,弟太宗完颜吴乞买嗣位。　金南京(河北卢龙)留守张觉叛金,举州降宋,宋授张觉为泰宁节度使。金发兵攻之,陷平州(河北卢龙),张觉奔宋,金得宋所赐诏书,大怒,责宋招亡纳叛。宋不得已,斩张觉,函首送金。辽降将常胜军郭药师闻之,愤惧,皆解体。	

年份	干支	国号王朝及纪年	
1124	甲辰	宋宣和	六年
		辽保大	四年
		金天会	二年
		西夏元德	五年
1125	乙巳	宋宣和	七年
		辽保大	五年
		西辽延庆	元年
		金天会	三年
		西夏元德	六年

国内	国外
金以辽天祚帝耶律延禧逃入夹山(内蒙武川),兵不能入,乃退以诱之。耶律延禧果统军出,连克数州,如入无人之境,而金军断其归路,辽军大溃,耶律延禧奔山阴(山西山阴)。 金遣使赴宋索劳军米二十万石,宋宦官燕山路宣抚使谭稹曰:"二十万石不易致,且赵良嗣所许,岂可为凭。"金帝太宗完颜吴乞买大怒,决意用兵。	
辽天祚帝耶律延禧续西奔,欲赴党项,行至余睹谷,金都统完颜娄室追及擒之。牙将耶律大石自夹山(内蒙武川)率众西走,至起尔曼(乌兹别克斯坦布哈拉东北),即帝位,史称"西辽",至1218年始亡。 金大举攻宋,左副元帅完颜宗翰(粘罕·粘没喝)南下攻太原指洛阳。右副元帅完颜宗望(斡里不)攻燕京(北京),指汴京(河南开封)。宋河北宣抚使童贯镇太原,曰:"我受命宣抚,非守土也。"奔还汴京,完颜宗翰遂围太原。完颜宗望军发,宋太尉燕山府(北京)知府郭药师率常胜军迎降,并为向导,金悉取前所割地,兵抵黄河。汴京大震,宋帝徽宗赵佶惊骇,气绝而复苏,传位于其子赵桓,是为钦宗。遣武泰军节度使何灌率兵二万守河桥,军士行者,往往上马以两手捉鞍,不能稍放,人皆惶笑。太学生陈东等伏阙上书,称蔡京、王黼、童贯、梁师成、李彦、朱勔为六贼,乞诛之。	

年份	干支	国号王朝及纪年	
1126	丙午	宋靖康	元年
		金天会	四年
		西夏元德	七年

国内	国外
正月,宋太上皇赵佶出汴京避难,宋帝钦宗赵桓留汴京,尚书右丞李纲增修战备,粗毕,而金兵至,攻城。　二月,宋勤王兵至者二十万,宣抚司都统制姚平仲以步骑万人袭金营,大败。赵桓惊骇,罢李纲,大学生及市民十余万伏阙,乃复用李纲。而主和派益力,乃割(山西)太原、中山(河北定州),(河北)河间三镇于金,金兵始退,汴京解严。　四月,赵佶返汴京。　六月,自金兵退,宋政府上下恬然自娱如故,李纲独以为忧,时太原围不解,主和派乃遣李纲援太原。诸将皆得专奏,不肯用命,李纲至怀州(河南沁阳),军溃。 七月,赵桓误信金太师耶律余睹将叛,以蜡书约为内应,金太宗完颜吴乞买大怒,决再攻宋。 八月,赵桓又致书西辽帝耶律大石,约其击金,完颜吴乞买更怒,命出兵。　九月,金左副元帅完颜宗翰陷太原,右副元帅完颜宗望陷天威军(河北井陉)、真定(河北正定)。　十一月,完颜宗望渡黄河,围汴京,城中粮荒,一鼠值钱数百。　闰十一月,宋尚书右丞孙傅读丘浚诗,有"郭京杨适柳无忌"句,于卫士中得郭京,荐于朝,谓用六甲法可退敌,出战,大溃,金兵乘胜登城,汴京遂陷,赵桓乞降。　十二月,赵桓赴青城(河南开封南)金营,尊金帝为皇伯,自称侄,许贡金一千万锭,银二千万锭,绢帛二千万匹,割黄河以北地于金,分遣使臣持诏书赴河北谕各州县开城降。	

年份	干支	国号王朝及纪年	
1127	丁未	宋靖康	二年
		建炎	元年
		金天会	五年
		西夏正德	元年

国内	国外
正月,金索金银急,欲纵兵再入汴京,宋帝钦宗赵桓再赴青城金营,面请缓期,金遂留为人质。宋尽搜官民藏贮,仅得金四十五万两,银七百四十万两。金左副元帅完颜宗望大怒,斩宋提举官四人,又索御马七千匹,少女五百人。　二月,宋统制官范琼逼太上皇赵佶赴金营,完颜宗望宣金帝太宗完颜吴乞买诏书,废赵佶、赵桓为平民。 三月,金立宋太宰张邦昌为帝,国号楚,遂退兵。掳赵佶、赵桓及皇族后妃三千人而去。　四月,张邦昌退位,请孟皇后(哲宗赵煦妻,1096 年废居瑶华宫)垂帘听政。　五月,宋康王赵构于南京(河南商丘)称帝,是为高宗,史称南宋,任李纲为左仆射中书侍郎。　八月,殿中侍御史张浚劾李纲惨毒专权,遂窜李纲于澧州(湖南澧县),为相仅七十五日。太学生陈东、抚州(江西临川)进士欧阳澈,上书为李纲讼冤,赵构斩二人。宋河北宣抚使张所招募忠义,相州(河南安阳)岳飞投效,初任准备将,寻任承信郎(武职最低级)。　九月,宋斩张邦昌。　十月,赵构自南京(河南商丘)赴(江苏)扬州。　十二月,金以宋擅废张邦昌为词,分三道南攻,中道左副元帅完颜翰(粘没喝)攻河南,陷西京(洛阳)、(河南)汝州。东道右副元帅完颜宗辅(讹里朵),与弟完颜宗弼(兀术)攻山东。西道陕西都统完颜娄室、副都统完颜杲(撒里喝)攻陕西,陷同州(陕西大荔)。	

年份	干支	国号王朝及纪年	
1128	戊申	宋建炎	二年
		金天会	六年
		西夏正德	二年
1129	己酉	宋建炎	三年
		明受	元年
		金天会	七年
		西夏正德	三年

国内	国外
金军分陷宋长安(陕西西安)、北京(河北大名)、中山(河北定州,自1125年被围,至是城陷)。又陷(山东)济南,知府刘豫降金。陕西及黄河以北地,悉为金所有。 宋东都(河南开封)留守宗泽疾笃,咏杜甫诗"出师未捷身先死,长使英雄泪满襟",连呼"渡河"再三,而卒。 宋帝高宗赵构在(江苏)扬州,用黄潜善任左仆射门下侍郎、汪伯彦任右仆射中书侍郎,曰:"吾得二人为左右相,何患国事不济。"二人唯知谄媚,而无远略,言事者不纳其说,请兵者不以上闻,军民皆愤怨,金兵日南,均以为不足虑,及请预为备者,皆以为过计而笑拒之。	
二月,金军至(江苏)扬州,赵构仓卒遁,过长江,奔(浙江)杭州,金追至瓜洲渡(江苏镇江长江对岸),民未及渡者,尚有十余万,相抱沉江底,余均为金所掳,焚扬州而去。 三月,赵构在杭州,宦官康履用事,肆作威福,凌辱诸将,观钱塘江潮,供帐赫然遮道,军心积忿。扈从统制苗傅、威州(四川理县)刺史刘正彦遂变,斩都统制王渊,分捕宦官,杀之。逼赵构退位,立其子赵旉为帝,年方三岁,孟太后临朝。时江东制置使吕颐浩驻建康(江苏南京),礼部侍郎节制平江秀湖军马张浚驻平江(江苏苏州),起兵勤王。 四月,宋各路勤王兵至杭州城下,赵构复位,苗傅、刘正彦引军遁走。任吕颐浩为右仆射同中书门下平章事、张浚为知枢密院事川峡处置使。 五月,赵构赴建康。 六月,宋江浙制置使韩世忠擒苗傅、刘正彦,磔死建康。 闰八月,金兵渐逼,赵构赴镇江。 十月,赵构赴临安(浙江杭州)。 十一月,金完颜宗弼(兀术)渡长江,宋沿江都制置使陈邦光具降状遣人迎于十里亭,金遂兵不血刃入建康,宋江淮宣抚使杜充退屯真州(江苏仪征),寻亦降金。 十二月,金军南攻,陷临安,遣兵攻明州(浙江宁波),赵构乘舟泛海奔定海(浙江舟山)。	

	年份	干支	国号王朝及纪年	
十二世纪 三〇年代	1130	庚戌	宋建炎	四年
			金天会	八年
			刘齐天会	八年
			西夏正德	四年

国内	国外
正月,金完颜宗弼陷明州,乘胜攻定海(浙江舟山),赵构乘舟奔(浙江)温州。　二月,完颜宗弼以孤军深入,再无后继,乃焚临安(浙江杭州)北返,至平江(江苏苏州),纵兵焚掠,屠五十万人。 三月,完颜宗弼至镇江,欲渡长江,宋浙西制置使韩世忠以八千人屯焦山(江苏镇江东北长江中),金军强渡长江,韩世忠以战舰迎击,战于江心,韩世忠妻梁红玉亲擂战鼓,金军终不能渡。完颜宗弼乃自镇江沿南岸西进,韩世忠则沿北岸亦西进,且战且行,将至黄天荡(江苏南京东北),完颜宗弼窘极,获土人,得知有老鹳河故道,掘之,一夕渠成五十里,遂趋建康(南京)。宋统制官岳飞伏兵牛头山(南京南),大破之,完颜宗弼不得进,乃再引还,与宋军相持黄天荡。　四月,闽人王某教完颜宗弼在舟中载土,上铺平板,凿舷为洞置桨。于是,金军乘小舟出长江,韩世忠绝流邀击。无风,海舟不能动,金以火箭射之,宋军大溃,韩世忠仅以身免。是役,韩世忠以八千人拒金兵十万人,凡四十八日而败。　七月,金立刘豫为帝,建都(河北)大名,国号齐,史称“刘齐”。　九月,金三道攻陕西,宋陕西处置使张浚率大军迎击,战于富平(陕西富平),宋军大败,张浚退保秦州(甘肃天水)。　十月,宋御史中丞秦桧,于1127年为金所掳,今年与妻王氏逃归,泛海至杭州。　十二月,金左副元帅完颜宗翰令诸州县同日大捕流亡金境汉人,尽于耳上刺字,散养民间,既而标价卖之,余者驱赴西夏,以换战马。	

年份	干支	国号王朝及纪年	
1131	辛亥	宋绍兴	元年
		金天会	九年
		刘齐阜昌	元年
		西夏正德	五年
1132	壬子	宋绍兴	二年
		金天会	十年
		刘齐阜昌	二年
		西夏正德	六年
1133	癸丑	宋绍兴	三年
		金天会	十一年
		刘齐阜昌	三年
		西夏正德	七年

国内	国外
二月,宋政府用秦桧为参知政事。 三月,宋陕西处置使张浚诬都统制(安徽)宣州观察使曲端谋反,逮下恭州(四川茂县)狱,遣其私仇康随审问,康随令狱吏缚之,糊其口,烤之以火,曲端口渴索饮,饮之以醋,七窍流血而死,军心由是解体。 八月,宋任秦桧为右仆射中书门下平章事,倡与金和议。 十月,金陕西都统完颜娄室西攻,宋秦凤经略使吴玠先据(陕西)凤翔,战于和尚原(陕西宝鸡西南),金兵大败。	
宋境遍地民变兵变,盗贼如麻。今年,福建宣抚副使韩世忠平建州(福建建瓯),斩范汝为。荆湖南路宣抚使李纲平湖南诸乱。神武军副都统制岳飞平贺州(广西贺县),曹成众溃,奔邵州(湖南邵阳),遇韩世忠军,乃降。 刘齐迁都汴京(河南开封),与民约曰:“从今不用宦官,不度僧道。文武杂用,不限资格。” 宋秦桧力主和议,以黄河北人还金,以中原人还刘齐,宋帝高宗赵构曰:“南人归南,北人归北,我北人将安归。”侍御史黄龟年劾之,免秦桧相,永不复用,榜其罪状于朝堂。	
宋襄阳镇抚使李横攻刘齐,取颍昌(河南许昌)。 刘齐签军都制置使李成反攻,李横大溃,刘齐复取颍昌,并连陷宋(河南)邓州、(湖北)随州、襄阳(湖北襄樊)。 金元帅右都监完颜宗弼由(陕西)长安西攻和尚原(陕西宝鸡西南),宋秦凤副都总管吴璘无粮,不能守,和尚原遂陷。 金使李永寿赴临安,请宋还刘齐之俘,及刘齐民在宋者,并与刘齐划长江为界。	

年份	干支	国号王朝及纪年	
1134	甲寅	宋绍兴	四年
		金天会	十二年
		刘齐阜昌	四年
		西夏正德	八年
1135	乙卯	宋绍兴	五年
		金天会	十三年
		刘齐阜昌	五年
		西夏大德	元年
1136	丙辰	宋绍兴	六年
		金天会	十四年
		刘齐阜昌	六年
		西夏大德	二年

国内	国外
金完颜宗弼自和尚原(陕西宝鸡西南)攻仙人关(甘肃徽县南),宋利州制置使吴玠屯兵仙人关侧杀金坪以待,金军大败,从此不复图蜀。 宋江西制置使岳飞攻刘齐,刘齐大将李成败走,岳飞复取邓州、随州、襄阳。　金与刘齐合兵攻宋,金许王完颜宗辅(讹里朵)任左副元帅,刘齐梁国公刘麟任诸路大总管,分渡淮河。谍报至宋,举国震恐。宋淮东宣抚使韩世忠于大仪镇(江苏仪征北)邀击,败金先锋聂咱贝勒,金兵稍阻。会金帝太宗完颜吴乞买有疾,金军引还,刘齐军亦退。	
金帝太宗完颜吴乞买卒,侄熙宗完颜亶嗣位。 宋前任帝徽宗赵佶卒于金五国城(黑龙江依兰)。 宋湖北制置使岳飞击洞庭湖大圣天王杨么,杨么恃其险,屡败宋军,曾曰:“犯我者,除非是飞来。”岳飞军至,凡八日而大破之,杨么穷蹙投水,统制牛皋擒斩之。	
刘齐三道攻宋,中道淮阳王刘麟攻合肥,东道皇侄刘猊攻定远,西道都统制孔彦舟攻六安。宋主管殿前司公事杨沂中屯藕塘(安徽定远东南),与刘猊战,刘齐军大败,刘猊以数骑遁走。刘麟、孔彦舟闻东道败,亦退。　宋帝高宗赵构命湖北制置使岳飞赴援,岳飞在襄阳,目疾甚重,闻诏即行,军未至,而刘齐败。赵构曰:“刘麟败不足喜,诸将知朝廷为可喜。”致岳飞御书使还。	

年份	干支	国号王朝及纪年	
1137	丁巳	宋绍兴	七年
		金天会	十五年
		刘齐阜昌	七年
		西夏大德	三年
1138	戊午	宋绍兴	八年
		金天眷	元年
		西夏大德	四年
1139	己未	宋绍兴	九年
		金天眷	二年
		西夏大德	五年

国内	国外
宋岳飞入朝,加太尉,屡论恢复中原之略,赵构曰:“有臣如此,朕复何忧,进止之机,朕不中制。”又召岳飞至寝阁曰:“中兴之事,悉以委卿。” 宋淮西副都统制郦琼叛,杀兵部尚书吕祉,率所部四万人降刘齐。 刘齐帝刘豫军屡败,金决废之,遣右副元帅完颜宗弼至汴京(河南开封),执刘豫,废为蜀王。刘齐亡,立国八年。	
宋左仆射同平章事赵鼎,素厌秦桧,而桧屈己事之,唯命是从,赵鼎遂引为腹心,言其可大用,宋帝高宗赵构乃用为右仆射同平章事兼枢密使。秦桧力主和议,会金扬言将立前任帝钦宗赵桓,赵构大惧,亦力主和议,君臣契合,秦桧遂专朝政,贬赵鼎为绍兴知府。 金太师完颜宗磐(蒲鲁虎)暴戾跋扈,与左副元帅完颜昌(挞懒)、东都(河南开封)留守完颜隽(讹鲁观)相结,欲以刘齐故地(中原及陕西)与宋。金帝熙宗完颜亶命群臣议,完颜宗磐曰:“我以地予宋,宋必德我。”右丞相完颜宗宪(阿懒)曰:“我掳宋人父兄,怨非一日,何德之有。”完颜宗磐怒,议遂定。会宋遣徽猷阁直学士王伦赴金,金遣右司侍郎张通古为江南招谕使赴宋。	
正月,宋王伦至汴京,见金右副元帅完颜宗弼,接收割地,得汴京(河南开封)、西京(洛阳)、南京(河南商丘)、长安。完颜宗弼渡黄河而北,移行台于大名。 七月,金帝完颜亶与完颜宗弼,以太师完颜宗磐无故割地与宋,疑而察之,渐知其外图结援,内图夺位之谋。因其入朝,伏兵执擒,并其党完颜宗隽等斩之。命完颜宗弼任都元帅,谋收回割地。 西夏帝崇宗李顺乾卒,仁宗李仁基嗣位。	法国勃艮地公爵亨利之子阿尔丰沙一世于伊比利亚半岛大败白衣大食(西阿拉伯帝国),白衣大食疆域日蹙,迁都格拉那达。阿尔丰沙一世遂称王,建葡萄牙王国。

	年份	干支	国号王朝及纪年
十二世纪 四〇年代	1140	庚申	宋绍兴 十年 金天眷 三年 西夏大庆 元年

国内	国外
五月,金帝完颜亶命元帅府复黄河以南及陕西地,四道进兵,聂呼贝勒攻山东,右副元帅完颜杲(撒离喝)攻陕西,骠骑大将军李成攻洛阳,完颜宗弼(兀术)攻汴京。军既入宋境,所在迎降,连取南京(河南商丘)、洛阳、长安。　六月,金攻顺昌(安徽阜阳),不克,完颜宗弼亲往督战,宋东都留守刘锜大破之,完颜宗弼奔还汴京。　七月,宋湖北制置使岳飞军至(河南)郾城,完颜宗弼会诸将议,以宋独岳飞不可当,欲并力一战,宋朝野震动,宋帝赵构下诏命岳飞自固。金以拐子马攻岳飞,岳飞大破之。完颜宗弼恸曰:“自海上起兵,皆以此胜,今已矣。”增兵复攻,以十二万骑趋(河南)临颍,宋统制官杨再兴以八百骑迎击,战于临颍南小商桥,全军皆没,而金军亦不能支,引退。岳飞逼汴京四十五里,屯朱仙镇。完颜宗弼再攻,大败,退守汴京。黄河南北民变纷起,以应岳飞,断金粮道。完颜宗弼征兵州县,无一人应者,大惧,欲弃汴京。有书生叩马曰:“太子勿走,自古未有权臣在内,而大将能立功于外者,岳飞身且不免,况成功乎。”完颜宗弼悟,乃留。时自燕京以南,金号令不行,岳飞谓其下曰:“直捣黄龙府,与君痛饮。”而秦桧方谋乘胜议和,先命诸将退兵,继言岳飞孤军不可深入。赵构遂命班师,一日下十二金字牌,岳飞愤惋泣下,曰:“十年之力,废于一旦。”黄河以南地复为金有。	

年份	干支	国号王朝及纪年	
1141	辛酉	宋绍兴	十一年
		金皇统	元年
		西夏大庆	二年

国内	国外
正月,金完颜宗弼乘宋军退,复南攻,陷庐州(安徽合肥)。　二月,金军至柘皋(安徽巢湖西北),与宋淮东宣抚使杨沂中、宣抚判官刘锜等军遇,合战,金大败,宋复庐州。　三月,宋帝赵构与秦桧,密谋夺诸将兵权,以柘皋之捷,召诸将赴临安,既至,任太保京东处置使韩世忠,少师淮南西路宣抚使张俊,并为枢密使,少保湖北宣抚使岳飞为枢密副使。宣抚处置司等机构均撤销,悉收部队直隶中央。　六月,张俊、岳飞视军楚州(江苏淮安),张俊欲修其城,岳飞曰:“当戮力图恢复,岂可为退保计。”张俊大怒。　七月,金完颜宗弼致秦桧书曰:“汝朝夕以和议请而岳飞方以河北是图,必杀之,始可和。”秦桧以岳飞不死,必害己,时益传金将使宋前任帝钦宗赵桓复位,赵构惧甚,决心杀岳飞。　十月,张俊诬岳飞谋反,以阻修楚州城为证。秦桧复诬岳飞与副都统制张宪书,欲复兵权,据襄阳(湖北襄樊)叛,遂逮岳飞下狱。　十二月,岳飞狱久不能具,秦桧命右谏议大夫万俟卨审问,手书小纸付之,岳飞遂绞死于大理寺狱中风波亭。	

年份	干支	国号王朝及纪年
1142	壬戌	宋绍兴 十二年 金皇统 二年 西夏大庆 三年
1143	癸亥	宋绍兴 十三年 金皇统 三年 西夏大庆 四年
1144	甲子	宋绍兴 十四年 金皇统 四年 西夏人庆 元年
1145	乙丑	宋绍兴 十五年 金皇统 五年 西夏人庆 二年
1146	丙寅	宋绍兴 十六年 金皇统 六年 西夏人庆 三年
1147	丁卯	宋绍兴 十七年 金皇统 七年 西夏人庆 四年
1148	戊辰	宋绍兴 十八年 金皇统 八年 西夏人庆 五年

国内	国外
二月,金宋和约成,宋帝赵构向金帝完颜亶进誓表,称臣,每岁贡银二十五万两,绢二十五万匹。东以淮河为界,西以大散关(陕西宝鸡西南)为界。 四月,金遣左宣徽使刘筈至宋,册立赵构为宋帝。 八月,金送赵构生母韦贤妃及父赵佶棺柩返宋。	
宋政府没收钱塘县(浙江杭州)岳飞宅,改为国子监。	
金政府诬礼部尚书宇文虚中谋反,杀之。金屡击蒙古,不能克。今年,遣汴京留守萧保寿赴蒙古册立其酋长鄂罗贝勒为蒙古国王,鄂罗贝勒不受。	
金与蒙古和约成。唯鄂罗贝勒称“祖元皇叔”,独立如昔,金无可奈何。	第二次十字军起(——1149),欧洲闻塞尔柱帝国将攻耶路撒冷,神圣罗马帝国皇帝康拉德三世与法王路易七世,统军分道东征。
宋任秦桧子秦熺知枢密院事。	

	年份	干支	国号王朝及纪年	
	1149	己巳	宋绍兴	十九年
			金皇统	九年
			天德	元年
			西夏天盛	元年
十二世纪五〇年代	1150	庚午	宋绍兴	二十年
			金天德	二年
			西夏天盛	二年
	1151	辛未	宋绍兴	二十一年
			金天德	三年
			西夏天盛	三年
	1152	壬申	宋绍兴	二十二年
			金天德	四年
			西夏天盛	四年
	1153	癸酉	宋绍兴	二十三年
			金天德	五年
			贞元	元年
			西夏天盛	五年
	1154	甲戌	宋绍兴	二十四年
			金贞元	二年
			西夏天盛	六年

国内	国外
金帝熙宗完颜亶酗酒暴虐,既杀子魏王完颜道济,又杀弟胙王完颜元(常胜),复杀妻斐满皇后。左丞相完颜亮乘众怒杀完颜亶,即位。	第二次十字军终(1147——,历时三年),康拉德三世及路易七世抵叙利亚境,先后败还。
宋军校施全刺秦桧,不中,磔死。　金帝完颜亮尊嫡母徒单氏与生母大氏俱为皇太后,大屠皇族。杀故齐国公完颜宗雄(谋良虎)妻及其子七人。杀二任帝太宗完颜吴乞买子太傅完颜宗本、东京(辽宁辽阳)留守完颜宗懿及其兄弟子侄孙五十余人,完颜吴乞买之后绝。又杀故秦王完颜宗翰(粘没喝)孙左丞相完颜秉德及其兄弟子侄孙三十余人,完颜宗翰之后亦绝。又杀庶祖母萧太妃。又杀左副元帅完颜杲(撒离喝)及其子御史大夫完颜宗安,其后亦绝。皆诬以谋反,备极酷虐。	
金完颜亮大屠皇族时,皆将其妇女纳入后宫充当嫔妃。	
金完颜亮赴中京(内蒙宁城),独留徒单太后于上京(黑龙江阿城)。	
金自上京(黑龙江阿城)迁都燕京(北京),改燕京析津府为中都大兴府。　金帝完颜亮生母大太后卒。　金帝完颜亮杀其弟西京(山西大同)留守完颜衮。	
金帝完颜亮杀韩王完颜亨。	

年份	干支	国号王朝及纪年	
1155	乙亥	宋绍兴	二十五年
		金贞元	三年
		西夏天盛	七年
1156	丙子	宋绍兴	二十六年
		金贞元	四年
		正隆	元年
		西夏天盛	八年
1157	丁丑	宋绍兴	二十七年
		金正隆	二年
		西夏天盛	九年
1158	戊寅	宋绍兴	二十八年
		金正隆	三年
		西夏天盛	十年
1159	己卯	宋绍兴	二十九年
		金正隆	四年
		西夏天盛	十一年

国内	国外
宋左朝散郎姚岳上疏曰:"岳飞身为叛乱,以干天诛,巴陵郡仍称岳州(湖南岳阳),以叛臣故地,又与同姓,竟莫之改。"荆南知府孙汝翼奏:"宜改为纯州,以洗叛臣之污。"宋帝赵构命改岳州为纯州。 宋左仆射中书门下平章事秦桧卒。	
金帝完颜亮宴诸王于讲武殿,大阅兵马,命宋前任帝赵桓与辽前任帝耶律延禧各领一队,击毬为乐。以病马令其乘之,赵桓年五十六,力不能胜,围既合,落马,骑兵纵奔践踏,死于蹄下。耶律延禧年八十二,体力仍健,纵马突围,完颜亮命射之,万矢俱发,贯胸而死。	
金帝完颜亮于武德殿告群臣曰:"朕夜梦至上帝所,殿中人如婴儿,有青衣特宣授朕为天策上将,命征某国,朕受命出,上马,见鬼兵无数,朕发一矢射之,众皆喏而应。既醒,声犹在耳,遣人至殿中视所乘马,其汗如水,取箭视之,亦亡其一,此异梦也,岂非天假手于朕,令取江南乎。"群臣皆贺。	

	年份	干支	国号王朝及纪年	
十二世纪 六〇年代	1160	庚辰	宋绍兴 金正隆 西夏天盛	三十年 五年 十二年
	1161	辛巳	宋绍兴 金正隆 大定 西夏天盛	三十一年 六年 元年 十三年

国内	国外
	神圣罗马帝国皇帝腓特烈一世(红胡子),坚持帝国高于教会,教皇亚历山大三世不能堪,将其逐出教会。腓特烈一世统军入意大利,围罗马城,历时五年(——1164)。
金帝完颜亮自继位即谋灭宋,今年,备战已竣。 四月,遣使赴宋,命辱詈宋帝赵构,以激怒寻衅。　五月,金使抵宋,言词不逊,命宋割淮河以南、长江以北地与金。　六月,金自燕京迁都大梁(河南开封)。　八月,完颜亮诬嫡母徒单太后谋反,缢杀之。　九月,金大举攻南宋,分三十三军,约六十万,号称百万,五道南下,宋朝野震恐。 十月,金东京(辽宁辽阳)留守完颜雍(乌禄)闻完颜亮杀嫡母,又闻已遣使北来再诛皇族,大惧,遂叛,于辽阳称帝,是为世宗,下诏暴完颜亮罪恶。是月,完颜亮大军渡淮河,宋池州(安徽贵池)都统制王权望风而溃,奔采石矶(安徽马鞍山西南),金军所向无敌,陷和州(安徽和县),抵长江采石渡口。　十一月,宋免王权官,命芜湖都统制李显忠代之。中书舍人虞允文劳军采石矶,时王权已去,李显忠未至,溃兵三五星散,解鞍束甲坐道旁,虞允文召诸将,勉以忠义,再组成军,部署甫毕,而金已渡江,虞允文作殊死战,大破之。完颜亮自采石渡口退和州,凡不死于渡江者,悉敲杀之。统大军东趋瓜洲,虞允文亦统军东趋京口(江苏镇江,位瓜洲对岸)。完颜亮至瓜洲,期明日渡长江,军令惨急,众心危惧。又闻新帝已立,浙西都统制耶律元宜遂叛,率诸将围御营,乱箭齐发,完颜亮仆地,手足犹动,被叛军绞死。金军北返,其行如林,宋军不敢逼,遥护送出境。金帝世宗完颜雍入燕京(北京)。	

年份	干支	国号王朝及纪年	
1162	壬午	宋绍兴	三十二年
		金大定	二年
		西夏天盛	十四年
1163	癸未	宋隆兴	元年
		金大定	三年
		西夏天盛	十五年

国内	国外
金山东东平民耿京聚众叛金,遣都提领贾瑞、掌书记辛弃疾奉表赴临安,宋帝高宗赵构大喜,授耿京天平节度使。及二人返山东,耿京已为其将张安国所杀降金,辛弃疾与诸将径袭金营,缚张安国献宋,斩于临安。 金遣使赴宋,告新君即位,宋遣左司员外洪迈随之赴金贺即位,书辞不称臣,金不纳,遣回。宋帝高宗赵构传位于族侄孝宗赵伯琮,自称太上皇。赵伯琮下诏书雪岳飞冤,追复原官,以礼改葬,求其后录用。	
金左副元帅纥石烈悉宁移牒宋枢密使江淮都督张浚,命宋仍向金称臣,续贡岁币,并还侵金所得海、泗、唐、邓、商诸州之地,仍以原疆为界,张浚拒之。宋帝孝宗赵伯琮锐意恢复,命张浚赴长江以北视师,淮西制置使李显忠攻灵璧(安徽灵璧),陷之。池州(安徽贵池)都统制邵宏渊攻虹县(安徽泗县),久不能下。李显忠遣灵璧降卒往谕祸福,虹县始降。邵宏渊耻功不己出,与李显忠有隙。及攻(安徽)宿州,金纥石烈悉宁统大军来救,李显忠苦战,谓邵宏渊必并力夹击,而邵宏渊按兵不动,遂败,退至符离(安徽宿州北),十三万众,一夕溃散。幸金军不追,张浚得还扬州(江苏扬州),上疏自劾,乞退休,赵伯琮下诏罪己。 金纥石烈悉宁复牒宋,仍申称臣割地岁币之命,宋左仆射中书门下平章事汤思退力主许之。	

	年份	干支	国号王朝及纪年	
	1164	甲申	宋隆兴	二年
			金大定	四年
			西夏天盛	十六年
	1165	乙酉	宋乾道	元年
			金大定	五年
			西夏天盛	十七年
	1166	丙戌	宋乾道	二年
			金大定	六年
			西夏天盛	十八年
	1167	丁亥	宋乾道	三年
			金大定	七年
			西夏天盛	十九年
	1168	戊子	宋乾道	四年
			金大定	八年
			西夏天盛	二十年
	1169	己丑	宋乾道	五年
			金大定	九年
			西夏天盛	二十一年
十二世纪	1170	庚寅	宋乾道	六年
七〇年代			金大定	十年
			西夏乾祐	元年

国内	国外
宋遣金议和使臣五六返,金人不耐,纥石烈悉宁大军再攻宋,陷(江苏)盱眙、濠(安徽凤阳)、庐(安徽合肥)、和(安徽和县)、滁(安徽滁州)诸州。宋再遣通门使魏杞持国书赴金乞定约。	神圣罗马帝国皇帝腓特烈一世陷罗马城,教皇亚历山大三世出奔。意大利北部诸城邦组伦巴第同盟,起兵攻腓特烈一世。
金宋和约成,宋帝孝宗赵伯琮自称侄皇帝,尊金帝世宗完颜雍为叔皇帝,二国行文称国书,每岁由宋献金银二十万两,绢二十万匹,仍照旧疆划界。　宋淮南转运判官姚岳上疏:“蝗自淮北飞渡,皆抱草木自死。”封死蝗以进,赵伯琮下诏曰:“姚岳降一阶免官,以为中外佞邪之戒。”	
	英王亨利二世颁布《克拉林敦条例》,加强司法陪审员制度。
西夏宰相任得敬专政,遣使约宋四川宣抚使虞允文共击吐蕃。	
宋任虞允文为左仆射中书门下平章事。宋政府命女真人与诸色人公事相斗,悉由女真人审理。	
西夏宰相任得敬,胁西夏帝仁宗李仁孝上表于金,分西南疆土于任得敬,另立一国。金帝世宗完颜雍疑之,覆曰:“今兹请命,事颇乖常。”不许。李仁孝遂杀任得敬。	

年份	干支	国号王朝及纪年	
1171	辛卯	宋乾道	七年
		金大定	十一年
		西夏乾祐	二年
1172	壬辰	宋乾道	八年
		金大定	十二年
		西夏乾祐	三年
1173	癸巳	宋乾道	九年
		金大定	十三年
		西夏乾祐	四年
1174	甲午	宋淳熙	元年
		金大定	十四年
		西夏乾祐	五年
1175	乙未	宋淳熙	二年
		金大定	十五年
		西夏乾祐	六年
1176	丙申	宋淳熙	三年
		金大定	十六年
		西夏乾祐	七年
1177	丁未	宋淳熙	四年
		金大定	十七年
		西夏乾祐	八年

国内	国外
宋饶州(江西波阳)饥,民多弃小儿于道。金葬宋九任帝钦宗赵桓于洛阳。	塞尔柱帝国大将萨拉丁陷开罗,建阿尤布王朝(——1250),尽收北非地入版图。萨拉森王国(法蒂玛王朝)亡(909——,立国二百六十四年)。
宋改官制,改左右仆射同中书门下平章事为左右丞相。殿中侍御史萧之敏,劾左丞相虞允文擅权不公,会虞允文荐谏官,宋帝孝宗赵伯琮不用,乃求去,再出任四川宣抚使。	
金政府禁女真人用华人姓。	
宋虞允文卒。	
	神圣罗马帝国皇帝腓特烈一世与伦巴第同盟决战于雷那诺,腓特烈一世大败。
	腓特烈一世与伦巴第同盟订《威尼斯条约》,承认亚历山大三世仍为教皇,亚历山大三世则撤回对其逐出教会令。

十二世纪
八〇年代

年份	干支	国号王朝及纪年	
1178	戊戌	宋淳熙	五年
		金大定	十八年
		西夏乾祐	九年
1179	己亥	宋淳熙	六年
		金大定	十九年
		西夏乾祐	十年
1180	庚子	宋淳熙	七年
		金大定	二十年
		西夏乾祐	十一年
1181	辛丑	宋淳熙	八年
		金大定	二十一年
		西夏乾祐	十二年
1182	壬寅	宋淳熙	九年
		金大定	二十二年
		西夏乾祐	十三年
1183	癸卯	宋淳熙	十年
		金大定	二十三年
		西夏乾祐	十四年
1184	甲辰	宋淳熙	十一年
		金大定	二十四年
		西夏乾祐	十五年
1185	乙巳	宋淳熙	十二年
		金大定	二十五年
		西夏乾祐	十六年

国内	国外
宋婺州(浙江金华)民陈亮赴临安上书,论光复国土之计,宋帝孝宗赵伯琮感动,欲榜朝堂,以励群臣,用种放故事(992),将召上殿。幸臣曾觌知之,欲先相见,陈亮鄙其为人,踰墙逃,曾觌惭怒,会诸大臣亦恶其言直,力沮之,遂不得见而去。	
	日本"平安时期"终(794——,共三百九十二年)。

	年份	干支	国号王朝及纪年	
	1186	丙午	宋淳熙	十三年
			金大定	二十六年
			西夏乾祐	十七年
	1187	丁未	宋淳熙	十四年
			金大定	二十七年
			西夏乾祐	十八年
	1188	戊申	宋淳熙	十五年
			金大定	二十八年
			西夏乾祐	十九年
	1189	己酉	宋淳熙	十六年
			金大定	二十九年
			西夏乾祐	二十年
十二世纪九〇年代	1190	庚戌	宋绍熙	元年
			金明昌	元年
			西夏乾祐	二十一年
	1191	辛亥	宋绍熙	二年
			金明昌	二年
			西夏乾祐	二十二年

国内	国外
	日本征夷大将军源赖朝,于镰仓设幕府,号令全国,史称“镰仓幕府”(——1333)。“前期武家时代”(——1600)自此始,日本幕府政治亦自此始(——1867)。
宋太上皇高宗赵构卒。　金政府禁女真人学华人衣饰。	伊斯兰教徒兴起反十字军,陷耶路撒冷,耶路撒冷王国亡(1099——,立国八十九年),欧洲基督徒大震。
宋兵部侍郎林栗,劾新任兵部郎官朱熹:“本无学术,徒窃张载、程颐绪余,为浮诞宗主,谓之道学,所至则携门生数人,习春秋战国之态。”宋帝孝宗赵伯琮贬朱熹任江西提举刑狱。	
金帝世宗完颜雍卒,孙章宗完颜璟嗣位。　宋帝孝宗赵伯琮传位其子光宗赵惇,自称太上皇。	第三次十字军起(——1192),亲自统军东征者皆名王:神圣罗马帝国皇帝腓特烈一世、法王腓力奥古斯都、英王狮心李查。
金令女真字直译华文,取消契丹文。	

年份	干支	国号王朝及纪年
1192	壬子	宋绍熙 三年 金明昌 三年 西夏乾祐 二十三年
1193	癸丑	宋绍熙 四年 金明昌 四年 西夏乾祐 二十四年
1194	甲寅	宋绍熙 五年 金明昌 五年 西夏天庆 元年

国内	国外
金令官民避姬旦、孔丘名讳。	第三次十字军终(1189——,历时四年),腓特烈一世于小亚细亚渡河时溺死,军队星散。腓力与李查沿途争吵,腓力大怒,中途折返。李查攻至耶路撒冷近郊,而其弟约翰于国内叛变,李查乃与塞尔柱帝国苏丹萨拉丁议和,萨拉丁允基督徒自由赴耶路撒冷朝圣。
西夏帝仁宗李仁孝卒,子桓宗李纯佑嗣位。	英王李查返国途中,为奥地利大公所掳,英国臣民以十万金镑赎之(明年,1194 年归,1199 年中流矢卒)。萨拉丁卒,塞尔柱帝国各地割据,分裂破碎。
宋太上皇赵伯琮卒,宋帝光宗赵惇疾笃,不能居丧,亦不能临朝,左丞相留正畏变,佯仆地,称疾请老而去,知枢密院事赵汝愚忧危不知所出。阁门使韩侂胄,吴太皇太后(十任帝高宗赵构妻)妹之子也,共请吴太皇太后垂帘听政,立太子嘉王赵扩,是为宁宗,尊父赵惇为太上皇,任赵汝愚为右丞相。韩侂胄意望节钺,而赵汝愚以皇族外戚不应言功,仅迁枢密都承旨,韩侂胄大怨,密谋倾陷。	花剌子模王国陷巴格达,塞尔柱帝国亡(1040——,立国一百五十五年)。黑衣大食(东阿拉伯帝国)哈利发仍继为宗教元首。

年份	干支	国号王朝及纪年	
1195	乙卯	宋庆元	元年
		金明昌	六年
		西夏天庆	二年
1196	丙辰	宋庆元	二年
		金明昌	七年
		承安	元年
		西夏天庆	三年
1197	丁巳	宋庆元	三年
		金承安	二年
		西夏天庆	四年
1198	戊午	宋庆元	四年
		金承安	三年
		西夏天庆	五年
1199	己未	宋庆元	五年
		金承安	四年
		西夏天庆	六年

国内	国外
宋右正言李沐奏:“赵汝愚以同姓为相,将不利于国家。”吴太皇太后命赵汝愚出任(福建)福州知州。监察御史胡纮复诬其谋反,再窜赵汝愚于(湖南)永州安置。　宋左正言刘德秀上疏请禁伪学:“邪正之辨,无过于伪与真,彼口言先王之言,而身为市人所不为。”道学与伪学自是合而为一。	东罗马帝国皇帝伊萨克二世荒淫,贵族废之,立其弟阿历克塞三世为帝。伊萨克二世之子奔意大利,为父结援谋复位。
宋禁伪学,免秘阁修撰朱熹官。	
宋置伪学党籍,计留正、朱熹等凡五十九人。	

十三世纪

〇〇年代，宋大举攻金，失败，斩丞相韩侂胄谢罪。

蒙古兴起，以摧枯拉朽之势，于二〇年代灭西夏，寻又灭金。

宋王朝不自量力，再一次横挑强邻，向蒙古占领地进攻。蒙古遂南征，于七〇年代最后一年灭宋。蒙古改称元王朝。

八〇年代，元政府大举攻日本，败还。

十三世纪
○○年代

年份	干支	国号王朝及纪年	
1200	庚午	宋庆元	六年
		金承安	五年
		西夏天庆	七年
1201	辛酉	宋嘉泰	元年
		金泰和	元年
		西夏天庆	八年
1202	壬戌	宋嘉泰	二年
		金泰和	二年
		西夏天庆	九年
1203	癸亥	宋嘉泰	三年
		金泰和	三年
		西夏天庆	十年

国内	国外
宋太上皇赵惇卒。　宋朱熹卒。　韩侂胄任太傅。	
(蒙古鸡儿年) 宋京都临安(浙江杭州)大火,焚民居五万三千余家。	
(蒙古狗儿年) 宋解伪学之禁。　宋韩侂胄任太师,苏师旦任枢密都承旨。　宋帝宁宗赵扩欲立皇后,韩侂胄劝立曹美人,赵扩不从而立杨美人,由是杨皇后怨韩侂胄。	第四次十字军起(——1204),教皇英诺森三世号召基督徒收复耶路撒冷,十字军齐集威尼斯,乘船待发。
(蒙古猪儿年)	威尼斯王国与塞尔柱地区贸易正密,不愿中东战乱,反图打击其商业竞争者东罗马帝国,会伊萨克二世之子许将帝国并入教皇之下,复以二十万银币犒军,十字军目标乃一变,乘威尼斯商船,径攻东罗马帝国,陷君士坦丁堡。阿历克塞三世出奔,伊萨克二世复位。

年份	干支	国号王朝及纪年	
1204	甲子	宋嘉泰	四年
		金泰和	四年
		西夏天庆	十一年
1205	乙丑	宋开禧	元年
		金泰和	五年
		西夏天庆	十二年
1206	丙寅	宋开禧	二年
		金泰和	六年
		西夏应天	元年
		蒙古太祖	元年

国内	国外
(蒙古鼠儿年) 宋太师韩侂胄谋攻金,浙东安抚使辛弃疾入朝,亦言金必乱亡,韩侂胄用兵之意益锐。创国用司,命右丞相陈自强兼国信使。封岳飞为鄂王,以励军心。	第四次十字军终(1202——,历时三年),十字军退出君士坦丁堡,革命再起,变民攻杀伊萨克二世,十字军再陷君士坦丁堡,屠城,血流有声,立十字军伯爵鲍尔温为帝。鲍尔温为拉丁人且操拉丁语,故史称此时之东罗马帝国为“拉丁帝国”(——1261)。
(蒙古牛儿年) 宋辛弃疾卒。	
宋大举攻金。京洛招抚使郭倪陷金泗州(江苏盱眙北),韩侂胄闻得泗州,即请宋帝宁宗赵扩下诏北伐。然军实不能战,郭倪续攻(安徽)宿州,大败。建康都统李爽攻寿州(安徽凤台),大败。京西北路招抚副使皇甫斌攻唐州(河南唐河),大败。江州都统王大节攻蔡州(河南汝南),又大败。金河南宣抚使仆散揆,率大军九道反攻,渡淮河,宋诸军齐溃,郭倪素以诸葛亮自许,初出兵时,谓军曹陈景俊曰:“木牛流马,则以烦公。”及军溃南奔,自度不能振,对客泣数行,人讥之为“带汁诸葛亮”。韩侂胄大恐,窜枢密都承旨苏师旦于韶州(广东韶关)以卸责,遣使赴金乞和,金兵始止。　宋四川宣抚副使吴曦,据兴元(陕西汉中)叛,降金,金封为蜀王。　西夏镇夷郡王李安全,废西夏帝桓宗李纯佑,自立为帝,是为襄宗。　蒙古酋长铁木真击乃蛮部落(蒙古西北部)灭之,遂于斡难河(鄂嫩河)称帝,称成吉思汗(即元太祖)。	

	年份	干支	国号王朝及纪年	
	1207	丁卯	宋开禧	三年
			金泰和	七年
			西夏应天	二年
			蒙古太祖	二年
	1208	戊辰	宋嘉定	元年
			金泰和	八年
			西夏应天	三年
			蒙古太祖	三年
	1209	己巳	宋嘉定	二年
			金大安	元年
			西夏应天	四年
			蒙古太祖	四年
十三世纪一〇年代	1210	庚午	宋嘉定	三年
			金大安	二年
			西夏皇建	元年
			蒙古太祖	五年
	1211	辛未	宋嘉定	四年
			金大安	三年
			西夏光定	元年
			蒙古太祖	六年

国内	国外
宋监兴州(陕西略阳)仓杨巨源,起兵袭吴曦,斩之于卧内。四川宣抚使安丙夺其功,诬杨巨源谋反,杀之,忠义之士,莫不流涕。　宋韩侂胄遣国信所参议官方信儒赴金议和,金左丞相完颜宗浩命以五事:一割两淮,二增岁币,三归金俘,四犒金军,五缚送首谋。韩侂胄怒,贬方信儒官,复欲再用兵,内外震惧。杨皇后既憾韩侂胄,命其兄杨次山图之,杨次山与礼部侍郎史弥远谋,伏兵太庙,俟韩侂胄入朝,擒至玉津园杀之。	
金宋合约成,世为伯侄之国,每岁由宋贡金银三十万两,绢三十万匹,犒军银三百万两。金以所侵宋地归宋。宋函韩侂胄、苏师旦首送金,金悬二人首及画像于燕京(北京)街市,令人民纵观。　宋政府任史弥远为右丞相。　金帝章宗完颜璟卒,叔完颜允济嗣位。	
成吉思汗铁木真攻畏吾儿(新疆东北部),畏吾儿亡。又攻西夏,西夏向金告急,金不敢救。西夏帝襄宗李安全大惧,献女察合公主李嵬名于铁木真为妃,求和。	
金帝完颜允济遣使持诏书至蒙古传言当受拜,蒙古成吉思汗铁木真唾之,乘马而去。完颜允济欲俟其入朝加害,铁木真遂与金绝。	
西夏帝襄宗李安全卒,侄神宗李遵顼嗣位。　蒙古攻金西京(山西大同),留守纥石烈胡沙虎(赫舍哩执中)弃城遁。	

年份	干支	国号王朝及纪年	
1212	壬申	宋嘉定	五年
		金崇庆	元年
		西夏光定	二年
		蒙古太祖	七年
1213	癸酉	宋嘉定	六年
		金崇庆	二年
		至宁	元年
		贞祐	元年
		西夏光定	三年
		蒙古太祖	八年
1214	甲戌	宋嘉定	七年
		金贞祐	二年
		西夏光定	四年
		蒙古太祖	九年

国内	国外
西辽帝耶律直鲁古出猎,其婿乃蛮部落酋长屈出律伏兵执之,而继其位,尊之为太上皇。	
六月,蒙古攻金宣德府(河北宣化),金兵大败,横尸三百里,又攻居庸关(北京昌平),陷之,遂南下。 八月,蒙古军日深入,而金右副元帅纥石烈胡沙虎唯务驰猎,不恤军事,金帝完颜允济责之,纥石烈胡沙虎怒,引兵入宫,囚完颜允济,寻杀之,立升王完颜珣为帝,是为宣宗。 十月,蒙古兵临金中都(北京)城下,金元帅右都监朮虎高琪出战,大败,纥石烈胡沙虎欲斩之,朮虎高琪引兵还城,杀纥石烈胡沙虎。 蒙古军深入金境,悉陷山东、河北州县。	两西西里国王腓特烈二世与教皇英诺森三世约,如当选为神圣罗马帝国皇帝,即放弃其在意大利及西西里之国土,并宣布教士不受国王拘束,英诺森三世助之。今年,腓特烈二世当选为帝,英诺森三世促其践约,腓特烈二世拒不履行。
蒙古军自去岁即屯中都(北京)北郊不去,三月,金帝宣宗完颜珣乞和,将前任帝完颜允济女岐国公主献蒙古成吉思汗铁木真为妃,并献金、绢、童男女各五百,马三千,乞和。蒙古始引军还,中都解严。金握兵者皆畏缩不敢战,恐坏和议。 五月,金完颜珣以国蹙兵弱,不能守中都,乃迁都南京(河南开封)。铁木真怒曰:“既和而迁,是有疑心,特用和议欺我耳。”遣兵再围中都。 七月,宋以金衰弱,止送岁币。	

年份	干支	国号王朝及纪年	
1215	乙亥	宋嘉定	八年
		金贞祐	三年
		西夏光定	五年
		蒙古太祖	十年
1216	丙子	宋嘉定	九年
		金贞祐	四年
		西夏光定	六年
		蒙古太祖	十一年
1217	丁丑	宋嘉定	十年
		金贞祐	五年
		兴定	元年
		西夏光定	七年
		蒙古太祖	十二年
1218	戊寅	宋嘉定	十一年
		金兴定	二年
		西夏光定	八年
		蒙古太祖	十三年

国内	国外
金中都(北京)被围久,左监军完颜永锡率军倍道往救,至(河北)涿州旋风寨,与蒙古军遇,大溃。中都留守右丞相完颜承晖自杀,蒙古遂入燕京。金疆域仅余侵宋所得华北地,故土及侵辽所得塞北地,全入蒙古。	英王约翰低能而暴虐,贵族教士联合,迫其签署公布《大宪章》,规定未经法庭审讯,不得逮捕监禁人民,是为英国有宪法之始。亦为人类有宪法之始。
蒙古军绕潼关深入金黄河以南地,不攻城堡,但以游骑抄掠,州县为之残破。	
金境民变纷起,山东潍州(山东潍坊)人李全起兵降宋(明年,宋任李全为京东路总管,号忠义军,驻楚州【江苏淮安】)。　金帝宣宗完颜珣以宋拒送岁币,命元帅右都监完颜赛不攻宋,渡淮河,围(湖北)枣阳。宋统制扈再兴、钤辖孟高政救枣阳,金军败还。　蒙古成吉思汗铁木真西征,以攻金事委太师木华黎,金得稍息。	
蒙古铁木真围西夏首都中兴府(宁夏银川),西夏帝神宗李遵顼命太子李德旺留守,已奔西凉(甘肃武威),乞和。蒙古太师木华黎陷金(山西)太原,尽取河东(山西)诸州县。　金遣使赴宋议和,宋闭境不令入,金帝宣宗完颜珣怒,遣太子完颜守绪、左副元帅仆散安贞攻宋。　蒙古西征途中,灭西辽,辽亡,立国三百零三年。	蒙古帝国商队赴花剌子模王国,花剌子模王穆罕默德三世杀之,蒙古遣使臣往索凶手,又杀使臣,蒙古可汗铁木真亲统军西攻。(蒙古第一次西征,——1225)。

	年份	干支	国号王朝及纪年	
	1219	己卯	宋嘉定 金兴定 西夏光定 蒙古太祖	十二年 三年 九年 十四年
十三世纪 二〇年代	1220	庚辰	宋嘉定 金兴定 西夏光定 蒙古太祖	十三年 四年 十年 十五年
	1221	辛巳	宋嘉定 金兴定 西夏光定 蒙古太祖	十四年 五年 十一年 十六年
	1222	壬午	宋嘉定 金兴定 元光 西夏光定 蒙古太祖	十五年 六年 元年 十二年 十七年
	1223	癸未	宋嘉定 金元光 西夏光定 乾定 蒙古太祖	十六年 二年 十三年 元年 十八年

国内	国外
金仆散安贞渡淮河,游骑至长江,宋大震,淮东提举刑狱贾涉,遣忠义军李全击之,金兵一败于涡口(安徽怀远东北),再败于化湖陂,乃退。自此无力侵宋。　金右丞相术虎高琪横暴,使奴杀其妻,又杀奴以灭口,金帝宣宗完颜珣斩之。	蒙古军团陷花剌子模王国首都撒马尔罕城,屠城,夷为废墟,穆罕默德三世逃入里海一小岛,寻病卒。
金遣使赴蒙古乞和,蒙古成吉思汗铁木真命割陕西地,并降封金帝宣宗完颜珣为河南王。完颜珣不从,蒙古太师木华黎遂陷(山东)济南,金黄河以北地悉为蒙古所有。	花剌子模国王穆罕默德三世子札兰丁守故都玉龙杰赤城(库尼亚乌尔根奇城),蒙古军团陷之,屠城,复引阿姆河灌之,顿成废墟。札兰丁南奔。
金近侍局(宦官机构)诬左副元帅仆散安贞谋反,杀之。金良将自是殆尽。	
宋命京东路总管李全为保宁军节度使兼京东路镇抚使,仍领忠义军。	
金帝宣宗完颜珣卒,子哀宗完颜守绪嗣位。　西夏帝神宗李遵顼传位于子献宗李德旺,自称太上皇。	蒙古军团不知穆罕默德三世已死,诸王哲伯、速不台,沿里海南岸穷追,逾太和岭(高加索山),深入俄罗斯境,基辅公国大公统诸国联军(史称“俄罗斯联军”)迎击,大败,乞降,蒙古受降后,悉屠之。

年份	干支	国号王朝及纪年	
1224	甲申	宋嘉定	十七年
		金正大	元年
		西夏乾定	二年
		蒙古太祖	十九年
1225	乙酉	宋宝庆	元年
		金正大	二年
		西夏乾定	三年
		蒙古太祖	二十年
1226	丙戌	宋宝庆	二年
		金正大	三年
		西夏乾定	四年
		宝义	元年
		蒙古太祖	二十一年

国内	国外
宋帝宁宗赵扩卒,右丞相史弥远素与皇子赵竑有隙,乃与杨皇后结,贬赵竑为济王,出居(浙江)湖州,立皇侄赵贵诚为帝,是为理宗。　西夏遣使与金议和,不再称臣,往返国书,各用本国年号。	蒙古可汗铁木真亲追花剌子模王子札兰丁,札兰丁弃哥疾城(阿富汗吉慈尼),渡印度河。蒙古军团亦渡印度河,札兰丁大溃,匹马逃入印度,花剌子模王国亡。铁木真将中亚及花剌子模王国故地封次子察合台,是为察合台汗国(四大汗国之一,——1369)。
宋(浙江)湖州民潘壬起兵,谋立济王赵竑,赵竑用州兵讨平之。史弥远以赵竑终为己患,诬以谋反,赵竑缢死。　宋淮东(江苏淮安)制置使许国昏暴,赴任时,李全方在山东青州,其妻杨妙真郊迎,许国不见,杨妙真惭归。许国痛抑忠义军,与正规军有争者无曲直是非,偏坐之。李全自青州还,许国受其拜而不为礼。及李全返青州,忠义军遂乱,屠许国全家,许国自缢死。李全返楚州(江苏淮安),斩数人定乱。	蒙古第一次西征终(1218——,历时八年),铁木真统军返国。
西夏帝献宗李德旺卒,弟末帝李晛嗣位。　宋李全再至山东青州,蒙古郡王带孙以大军围之,宋政府知其被围,不遣兵救,反命刘琸任淮东(江苏淮安)制置使,使乘机图忠义军。会李全兄李福自青州突围返楚州(江苏淮安),与杨妙真共起兵击刘琸,刘琸仅以身免,奔(江苏)扬州,正规军多败死。	

	年份	干支	国号王朝及纪年	
	1227	丁亥	宋宝庆	三年
			金正大	四年
			西夏宝义	二年
			蒙古太祖	二十一年
	1228	戊子	宋绍定	元年
			金正大	五年
			蒙古拖雷监国	元年
	1229	己丑	宋绍定	二年
			金正大	六年
			蒙古太宗	元年
十三世纪	1230	庚寅	宋绍定	三年
三〇年代			金正大	七年
			蒙古太宗	二年

国内	国外
宋李全被围经年,宋救不至,食牛马及人俱尽,乃以青州降蒙古。而李全部众在楚州(江苏淮安)诸将国安用、王义深等,以宋政府不再颁钱粮,追怨杨妙真、李福,起兵攻之,屠李全家,斩李福,杨妙真突围走。李全得报恸哭,率军返淮安。国安用、王义深杀同谋者以自赎。　蒙古攻西夏,尽陷其州县,西夏民穿土凿石,以避兵锋,而免者百无一二,白骨蔽野。末帝李晛力尽出降,蒙古杀之,西夏亡,立国一百九十六年。蒙古成吉思汗铁木真卒,库里尔泰(大会议)未能及时召开,少子拖雷监国。	
蒙古库里尔泰立铁木真三子窝阔台为帝,是为太宗,蒙古语称木亦坚可汗。蒙古攻金,围(甘肃)庆阳。	
宋帝理宗赵贵诚立谢氏为皇后。　金枢密副使移剌蒲阿率军救庆阳,遇蒙古军于大昌原(甘肃宁县西),先锋慈孝军提控完颜陈和尚以四百余骑破蒙古兵八千,庆阳围解。金与蒙古构兵二十年,仅有此捷,于是完颜陈和尚之名,闻震国中。 　李全由淮安起兵围(江苏)扬州。	

年份	干支	国号王朝及纪年	
1231	辛卯	宋绍定	四年
		金正大	八年
		蒙古太宗	三年
1232	壬辰	宋绍定	五年
		金正大	九年
		开兴	元年
		天兴	元年
		蒙古太宗	四年

国内	国外
宋节制镇江军马赵范守扬州,大败李全,李全奔新塘(安徽和县西南),马陷泥淖,为乱兵所杀。赵范复攻淮安,杀忠义军万余人,城中哭声震天。杨妙真谓众曰:“二十年梨花枪,天下无敌手,今大势已去,汝等未降者,以我在故耳。”绝淮而去,淮安遂降。杨妙真至山东,蒙古任为山东行省都元帅。　蒙古改订官制,立中书省,命耶律楚材为中书令。　蒙古皇弟拖雷遣使速不罕赴宋,求假道攻金,至沔州(陕西略阳),宋青野统制张宣杀之。拖雷大怒,遣军入宋大散关(陕西宝鸡西南),陷凤州(陕西凤县)、洋州(陕西洋县)沔州(陕西略阳)、兴元(陕西汉中),至西水(四川南部西北),大掠而还,宋民死数十万。蒙古前军遂抵(河南)邓州,金军大败,而以胜闻。	
正月,蒙古帝太宗窝阔台由河清县白坡(河南孟县)渡黄河,命大将速不台攻汴京(河南开封),金陕西行省完颜合达自邓州率步骑十五万赴援,蒙古军尾蹑,至三峰山(河南禹州),围合,金军一时俱溃,声如崩山,完颜陈和尚亦死,金精锐悉尽于此役,从此不能复振。　二月,金文乡行省(河南灵宝西)徒单元典援汴京,为蒙古邀击,中途即溃,潼关守将李平举关降蒙古。　三月,蒙古攻汴京六十日,金帝哀宗完颜守绪不能支,送侄曹王完颜讹可于蒙古营为质,献金帛乞和。时天气渐热,蒙古退屯郑州,汴京围解,大疫又起,只五十日,诸门出柩九十余万。　七月,蒙古遣使唐庆赴汴京,命完颜守绪亲至蒙古军营议和,言词不逊,金飞虎卒不胜愤,杀之,和议遂绝。　十二月,蒙古再围汴京。遣使王檝赴襄阳(湖北襄樊),与宋京湖制置使史嵩之议对金夹攻,许以灭金之后,以黄河以南地归宋。	

年份	干支	国号王朝及纪年	
1233	癸巳	宋绍定	六年
		金天兴	二年
		蒙古太宗	五年
1234	甲午	宋端平	元年
		金天兴	三年
		盛昌	元年
		蒙古太宗	六年

国内	国外
正月,金帝哀宗完颜守绪亲统军渡黄河而北,欲先取卫州(河南卫辉)得粮,再略地河朔。蒙古击之,金军溃,完颜守绪奔归德(河南商丘)。　二月,金汴京(河南开封)守将西面元帅崔立,执金后妃诸王,开始降蒙古。　三月,金元帅蒲察官奴于归德囚完颜守绪,杀大臣三百余人。　五月,完颜守绪伏兵斩蒲察官奴,奔蔡州(河南汝南)。　八月,蒙古都元帅塔察儿遣使王檝至襄阳,约宋共攻蔡州。　九月,蒙古军至蔡州城下,筑长垒围之。　十月,宋京湖(湖北襄樊)制置使史嵩之命京西兵马钤辖孟珙率军二万,运米三十万石,赴夹攻之约,塔察儿大喜,益修攻具,斧木之声,闻于蔡州城内。　宋太师史弥远卒。	
正月,蔡州食尽,又无外援,金帝哀宗完颜守绪集百官,传位于东面元帅完颜承麟。完颜承麟甫即位,宋军已陷南城,完颜守绪自缢死,奠未毕而城破,完颜承麟战死。金亡,立国一百二十年。 六月,宋淮东安抚副使赵范欲乘机恢复中原,建收复三京(东京汴京、西京洛阳、南京商丘)之议,朝臣均以为不可叛盟,独右丞相郑清之力主之,宋帝理宗赵贵诚遂下诏进军。庐州(安徽合肥)知州全子才、淮东提举刑狱赵葵攻汴京,汴京蒙古都尉李伯渊杀崔立,降宋。　七月,宋淮西制置司机宜文字(官名)徐敏子攻洛阳,取之。　八月,蒙古反攻,连陷汴京、洛阳。全子才、赵葵、徐敏子诸军悉溃奔还。　十二月,蒙古遣使王檝赴宋责叛盟,自是宋无宁日。	

	年份	干支	国号王朝及纪年	
	1235	乙未	宋端平	二年
			蒙古太宗	七年
	1236	丙申	宋端平	三年
			蒙古太宗	八年
	1237	丁酉	宋嘉熙	元年
			蒙古太宗	九年
	1238	戊戌	宋嘉熙	二年
			蒙古太宗	十年
	1239	己亥	宋嘉熙	三年
			蒙古太宗	十一年
十三世纪	1240	庚子	宋嘉熙	三年
四〇年代			蒙古太宗	十二年

国内	国外
蒙古分三路攻宋,西路皇子阔出、大将塔海攻蜀。中路大将特木触、张柔攻襄阳。东路大将口温不花、察罕攻长江下游。宋北境全线争战。　蒙古西军入大散关,再陷宋沔州(陕西略阳)。	
蒙古西路军入蜀,陷成都而还。中路军逼襄阳,襄阳汴京降将李伯渊逐宋淮西制置使赵范,举城降蒙古。襄阳自岳飞收复以来一百三十年,生聚繁庶,甲于西陲,自是焚掠一空。　宋帝理宗赵贵诚追悔叛盟,下诏罪己。	蒙古帝国诸王拔都统军自中亚细亚进入欧洲,抵窝瓦河畔(蒙古第二次西征,——1242)。
蒙古东路军口温不花攻宋(湖北)黄州、安丰(安徽寿县),均不能克,引还。	蒙古军团陷莫斯科城,米尔公国大公尤里二世率残军退守俄罗斯北部兀拉的迷儿城。
蒙古东路军察罕攻庐州(安徽合肥),宋淮西制置使杜杲拒之,蒙古不能进,撤退。	蒙古军团陷兀拉的迷儿城,屠城,尤里二世战死。
宋荆湖制置使孟珙自岳州(湖南岳阳)北攻,连克襄阳、樊城,蒙古军北走。蒙古西路军塔海再攻蜀,陷(四川)成都、(四川)重庆,大掠而还。	蒙古军团陷北高加索。
	蒙古军团陷基辅城,夷为平地,基辅公国亡(882——)。俄罗斯全境悉入蒙古帝国版图。

年份	干支	国号王朝及纪年
1241	辛丑	宋淳祐 元年 蒙古太宗 十三年
1242	壬寅	宋淳祐 二年 蒙古乃马真皇后 元年

国内	国外
蒙古帝太宗窝阔台卒,库里尔泰未能及时召开,乃马真皇后临朝。 蒙古攻宋西路军塔海部将汪世显复入蜀,围成都,宋守将田世显开城降。 蒙古遣使月里思麻赴宋议和,宋淮河守将胁之命降,月里思麻不允,乃并其从者七十人囚之于(湖南)长沙飞虎寨。	蒙古军团由俄罗斯西进,至西里西亚王国列格尼兹城(德国波兰交界),波兰王国及日耳曼诸王国联军迎战,全军覆没,西里西亚国王战死,欧洲大震,称为“黄祸”。蒙古军团遂渡多瑙河追击匈牙利国王别拉,直抵地中海之亚得里亚海岸。另路军团则攻至维也纳近郊哥罗特牛堡。 日耳曼北部诸城邦,为御海盗,并发展商业,以律伯克、汉堡为首,组汉撒同盟,陆续参加者七十余城邦,历时四百余年(——1648)。
蒙古攻宋东路军陷通州(江苏南通),屠城。西路军陷叙州(四川宜宾)。中路军陷(安徽)滁州、和州(安徽和县)。	蒙古第二次西征毕(1236——,历时七年),蒙古可汗窝阔台于去年卒,讯至,始还。至窝瓦河下游,筑萨莱城,建钦察汗国。西洋史亦称“金帐汗国”(四大汗国之二,——1480)。

	年份	干支	国号王朝及纪年	
	1243	癸卯	宋淳祐	三年
			蒙古乃马真皇后	二年
	1244	甲辰	宋淳祐	四年
			蒙古乃马真皇后	三年
	1245	乙巳	宋淳祐	五年
			蒙古乃马真皇后	四年
	1246	丙午	宋淳祐	六年
			蒙古定宗	元年
	1247	丁未	宋淳祐	七年
			蒙古定宗	二年
	1248	戊申	宋淳祐	八年
			蒙古定宗	三年
	1249	己酉	宋淳祐	九年
			蒙古海迷失皇后	元年
十三世纪	1250	庚戌	宋淳祐	十年
五〇年代			蒙古海迷失皇后	二年
	1251	辛亥	宋淳祐	十一年
			蒙古宪宗	元年

国内	国外
蒙古攻宋中路军张柔于(河南)襄城屯田。西路军陷资州(四川资中)。 宋四川制置使余玠于钓鱼山(四川合川东)筑城,迁合州州政府于此。	
蒙古攻宋东路军察罕攻(江苏)扬州,大掠。	
蒙古库里尔泰(大会议)立二任帝太宗窝阔台长子贵由为帝,是为定宗。 宋政府任贾贵妃弟贾似道为京湖制置使兼(湖北)江陵知府。	
蒙古帝定宗贵由卒,库里尔泰(大会议)未能及时召开,海迷失皇后抱二任帝太宗窝阔台孙失烈门临朝,诸王大臣不服。	
宋任枢密使赵葵为右丞相兼枢密使。	
宋诸大臣以赵葵非科举出身,挤之,言“宰相须用读书人”。遂免赵葵官,改授观文殿大学士。	埃及阿尤布王朝(1171——)终,马木路克王国兴起,又称奴隶王朝(——1517)。
蒙古库里尔泰(大会议)立一任帝太祖铁木真孙蒙哥为帝,是为宪宗。	

年份	干支	国号王朝及纪年	
1252	壬子	宋淳祐	十二年
		蒙古宪宗	二年
1253	癸丑	宋宝祐	元年
		蒙古宪宗	三年
1254	甲寅	宋宝祐	二年
		蒙古宪宗	四年
1255	乙卯	宋宝祐	三年
		蒙古宪宗	五年
1256	丙辰	宋宝祐	四年
		蒙古宪宗	六年
1257	丁巳	宋宝祐	五年
		蒙古宪宗	七年

国内	国外
蒙古帝宪宗蒙哥迁乃马真皇后于阔端之地,杀海迷失皇后及失烈门之母,囚失烈门于没脱赤之地。	蒙古帝国故可汗窝阔台孙海都,于金山(阿尔泰山)南北(今中国新疆境)建窝阔台汗国,亦称"悉毕儿汗国"(四大汗国之三,——1308)。蒙古帝国可汗蒙哥之弟旭烈兀,统军由首都和林(蒙古哈尔和林)出发,远征西亚洲(蒙古第三次西征,——1259)。
蒙古皇弟忽必烈攻云南,陷大理城,大理王段智兴出奔(明年,追擒之,大理亡)。	
蒙古攻宋西路军大将汪德臣筑利州(四川广元)、阆州(四川阆中)诸城,且耕且守。 宋四川制置使余晦诬阆州知州王惟中谋反,逮下临安大理寺狱,斩于街市,血上流而色不变。	神圣罗马帝国皇帝腓特烈二世卒,霍亨斯陶荼王朝绝。神圣罗马帝国凡二十年(——1273)无皇帝,史称"大空位时代"。
宋右司谏丁大全、右正言陈大方、侍御史胡大昌,皆夤缘阎贵妃或宦官得官,时人目为"三不吠犬"。	
宋任贾似道为参知政事。今年,文天祥进士及第。 宋丁大全上疏劾右丞相董槐,诏书未下,丁大全即遣兵围董槐宅,劫之至大理寺,一哄而散。及诏书下,果免董槐相,群情震骇。	
蒙古大元帅兀良哈台遣使赴安南(越南),安南囚之,兀良哈台遂攻安南,安南王陈日照逃入海岛(明年,陈日照奉表降蒙古)。	

年份	干支	国号王朝及纪年	
1258	戊午	宋宝祐 蒙古宪宗	六年 八年
1259	己未	宋开庆 蒙古宪宗	元年 九年

国内	国外
蒙古大举攻宋,三路进兵,西路蒙古帝宪宗蒙哥亲攻四川。中路皇弟忽必烈攻鄂州(湖北武汉)。南路兀良哈台由安南攻长沙。 宋丁大全任右丞相,贾似道任枢密使、两淮制置使。	蒙古军团陷巴格达,屠城。黑衣大食(东阿拉伯帝国)哈利发木斯他钦被杀,国亡(630——,立国六百二十九年)。旭烈兀于里海南岸筑玛拉加城,建伊儿汗国(四大汗国之四,——1386)。
正月,宋贾似道任京西湖南北四川宣抚大使。二月,蒙古西路军围合州(四川合川),军中大疫。 七月,蒙古帝宪宗蒙哥卒于合州城下,大军北还,合州围解。 九月,蒙古中路军渡长江,围鄂州(湖北武汉)。 十月,宋贾似道任丞相,出屯汉阳(武汉汉水南岸)以救鄂州,寻又移屯(湖北)黄州,蒙古攻鄂州益急,城频陷者数回,贾似道忧惧不知所为。 十一月,贾似道遣使宋京赴蒙古营乞和,请称臣,划长江为界,每岁贡银二十万两,绢二十万匹。忽必烈以蒙哥可汗卒,库里尔泰(大会议)将立其弟阿里不哥为帝,急于北返,乃许和,然仍屯兵鄂州城下,以候兀良哈台。 是月,蒙古南路军兀良哈台北上,势如破竹,直抵(湖南)长沙,围之,忽必烈遣使召还。	蒙古第三次西征终(1252——,历时八年),蒙古军团攻耶路撒冷,至亚克,埃及马木路克军团御之,蒙古军团不能进,会可汗蒙哥卒,乃还师。

	年份	干支	国号王朝及纪年	
十三世纪 六〇年代	1260	庚申	宋景定 蒙古中统	元年 元年
	1261	辛酉	宋景定 蒙古中统	二年 二年

国内	国外
二月,蒙古兀良哈台至鄂州(湖南武汉),与忽必烈会军北还。宋贾似道杀其殿后散卒,匿议和称臣岁币之事,上奏言诸道大捷。　四月,蒙古忽必烈至开平(内蒙正蓝旗),称帝,是为世祖。因未经库里尔泰(大会议),皇弟阿里不哥不服,亦于和林(蒙古哈尔和林)称帝。库里尔泰之制自此废。　宋帝理宗赵贵诚以贾似道有再造国家之功,召还朝,命百官郊迎,进位少师,寻再进位太子太师。贾似道命其客廖莹中撰《福华篇》,颂贾似道鄂州退敌之功,举国皆不知所谓和议。 十月,忽必烈遣翰林侍读学士郝经为国信使,赴宋通和,且索贾似道所许岁币,贾似道恐事泄,囚郝经于真州(江苏仪征)忠勇营。	
宋太子太师右丞相贾似道憾宁江承宣使高达,及都统制曹世雄尝轻己,诬二人有罪,免官废弃。潼川(四川三台)安抚副使兼(四川)泸州知州刘整,亦与贾似道有隙,贾似道欲杀之。以清理边费为名,命四川制置使俞兴就刘整钱粮案下吏侦办,刘整讼于朝,不能达,大惧,遂举所属十五县降蒙古,自此蒙古尽得宋腐败国情,决意一击灭宋,而贾似道不以为意。　贾似道憾湖南制置副使向士璧尝轻己,下狱死,复捕其妻妾,追缴边费。宁远节度使王坚,守合州(四川合川)有功,贾似道忌其英名,出为和州(安徽和县)知州。江东西宣抚使赵葵、沿江制置副使史岩之、两淮制置使杜庶,皆坐侵盗掩匿边费免官。宋之良将铲除殆尽。　蒙古帝世祖忽必烈攻阿里不哥,阿里不哥大败,逃入沙漠,忽必烈取和林(蒙古哈尔和林)。	蒙古钦察汗国所属苏兹德尔公国(莫斯科公国分支)莫斯科城独立,建莫斯科公国。 东罗马帝国故帝亚力苏斯三世后裔佩略罗加斯,起兵陷君士坦丁堡,拉丁帝国亡(1204——),佩略罗加斯即位,希腊人重掌东罗马帝国政权。

年份	干支	国号王朝及纪年	
1262	壬戌	宋景定	三年
		蒙古中统	三年
1263	癸亥	宋景定	四年
		蒙古中统	四年
1264	甲子	宋景定	五年
		蒙古中统	五年
		至元	元年
1265	乙丑	宋咸淳	元年
		蒙古至元	二年
1266	丙寅	宋咸淳	二年
		蒙古至元	三年
1267	丁卯	宋咸淳	三年
		蒙古至元	四年
1268	戊辰	宋咸淳	四年
		蒙古至元	五年

国内	国外
蒙古江淮大都督李璮据(江苏)涟水叛,降宋,连陷益都(山东青州)、(山东)济南。蒙古中书右丞相史天泽攻之,济南城破,李璮投水死。	
宋临安府学生叶李、萧规,上书斥贾似道专权误国,贾似道大怒,黥二人面,窜叶李(福建)漳州、萧规汀州(福建长汀)。　蒙古皇弟阿里不哥由沙漠归降,蒙古帝世祖忽必烈尽杀其谋臣。蒙古自和林迁都燕京(北京),称中都。宋帝理宗赵贵诚卒,侄度宗赵孟启嗣位。	
宋帝度宗赵孟启加贾似道太师,封魏国公,称之为"师臣"。	英王亨利三世屡违《大宪章》,勒斯特伯爵蒙福尔拘亨利三世,囚之,召集教士、贵族、武士、平民代表,成立议会,世称"国会"。世界各国有国会,自此始。
蒙古设国用司,任回鹘人阿合玛为国用使,专以横征暴敛为事。　蒙古遣宋使臣月里思麻,死于宋狱(1241——)。	
蒙古征南都元帅阿术、都元帅刘整,逼宋襄阳(湖北襄樊)。	

	年份	干支	国号王朝及纪年
	1269	己巳	宋咸淳 五年 蒙古至元 六年
十三世纪 七〇年代	1270	庚午	宋咸淳 六年 蒙古至元 七年
	1271	辛未	宋咸淳 七年 元至元 八年
	1272	壬申	宋咸淳 八年 元至元 九年
	1273	癸酉	宋咸淳 九年 元至元 十年

国内	国外
蒙古枢密副使史天泽增兵围襄阳(湖北襄樊),阿术复围樊城,昼夜猛攻。宋京西安抚副使襄阳知府吕文焕守襄阳,荆湖都统制范天顺守樊城,拒战不屈。京湖都统制张世杰救樊城,战于赤滩圃,兵败。沿江制置使夏贵救襄阳,与阿术战于新城,兵又败。殿前副指挥使范文虎率禁军援夏贵,至灌子滩(襄樊南),兵复败,范文虎轻舟逃免。蒙古分别筑白河城以逼襄阳、鹿门城以逼樊城。	
宋荆湖制置使李庭芝,与范文虎再救襄阳,李庭芝屡约范文虎进兵,范文虎但与妓妾欢宴,辞以未奉朝命,二军俱不得发。　宋帝度宗赵孟启问贾似道以襄阳之围,贾似道曰:“蒙古兵已退,何有此言。”赵孟启曰:“适有女嫔言之。”贾似道求得女嫔姓名,诬以他罪杀之,由是无敢再言边事者。	
蒙古改国号为元。　宋范文虎统十万众,水陆并进救襄阳,至鹿门山(湖北襄樊东南),元阿术稍击之,范文虎即奔,弃战船甲杖无算。	
元阿术陷樊城外廓,宋范天顺退守内城。　宋李庭芝遣统制张顺、张贵救襄阳,兵败俱死。　元改首都中都(北京)为大都。	
元陷樊城,宋范天顺战死。　襄阳被围五年,久困援绝,救兵无一至城下者,吕文焕每一巡城,均南望痛哭而后下,屡告急于朝,太师贾似道累上书请亲赴援,而阴使台谏上章留己。及樊城陷,元用炮,一炮即毁襄阳城楼,吕文焕不能再支,乃出降。	神圣罗马帝国选出奥地利大公路德福为帝。路德福祖先曾封哈布斯堡伯爵,故称“哈布斯堡王朝”(——1918)。

年份	干支	国号王朝及纪年
1274	甲戌	宋咸淳 十年 元至元 十一年
1275	乙亥	宋德祐 元年 元至元 十二年

国内	国外
宋帝度宗赵禥启卒,子孝恭帝赵㬎嗣位,年四岁,谢太皇太后临朝。　元帝世祖忽必烈大举攻宋,下诏责宋背盟及拘禁郝经之罪,命左丞相伯颜总诸道兵,径攻鄂州(湖北武汉)。伯颜军长驱直入,渡长江,鄂州降,顺长江东下。宋政府震恐,学生及群臣上疏,以为非"师相"贾似道亲出不可,贾似道不得已,设都督府于临安,任孙虎臣为诸军总统。	
正月,元军至(安徽)安庆,宋安庆知军范文虎迎降。　二月,宋贾似道军至(安徽)芜湖,重施1259年鄂州故技,遣使赴元营乞和,称臣纳岁币。伯颜曰:"宋人无信。"不许。挥军纵击,宋军大溃,贾似道奔(江苏)扬州,急备厚礼遣郝经(1260——)归。　三月,宋政府诏谕降元诸将吕文焕、范文虎,使向元乞和。伯颜许之,遣使廉希贤赴宋议和,至独松关(浙江安吉南),宋浙西安抚司参议官张濡斩其副使,廉希贤重伤亦死。 四月,宋(江西)赣州知州文天祥起兵勤王。宋再遣使乞和,伯颜再遣使张羽赴宋,至平江(江苏苏州)驿亭,又被杀。伯颜大怒,兵遂不可止,各道齐进,连陷(湖北)江陵、岳州(湖南岳阳)等二十余州。　七月,宋京湖都统制张世杰于焦山(江苏镇江东)攻元兵,大溃。　九月,宋窜贾似道于循州(广东龙川),会稽县尉郑虎臣押送,在道备予凌辱,至(福建)漳州木绵庵,于厕上拉其胸杀之。　十二月,宋右丞相陈宜中再遣使柳岳赴元营乞和,伯颜不许。复遣宗正少卿陆秀夫往,伯颜仍不许。	

年份	干支	国号王朝及纪年
1276	丙子	宋德祐 二年 景炎 元年 元至元 十三年
1277	丁丑	宋景炎 二年 元至元 十四年

国内	国外
正月,元军进至临安城下,宋谢太皇太后奉传国玺,上表乞降,伯颜命遣宰相面议降事,宋右丞相陈宜中不敢赴,弃职夜遁。谢太皇太后命文天祥任右丞相往议,伯颜留之不遣。　二月,宋淮西制置使夏贵降元。　三月,伯颜入临安,留兵续攻宋未降诸州,自引大军北还,挟宋孝恭帝赵显,生母全太后,俱北行,谢太皇太后因病暂留。四月,文天祥由元营逃归。　五月,宋益王赵昰于福州称帝,是为端宗,年九岁,生母杨太后临朝,陈宜中、文天祥先后至,任左右丞相。陈宜中本贾似道党,故态仍旧,排斥诸将,文天祥不能堪,乃降为枢密使,赴外募兵。　七月,宋淮东制置副使朱焕据(江苏)扬州降元,杀制置使李庭芝。　十一月,元兵攻宋福州,宋帝端宗赵昰泛海奔(福建)泉州,泉州指挥使蒲寿庚叛,赵昰再奔(广东)潮州。	意大利半岛威尼斯城人马可波罗抵中国(——1292)。
正月,元军陷宋循州(广东龙川)、(广东)梅州。　八月,宋枢密使文天祥围(江西)赣州,元江西行省参政李恒救赣州,文大祥兵溃。　十月,元陷宋兴化(福建莆田),屠城,血流有声。　十一月,元陷宋(福建)漳州。宋枢密副使张世杰奉宋帝端宗赵昰奔秀山(广东东莞虎门镇)。左丞相陈宜中弃职再逃,奔占城(越南平定),自是屡召之不再返。　十二月,宋帝端宗赵昰复奔井澳(澳门外海中),飓风大作,舟破人溺,赵昰惊悸成疾。元兵尾追,赵昰更奔谢女峡(井澳南海中)。	窝阔台汗国一任汗海都,与察合台汗国十任汗笃哇,联兵拒大可汗(元帝)忽必烈,战争持续二十六年(——1303)。

年份	干支	国号王朝及纪年
1278	戊寅	宋景炎 三年 祥兴 元年 元至元 十五年
1279	己卯	宋祥兴 二年 元至元 十六年

国内	国外
正月,元陷(四川)重庆。　二月,元陷(广东)潮州,屠城。　四月,宋帝端宗赵昰卒于硇洲(广东湛江东南海中),群臣多欲散去,左丞相陆秀夫曰:“赵孟启仍有一子,将焉置之,古人有以一旅成中兴者,天若未绝,岂不可为。”乃立赵昰弟卫王赵昺,年八岁,杨太后仍临朝。封张世杰越国公,文天祥信国公,加少保。文天祥请入朝,优诏不许,文天祥致书陆秀夫曰:“诏令皆出诸公公,岂得以游词相拒。”　五月,枢密使张世杰奉赵昺进驻(广东)新会县南八十里之厓山,孤悬海中,时官民兵卒尚有二十万。　六月,元江东宣慰使张弘范任汉军都元帅,分水陆二路攻厓山。　十一月,文天祥屯兵(广东)潮阳,元兵骤至,文天祥走(广东)海丰,至五坡岭,元军追至,被俘。	
元张弘范攻厓山,张世杰军溃。陆秀夫谓宋帝赵昺曰:“国事至此,陛下当为国死,赵显皇帝辱已甚,陛下不可再辱。”负之投海死。张世杰率十六舟夺海出,遇杨太后,欲奉之再求赵氏后立之,杨太后闻赵昺死,抚胸恸曰:“我忍死间关至此者,为赵氏一块肉耳,今无望矣。”亦投海死。张世杰谋入广州,飓风大作,焚香祝曰:“今若此,岂天意耶。”风涛愈急,张世杰堕海死,宋亡,立国三百二十年。	

十三世纪
八〇年代

年份	干支	国号王朝及纪年	
1280	庚辰	元至元	十七年
1281	辛巳	元至元	十八年
1282	壬午	元至元	十九年

国内	国外
元政府将攻日本,特置日本行省(官署),任阿剌罕为右丞相,范文虎为右丞,李庭为参知政事,张禧为平章政事。招讨使都实探求黄河何地发源,循流而上,历时四月始得,有泉百余,清澈不可逼视,登山下望,灿若明星,因命名为"火敦脑儿",华语译"星宿海"。	
元政府大举攻日本,阿剌罕卒于军,中书左丞阿塔海代之。阿塔海尚未至,范文虎已进泊日本平壶岛(日本长崎县北),忽遇台风,战舰皆覆,范文虎等诸将大惧,乘坚舟逃去,弃士卒十余万于五龙山下,众乏食无主,相推张百户为帅,伐木作船为归计。日本侦知之,大军来攻,元军死六七万,余众二三万悉被掳至八角岛。尽屠蒙古人、高丽人、汉人(淮河以北故金属民),而留唐人(淮河以南故宋属民)为奴。十万之众,逃归者仅败卒三人。	
元杀故宋信国公文天祥。　益都(山东青州)千户王著,以中书左丞相阿合玛贪敛害民,使人伪为皇太子(真金),俟阿合玛出见,用铜锤击杀之。元帝世祖忽必烈命斩王著及其党。寻尽得阿合玛罪恶,大怒曰:"王著杀之是也。"屠阿合玛子侄,籍没其家。　占城国(越南平定)屡囚元使臣,元占城行省(官署)右丞唆都,率战舰千艘,由广州泛海攻之。	

年份	干支	国号王朝及纪年
1283	癸未	元至元 二十年
1284	甲申	元至元 二十一年
1285	乙酉	元至元 二十二年
1286	丙戌	元至元 二十三年
1287	丁亥	元至元 二十四年

国内	国外
唆都陷占城京都,占城王子补的退入山谷,断元军归路,元军死战,始得引还。　元又攻缅甸,诸王相答吾尔统军分道而进,陷江头城(缅甸杰沙城),遣使招降,缅甸王拒之,元军再陷其京师太公城(杰沙城南八十公里),缅甸王出奔,仍不降。 元政府设万户府,任忙哥岱为达鲁花赤(总管),朱清为中万户、张瑞为千户,专事海运。	
缅甸反攻,元诸王相答吾尔军败,元帝世祖忽必烈发云南军赴援。　元欲再攻占城,向安南(越南河内)假道,安南王陈日烜拒之,于是改攻安南,任皇子镇南王脱欢为帅,左丞李恒,右丞唆都为副,分六道进兵。	
元陷安南首都,安南王弟陈益稷降元,然值盛暑霖雨,元军中大疫,引还。安南追击,元军大溃,李恒、唆都皆战死。　诛暴敛吏中书右丞卢世荣。	
元封陈益稷为安南王。　元政府另置尚书省,将中书省权移之。	
元再攻安南,镇南王脱欢任元帅,率安南行省(官署)右丞相奥鲁赤、平章政事乌马儿、参知政事樊楫,渡富良江,陷其京师,安南王陈日烜奔敢喃堡。　诸王乃颜据(辽宁)辽阳叛,窝阔台汗国一任汗海都于金山(阿尔泰山)遥应之。世祖忽必烈亲击乃颜,擒斩。然对海都不敢用兵。	

	年份	干支	国号王朝及纪年
	1288	戊子	元至元 二十五年
	1289	己丑	元至元 二十六年
十三世纪 九〇年代	1290	庚寅	元至元 二十七年
	1291	辛卯	元至元 二十八年
	1292	壬辰	元至元 二十九年
	1293	癸巳	元至元 三十年
	1294	甲午	元至元 三十一年

国内	国外
元攻安南军陷敢喃堡,陈日烜遁入海,元军乃还。陈日烜收散卒三十万据东关,断元归路,元军且战且行,大败,奥鲁赤、樊楫,俱战死,脱欢间道奔还。忽必烈极怒,命脱欢终身不得入见。寻陈日烜遣使赴元,献金人代己罪。 尚书右丞相桑哥于尚书省门前为己立德政碑。	
窝阔台汗国一任汗海都东攻,陷和林(蒙古哈尔和林),宣慰使怯伯叛应之,北方大震。 缅甸久为元军所困,不能支,上表向元帝称臣,降为属国。	
尚书右丞相桑哥奸慝事败,下狱斩,仆其德政碑,废尚书省,并入中书省。	
福建、河南行省(官署)上书,请诏书用华语。 爪哇囚元使臣,黥面放归。元政府命泉府太卿亦黑迷失、(河南)邓州万户史弼、福建行省右丞高兴,并为福建行省(官署)平章政事,统军二万,战舰五百艘,泛海击爪哇。	马可波罗离中国西返(1276——)(1295 年始抵威尼斯)。
爪哇王与邻国葛郎构兵,被杀,爪哇王婿土罕必阇耶退保麻喏巴歇,闻元军至,奉地图迎降,共击葛郎,擒葛郎王。史弼遣使送土罕必阇耶还国,土罕必阇耶中途杀元使,发兵反攻,元军大败,且退且战,行三百里始得登舟还(福建)泉州,士卒死三千余人。	
元帝世祖忽必烈卒,孙成宗铁木儿嗣位。	

年份	干支	国号王朝及纪年
1295	乙未	元元贞 元年
1296	丙申	元元贞 二年
1297	丁酉	元元贞 三年 大德 元年
1298	戊戌	元大德 二年
1299	己亥	元大德 三年

国内	国外
	英王爱德华一世召集“模范国会”,议会政治渐入正轨。
	英王爱德华一世侵入苏格兰,并入版图(——1314),自兼苏格兰国王。
元皇兄甘麻拉之子海山出镇漠北。	小亚细亚土耳其部落一酋长奥斯曼崛起,称土耳其王,欧洲讹传为奥托曼,因称之为“奥托曼土耳其帝国”,亦称“土耳其帝国奥托曼王朝”(——1920)。

十四世纪

元王朝政权，一味战争、贪污、搜括。勉强支持到七〇年代，汉人纷起抗暴。和尚出身的朱元璋削平群雄，推翻元朝统治，建立明王朝。

朱元璋猜忌狂暴，见识肤浅。废除宰相，采用廷杖，以屠杀为乐。中国人又堕入另一厄运。

本世纪九〇年代末，“靖难”军兴，内战又起。

十四世纪
○○年代

年份	干支	国号王朝及纪年
1300	庚子	元大德 四年
1301	辛丑	元大德 五年
1302	壬寅	元大德 六年
1303	癸卯	元大德 七年

国内	国外
云南行省(官署)左丞刘深,请攻八百媳妇(泰国清迈),元帝成宗铁木儿许之。	
窝阔台汗国一任汗海都卒,子二任汗察八儿嗣位。　刘深击八百媳妇,征调苛暴,贵州(贵阳)土官宋隆济、水西(贵州黔西)土官妻蛇节,先后起兵叛,围刘深于穷谷中,梁王松山遣兵救出之。	英王爱德华一世侵入威尔斯,并入版图,封太子为威尔斯亲王,自是英国太子皆称威尔斯亲王(次子依旧例称约克公爵)。
宋隆济攻贵州(贵阳),刘深军粮道断,引兵退还,追兵伏击,士卒死亡略尽。元帝成宗铁木儿无奈,罢征八百媳妇。　海运万户宋清、张瑄,富甲天下,江南僧石祖进诬以十罪,免二人官,寻斩之。	法王腓力四世欲使境内教士纳税,并受国法拘束。教皇卜尼法斯八世颁《至一至圣诏》,命天下君王人民必须服从教皇,声言将逐腓力四世出教会。腓力四世乃于是年召集"三级会议",出席教士、贵族、平民代表,咸拥护国王,反抗教皇。
湖广行省(官署)平章刘国杰击蛇节、宋隆济。蛇节屡败出降,被杀。宋隆济遁走。刘深丧师辱国,斩于市。	教皇卜尼法斯八世于其故乡阿纳尼,正欲下令逐法王腓力四世出教会,腓力四世遣军掳之,一二日后始释返罗马城,而罗马城阿西尼贵族又囚之,死于囚室。 察合台汗国十任汗笃哇,遣使入朝,与元政府复通(1277——)。

	年份	干支	国号王朝及纪年	
	1304	甲辰	元大德	八年
	1305	乙巳	元大德	九年
	1306	丙午	元大德	十年
	1307	丁未	元大德	十一年
	1308	戊申	元至大	元年
	1309	己酉	元至大	二年
十四世纪一〇年代	1310	庚戌	元至大	三年
	1311	辛亥	元至大	四年
	1312	壬子	元皇庆	元年

国内	国外
元帝成宗铁木儿封皇侄海山为怀宁王。	
大都(北京)建天寿万宁寺,塑“欢喜佛”,其状淫亵,伯牙吾皇后见之,以帕遮面,命拆除。　元帝成宗铁木儿有疾,伯牙吾皇后遣海山弟爱育黎拔力八达与其母出居怀州(河南沁阳)。	法国人克勒门五世当选新教皇,自罗马城迁阿维农,历时凡七十三年(——1377),世称“阿维农之囚”。
元帝成宗铁木儿卒,伯牙吾皇后与左丞相阿忽台,谋立安西王阿答难。右丞相哈剌哈孙密遣使赴怀州迎爱育黎拔力八达至,囚伯牙吾皇后及阿答难,送上都(内蒙正蓝旗)。海山寻由漠北返至上都,杀伯牙吾皇后及阿答难。海山即位,是为武宗。	
番僧横暴日甚,元帝武宗海山下诏:“殴番僧者断其手,詈番僧者截其舌。”	窝阔台汗国二任汗察八儿击钦察汗国十三任汗怯伯,大败,国土悉入钦察汗国,窝阔台汗国亡(1252——,立国五十七年)。
八百媳妇攻元朝边境,元云南行省(官署)右丞相算只儿威击之,受贿而还,八百媳妇攻边如故。	
山东河南连年大旱大水,十室九空。　元帝武宗海山诬武卫新军都指挥使郑阿儿思兰谋反,下狱,十七人皆斩。	
元帝武宗海山卒,弟仁宗爱育黎拔力八达嗣位。	

	年份	干支	国号王朝及纪年
	1313	癸丑	元皇庆 二年
	1314	甲寅	元延祐 元年
	1315	乙卯	元延祐 二年
	1316	丙辰	元延祐 三年
	1317	丁巳	元延祐 四年
	1318	戊午	元延祐 五年
	1319	己未	元延祐 六年
十四世纪 二〇年代	1320	庚申	元延祐 七年

国内	国外
元帝仁宗爱育黎拔力八达生母弘吉剌太后专权,其宠幸恶中书平章政事张珪持正,会爱育黎拔力八达赴居庸关(北京昌平),弘吉剌太后召张珪至宫门,责其违抗懿旨,杖之几死,免官家居。	
	苏格兰革命起,威廉瓦雷斯攻英国,决战于班诺克本,英军大败,苏格兰复国(1296——)。
元帝帝位应由九任帝武宗海山子和世㻋嗣,右丞相铁木迭儿固位取宠,请立皇子硕德八剌为太子。仁宗爱育黎拔力八达遂封和世㻋为周王,出镇云南(昆明)。	
太史令郭守敬卒。　周王和世㻋至(陕西)延安,西奔金山(阿尔泰山),西北诸王咸率部附之。	
弘吉剌太后幸臣右丞相铁木迭儿贪虐日甚,内外切齿,免官。　蒙古诸部贫乏,往往卖女于民间为婢。	
铁木迭儿复任太子太师。	
元帝仁宗爱育黎拔力八达卒,弘吉剌太后命铁木迭儿复任右丞相,锐意报复,诬集贤殿学士杨朵儿只、平章政事萧拜柱、上都(内蒙正蓝旗)留守贺胜等违抗懿旨,悉杀之。皇太子硕德八剌寻即帝位,是为英宗。祖母弘吉剌太皇太后见其英明,悔曰:"我不拟养此儿。"	

年份	干支	国号王朝及纪年	
1321	辛酉	元至治	元年
1322	壬戌	元至治	二年
1323	癸亥	元至治	三年
1324	甲子	元泰定	元年
1325	乙丑	元泰定	二年
1326	丙寅	元泰定	三年
1327	丁卯	元泰定	四年
1328	戊辰	元泰定 致和 天顺 天历	五年 元年 元年 元年

国内	国外
元政府迁周王和世㻋弟图铁木儿于琼州(海南琼山)。 漠北大风,羊马殆尽,蒙古人流散,子女多被卖为奴婢,元政府命有司悉代为赎回。	意大利诗人但丁卒(1265——)。
元政府禁民间执兵器、打猎及习武艺。 铁木迭儿,及弘吉剌太皇太后先后卒。	
元帝英宗硕德八剌自上都还大都(北京),至南坡(上都西南),御史大夫铁失率所领兵作乱,杀硕德八剌及右丞相拜柱。时晋王也孙铁木儿行猎于图剌之地,知枢密院事也先铁木儿奉可汗玺绶往迎,也孙铁木儿遂于龙居河(克鲁伦河)即帝位,遣右丞相旭迈杰赴大都,诛铁失。	
元政府召图铁木儿由琼州(海南琼山)还大都(北京),封为怀王。	
元政府迁怀王图铁木儿出居建康(江苏南京)。	
正月,再迁怀王图铁木儿居(湖北)江陵。 七月,元泰定帝也孙铁木儿卒于上都(内蒙正蓝旗)。 八月,皇太子阿速吉八嗣位,是为少帝。大都(北京)留守燕铁木儿叛,谋立周王和世㻋,以和世㻋远在金山(阿尔泰山),不能即至,乃遣使赴(湖北)江陵迎其弟怀王图铁木儿。 九月,图铁木儿至大都,称帝,是为文宗。遣使赴金山迎和世㻋。 十月,和世㻋引军还,攻上都(内蒙正蓝旗),城陷,少帝阿速吉八不知所终。和世㻋杀梁王王禅、左丞相倒拉沙。	法国卡佩王朝子嗣位绝(987——,凡三百四十二年),瓦罗埃布尔爵腓力六世即法王位,史称"瓦罗亚王朝"(——1589)。

	年份	干支	国号王朝及纪年	
	1329	己巳	元天历	二年
十四世纪 三〇年代	1330	庚午	元天历 至顺	三年 元年
	1331	辛未	元至顺	二年
	1332	壬申	元至顺	三年
	1333	癸酉	元至顺 元统	四年 元年

国内	国外
正月,和世琜称帝,是为明宗,立弟图铁木儿为皇太子。　二月,图铁木儿退位。　三月,图铁木儿与燕铁木儿奉皇帝可汗玺绶,北上迎和世琜。　八月,和世琜至旺忽察都,图铁木儿入见,饮宴,图铁木儿置毒酒中,和世琜中毒暴卒,图铁木儿闻哭声,急驰还大都(北京),复位。	
元帝文宗图铁木儿妻弘吉剌皇后,素与和世琜妻八不沙皇后不睦,至是,推八不沙皇后堕地炉中焚死。　图铁木儿播告天下,称前任帝和世琜长子脱欢铁木儿非亲生子,黜脱欢铁木儿出居静江(广西桂林)。燕铁木儿任右丞相,专朝政,不设左丞相。	
八月,元帝文宗图铁木儿卒。　十月,立前任帝明宗和世琜幼子懿璘质班为帝,是为宁宗,年七岁,弘吉剌皇太后临朝。　十二月,懿璘质班卒,弘吉剌太后舍己子燕帖古思,遣使赴静江(广西桂林)迎立和世琜长子脱欢铁木儿。	
二月,燕铁木儿卒。　六月,脱欢铁木儿即位,是为顺帝。　八月,娶燕铁木儿女伯牙吾为皇后。　十月,燕铁木儿子唐其势袭父爵为太平王。	日本后醍醐天皇讨伐镰仓幕府,诸勤王军陷镰仓。“镰仓幕府”终(1186——,共一百四十八年)。

年份	干支	国号王朝及纪年
1334	甲戌	元元统 二年
1335	乙亥	元至元 元年
1336	丙子	元至元 二年
1337	丁丑	元至元 三年
1338	戊寅	元至元 四年
1339	己卯	元至元 五年

国内	国外
	日本勤王军帅足利尊逐后醍醐天皇,另立光明天皇,史称"北朝"。后醍醐天皇奔吉野,史称"南朝"。合称"南北朝时代"或"吉野时代"(——1392)。足利尊称征夷将军,于平安(今京都)设幕府,史称"室町幕府"(——1570。室町,足利尊宅名)。
左丞相唐其势,忿右丞相伯颜专权,尝曰:"天下本我家天下,伯颜何人,位居我上。"(蒙古以右为尊)谋迎立诸王晃火铁木儿,事泄,唐其势率兵攻皇宫,伯颜击斩之。唐其势弟答剌海仓皇躲于其姊伯牙吾皇后座下,伯牙吾皇后蔽以衣,伯颜拽出亦斩之。并捕伯牙吾皇后,鸩死。罢左丞相不置。	
(广东)广州民朱光卿、(河南)信阳民胡闰儿、合州(四川合川)民韩法师,先后起兵反。	法王腓力六世宣布英王爱德华三世在法国之封土,依法悉行收回。爱德华三世因母为法国公主,亦宣布己为法国王位唯一继承人。法遂向英宣战,战争断续一百一十七年之久(——1453),史称"百年战争"。
袁州(江西宜春)民周子旺、(福建)漳州民李志甫,先后起兵反。	
伯颜任大丞相。　伯颜诬郯王彻彻笃谋反,请斩之,元顺帝脱欢铁木儿不允,伯颜径命行刑。	

	年份	干支	国号王朝及纪年	
十四世纪 四〇年代	1340	庚辰	元至元	六年
	1341	辛巳	元至正	元年
	1342	壬午	元至正	二年
	1343	癸未	元至正	三年
	1344	甲申	元至正	四年
	1345	乙酉	元至正	五年
	1346	丙戌	元至正	六年
	1347	丁亥	元至正	七年
	1348	戊子	元至正	八年
	1349	己丑	元至正	九年

国内	国外
二月,伯颜专权自恣,养侄脱脱为己子,命领宿卫兵,窥察宫廷。脱脱输诚于元顺帝脱欢铁木儿,乃乘伯颜出猎,闭门拒其返,贬为河南行省(官署)左丞相。　六月,脱欢铁木儿追究父母和世㻋及八不沙皇后死因,逐弘吉剌太后出宫,囚于东安州(河北廊坊),寻卒。窜燕帖古思于高丽,中道杀之。　十月,脱脱任右丞相。　十二月,脱欢铁木儿立高丽奇氏为第二皇后。	
道州(湖南道县)民何仁甫,及山东燕南(河北省)三百余处民起兵反。	
庆远(广西宜州)民莫八起兵反。	
(河南)卫辉,(山西)忻州诸地大饥,人相食。　元政府修金、辽、宋三史,脱脱任都总裁。	
右丞相脱脱辞官,阿鲁图任右丞相。	
(山东)东平,(江苏)徐州诸路大饥,人相食。	
(福建)连城民罗天麟,及山东、河南、广西民,起兵益众。	
右丞相别儿怯不花诬脱脱父太师马札儿台有罪,窜马札儿台于西宁州(青海西宁)安置,脱脱与父同窜。	黑死病自亚洲随商业路线传入欧洲,三年内(——1349),英法人口死三分之一,百年战争为之停顿三年。
台州(浙江临海)民方国珍,世以贩盐为业,怨家诬其与海盗通,官府发兵捕之,遂聚众起兵。江浙行省(官署)参政朵儿只班击之,兵溃被擒,方国珍命其上书云已招降,元政府授方国珍定海(浙江宁波东北镇海)尉,方国珍以官卑不受命。	
脱脱复任右丞相。	

十四世纪
五〇年代

年份	干支	国号王朝及纪年
1350	庚寅	元至正 十年
1351	辛卯	元至正 十一年 天完治平 元年
1352	壬辰	元至正 十二年 天完治平 二年

国内	国外
方国珍攻(浙江)温州,各地民变益炽。元政府命于民变各州设兵马指挥司,专捕盗贼。	土耳其帝国国王奥坎改尊号为苏丹,定都希尔撒,东罗马帝国所领小亚细亚,悉入土耳其版图。
黄河决口六年不能塞,为害数千里,脱脱亲任其事,开黄河故道,用工部尚书贾鲁为河防使,发民兵十七万,四月开工,七月完工,八月决水归故道,九月通舟楫。　去年,黄河南北有谣云:"石人一只眼,挑动黄河天下反。"颍州(安徽阜阳)民刘福通因凿石人为一眼,于黄河故道黄陵岗(河南兰考东北)埋之,果掘之起,人心动摇,刘福通遂聚众起兵,以红巾为号,称红军,连陷(河南)罗山、确山诸县。(安徽)萧县民李二(芝蔴李)、彭大、赵君用等起兵,陷(江苏)徐州。　蕲州(湖北蕲春)民徐寿辉起兵,建都蕲水(湖北浠水),称帝,国号天完。	
(湖北)竹山民孟海马起兵陷襄阳(湖北襄樊)。(河南)邓州民王权起兵陷澧州(湖南澧县)。 天完分兵先后陷汉阳、武昌(湖北武汉)、安陆(湖北钟祥)、袁州(江西宜春)、岳州(湖南岳阳),战舰由武昌蔽江而下,元守将皆弃城遁,再陷江州(江西九江)、建康(江苏南京)、(浙江)杭州。 (安徽)定远民郭子兴起兵,陷濠州(安徽凤阳)。钟离(安徽凤阳东北)民朱元璋于皇觉寺为僧,为乱兵所逐,投郭子兴。　元浙东宣慰使泰不花击方国珍,败死。　元右丞相脱脱统大军击徐州,城陷,斩李二。脱脱还朝,彭大、赵君用率残众奔濠州投郭子兴,寻赵君用乘隙囚郭子兴,彭大勒兵救之,郭子兴始得出。　颍州民察罕铁木儿、信阳州(河南罗山)民李思齐,起兵助元政府,逐刘福通红军,元授察罕铁木儿为汝宁府(河南汝南)达鲁花赤。	

年份	干支	国号王朝及纪年	
1353	癸巳	元至正	十三年
		天完治平	三年
1354	甲午	元至正	十四年
		天完治平	四年
1355	乙未	元至正	十五年
		天完治平	五年
		韩宋龙凤	元年

国内	国外
(周天祐元年) (江苏)泰州民张士诚,少贩盐为业,诸富家与官府相结,备凌辱之,遂反,尽杀其仇,建都(江苏)高邮,称王,国号周。　郭子兴入(安徽)滁州,称滁阳王。彭早住(彭大子)称鲁淮王。赵君用称永义王。仍据濠州。　元军击蕲水(湖北浠水),陷之,天完帝徐寿辉遁入黄梅山(湖北黄梅北)。　江西民王善起兵反。	
(周天祐二年) 元右丞相脱脱统大军击(江苏)高邮,周王张士诚出战,大败,求救于滁阳王郭子兴。郭子兴无大志,不赴,高邮殆陷。元中书平章政事哈麻与脱脱有隙,嗾御史劾脱脱"出师三月,略无寸功"。元顺帝脱欢铁木儿怒,削脱脱官,(江苏)淮安安置,寻迁亦集乃路(内蒙额济纳旗)安置。所部一时俱散,多投刘福通红军。	
(周天祐三年) 刘福通迎立韩林儿为帝,建都(安徽)亳州,国号宋,史称"韩宋"。任杜遵道、盛文郁为左右丞相,刘福通为平章政事。　滁阳王郭子兴卒,长子郭天叙代领其众,归附韩宋,韩宋政府授郭天叙都元帅,张天祐右副元帅,朱元璋左副元帅。　郭天叙率众渡长江,陷太平(安徽当涂),再攻集庆路(江苏南京),其将陈野先内叛,杀郭天叙及张天祐。朱元璋继任都元帅。　元再窜脱脱于云南大理,寻鸩死。　元军攻亳州,韩宋帝韩林儿出居安丰(安徽寿县)。	

年份	干支	国号王朝及纪年	
1356	丙申	元至正	十六年
		天完治平	六年
		韩宋龙凤	二年
1357	丁酉	元至正	十七年
		天完治平	七年
		韩宋龙凤	三年
1358	戊戌	元至正	十八年
		天完治平	八年
		韩宋龙凤	四年

国内	国外
(周天祐四年) 元左丞相哈麻谋废元顺帝脱欢铁木儿而立太子,事泄,哈麻杖死。　周王张士诚自高邮迁都平江(江苏苏州)。　天完平章政事倪文俊,陷汉阳(湖北武汉汉水南岸),迎天完帝徐寿辉迁都之。　方国珍降元,元授为海道漕军万户。　韩宋都元帅朱元璋陷集庆路(江苏南京),改名应天,韩宋政府置江南行中书省(官署)于应天,授朱元璋平章政事,封吴国公。	土耳其帝国苏丹苏利曼统军强渡达达尼尔海峡,侵入东罗马帝国腹地巴尔干半岛。
(周天祐五年) 韩宋大举攻元,四路出兵,东路毛贵攻山东,中路刘福通攻汴梁(河南开封),北路关先生攻上都(内蒙正蓝旗),西路白不信攻陕西。　韩宋江南行省平章朱元璋陷(江苏)常州,擒周王张士诚弟张士德,周王张士诚大惧,降元,元授张士诚太尉。　天完平章倪文俊欲杀徐寿辉,事泄,出奔,为部曲陈友谅所斩。徐寿辉乃任陈友谅为平章。　天完大将明玉珍攻四川,陷重庆。	土耳其军团陷亚得里亚堡,自布尔撒迁都之。
韩宋东路军毛贵破蓟州(天津蓟县),兵至柳林,大都(北京)大震,元政府欲迁都,左丞相贺太平力持不可,遣知枢密事刘哈利不花迎战,韩宋军不利,退还。中路军刘福通陷汴梁,迎韩宋帝韩林儿迁都。北路军关先生势如破竹,陷(山西)大同,破上都(内蒙正蓝旗),焚宫阙,转战而东,攻(辽宁)辽阳。　韩宋江南行省平章朱元璋陷婺州(浙江金华)。　天完中书平章陈友谅陷(安徽)安庆。	

	年份	干支	国号王朝及纪年	
	1359	己亥	元至正 天完治平 韩宋龙凤	十九年 九年 五年
十四世纪 六〇年代	1360	庚子	元至正 天完治平 韩宋龙凤 陈汉大义	二十年 十年 六年 元年

国内	国外
韩宋北路军关先生陷辽阳。永义王赵君用袭杀东路军毛贵,毛贵部将续继祖自辽阳还军,杀赵君用。鲁淮王彭早住不知所终。　元太尉张士诚攻(江苏)江阴,韩宋守将吴良击败之。又攻(浙江)建德,韩宋守将朱文忠又击败之。　元河南行省平章察罕铁木儿攻汴梁(河南开封),韩宋帝韩林儿再出居安丰(安徽寿县)。　元授方国珍浙江行省平章政事。　天完平章陈友谅陷龙兴(江西南昌),天完帝徐寿辉自汉阳迁都之,既至,陈友谅伏兵尽斩朝臣,自称汉王,奉徐寿辉出居江州(江西九江)。自是徐寿辉但拥虚名,权归陈友谅。	
元顺帝脱欢铁木儿沉湎淫欲,益厌政事。搠思监任右丞相,与奇皇后及宦官朴不花相结,表里为奸,四方警报及将帅功状,皆壅塞不理,国事益不可为。　天完汉王陈友谅杀天完帝徐寿辉,天完亡,立国十年。陈友谅称帝,建都武昌(湖北武汉),国号汉,史称"陈汉"。引军东下攻应天(江苏南京),韩宋江南行省平章朱元璋迎击,陈友谅大败,弃太平(安徽当涂),遁还江州(江西九江)。　韩宋北路军关先生自(辽宁)辽阳入高丽,高丽乞降,诸臣纳女以献,韩宋士卒亦悉与高丽人为姻娅,恣情来往,高丽人各藏其马,一夕,高丽王传令,凡不会高丽语者悉杀之,韩宋全军尽死,仅裨将破头满残军万余人间道逃返,降于元。　元总兵官孛罗铁木儿驻(山西)大同,欲并有冀宁(山西太原),元顺帝脱欢铁木儿许之。河南行省平章察罕铁木儿以用兵皆赖冀宁军粮,大怒,遣子王保保倍道攻冀宁,朝廷遣使和解,而右丞相搠思监利两方贿赂,故使之斗,兵遂不可解。　元阳翟王阿鲁辉铁木儿,于漠北起兵叛,攻上都(内蒙正蓝旗),传檄数元顺帝脱欢铁木儿罪状:"天下汝已失其大半。"	英法百年战争第一次终(1337——,凡二十四年),订《布勒丁尼条约》,英放弃继承法国王位,法割卡力斯等地与英。

年份	干支	国号王朝及纪年	
1361	辛丑	元至正	二十一年
		韩宋龙凤	七年
		陈汉大定	元年
1362	壬寅	元至正	二十二年
		韩宋龙凤	八年
		陈汉大定	二年
		明夏天统	元年
1363	癸卯	元至正	二十三年
		韩宋龙凤	九年
		陈汉大定	三年
		德寿	元年
		明夏天统	二年

国内	国外
元河南行省平章察罕铁木儿攻(山东)东平,韩宋丞相田丰大败,出降,山东州县,再入于元。唯韩宋中书平章陈柔头坚守益都(山东青州),百道攻之,终不能克。　韩宋江南行省平章朱元璋闻山东失,大惧,上书察罕铁木儿,请守界和好,察罕铁木儿不报。　韩宋朱元璋陷(安徽)安庆,陈汉帝陈友谅奔江州(江西九江),奔武昌。　元知枢密院事秃坚铁木儿击斩阳翟王阿鲁辉铁木儿。	
陈汉江西行省丞相胡廷瑞举洪都(江西南昌)降韩宋。　天完大将明玉珍据(四川)重庆称帝,是为太祖,国号夏,史称"明夏"。　韩宋前丞相田丰,降元后力图恢复,乘隙杀察罕铁木儿,奔益都(山东青州)。察罕铁木儿王保保引军猛攻,城陷,杀田丰,执陈柔头送大都(北京),斩之。　元湖广行省参政张良弼,驻军(陕西)蓝田,与(山西)大同总兵官孛罗铁木儿相结。四川行省左丞李思齐驻军(陕西)凤翔,攻张良弼,战于(陕西)武功,中伏败还。从此互相攻伐,关中无宁日。	
元太尉张士诚遣弟张士信,攻韩宋首都安丰(安徽寿县),韩宋太保刘福通战死,江南行省平章朱元璋赴救,大败元军,奉韩宋帝韩林儿迁都(安徽)滁州。朱元璋见韩宋国势不可复振,乃有叛志。　张士诚命部属颂己功德,遂称吴王,仍用元年号。　陈汉帝陈友谅忿疆土日蹙,大举攻韩宋,围(江西)南昌,韩宋江南行省平章朱元璋赴救,战于鄱阳湖,陈友谅中流矢卒,子陈理嗣位,奉柩还武昌(湖北武汉)。　元右丞相搠思监、宦官朴不花,贪庸误国,御史大夫老的沙劾奏,奇皇后及太子爱猷识理达腊庇之,免老的沙官,贬窜。老的沙惧祸将至,途经(山西)大同,遂留总兵官孛罗铁木儿军。会左丞相也先不花与知枢密院事秃坚铁木儿不睦,诬秃坚铁木儿谋反,秃坚铁木儿亦奔大同。爱猷识理达腊屡索之,孛罗铁木儿不与。	

年份	干支	国号王朝及纪年	
1364	甲辰	元至正	二十四年
		韩宋龙凤	十年
		陈汉德寿	二年
		明夏天统	三年
1365	乙巳	元至正	二十五年
		韩宋龙凤	十一年
		明夏天统	四年
1366	丙午	元至正	二十六年
		韩宋龙凤	十二年
		明夏天统	五年
		开熙	元年

国内	国外
韩宋江南行省平章朱元璋命部属颂己功德,遂称吴王,仍用韩宋年号。世称张士诚为“东吴”,朱元璋为“西吴”。　朱元璋攻武昌,陈汉帝陈理降。陈汉亡,立国五年。　元右丞相搠思监、宦官朴不花、奇皇后、太子爱猷识理达腊,共诬大同总兵官孛罗铁木儿谋反,削其官,遣赴四川,孛罗铁木儿斩使臣拒命。搠思监等命河南行省平章王保保讨之,孛罗铁木儿大怒,遣秃坚铁木儿攻大都(北京),爱猷识理达腊出战,大败,元顺帝脱欢铁木儿无奈,执搠思监、朴不花送秃坚铁木儿军,俱斩之。任孛罗铁木儿为左丞相。太子爱猷识理达腊奔(山西)太原,投王保保。	
元太子爱猷识理达腊命王保保击孛罗铁木儿,孛罗铁木儿出战不利,威顺王子和尚遣刺客伯达儿,刺杀孛罗铁木儿。爱猷识理达腊欲王保保派兵护送入都,逼其父传位,王保保不允,将至大都(北京)三十里,即散其众,于是爱猷识理达腊深衔之。顺帝脱欢铁木儿任王保保为左丞相,封河南王,总诸军攻韩宋。	
元王保保传檄关中四将会师南下,陕西行省平章李思齐大怒曰:“吾与汝父交,汝发未燥,于我前无立地,何敢公然称总兵调我。”他三将亦拒不受命。王保保遂攻关中。　明夏帝太祖明玉珍卒,子明升嗣位,年十岁,彭太后临朝。韩宋吴王朱元璋迎韩宋帝韩林儿自滁州迁都应天(江苏南京),至瓜步(江苏六合),命沉于长江。韩宋亡,立国十二年。	

年份	干支	国号王朝及纪年	
1367	丁未	元至正	二十七年
		明夏开熙	二年
1368	戊申	元至正	二十八年
		明夏开熙	三年
		明洪武	元年

国内	国外
(吴王朱元璋元年) 朱元璋既杀韩宋帝韩林儿,改应天为南京,遣大将军徐达攻元吴王张士诚于平江(江苏苏州),城陷,张士诚被执,被送往应天,自缢死。参政朱亮祖攻元江浙行省左丞相方国珍于庆元(浙江宁波),方国珍降。征南将军胡廷瑞攻元福建行省平章陈友定于延平(福建南平),不能克。任徐达为征讨大将军、常遇春为副大将军,率军十二万,渡淮河北上攻中原。 元内战益烈,关中四将推李思齐为主拒王保保,而王保保部将貊高、关保内叛,列王保保罪状于朝,元政府削王保保左丞相官,分其兵隶诸将,王保保不得已,退屯泽州(山西晋城)。	
吴王朱元璋改国号为明,称帝,是为太祖。任李善长、徐达为左右丞相。 明胡廷瑞陷延平,执陈友定,斩之。 元太子爱猷识理达腊知王保保于泽州势孤,命关中李思齐诸将及貊高等夹击之,王保保忿甚,奇袭太原,擒貊高、关保。元政府大震,下诏称:“貊高、关保间谍构兵,可治以军法。”命斩之,尽复王保保官爵。 明徐达悉取山东,还军陷汴梁(河南开封)、洛阳,悉取河南。西攻(陕西)潼关,李思齐奔(陕西)凤翔。明军再北进,陷通州(北京通县),元顺帝脱欢铁木儿留淮王铁木儿不花守大都(北京),自与后妃太子,北奔上都(内蒙正蓝旗)。徐达陷大都,斩铁木儿不花。回军再攻太原,元河南王王保保兵败,退入甘肃。	

	年份	干支	国号王朝及纪年	
	1369	己酉	元至正	二十九年
			明夏开熙	四年
			明洪武	二年
十四世纪 七〇年代	1370	庚戌	元至正	三十年
			明夏开熙	五年
			明洪武	三年
	1371	辛亥	元宣光	元年
			明夏开熙	六年
			明洪武	四年

国内	国外
明大将军徐达陷(陕西)凤翔,元陕西行省平章李思齐奔(甘肃)临洮。徐达再攻临洮,李思齐降。 明副大将军常遇春由北平(北京)北攻,取元上都(内蒙正蓝旗),元顺帝脱欢铁木儿再北奔应昌(内蒙克什克腾旗西)。	英法百年战争再起,法王查理五世攻英国在法领土,英王爱德华三世已六十余,体力孱弱,幼子黑王子亦病,国人厌战,节节失利。 蒙古察合台汗国大将帖木儿废可汗喀普尔西阿,察合台汗国亡(1224——,立国一百四十六年)。帖木儿自立为可汗,建都撒马尔罕,世称蒙古汗国,史称"帖木儿汗国"(——1501)。
明徐达击元河南王王保保于(甘肃)定西,王保保大败,退守和林(蒙古哈尔和林)。 元顺帝脱欢铁木儿卒于应昌(内蒙克什克腾旗西),子昭宗爱猷识理达腊嗣位。 明左副将军李文忠由北平(北京)攻应昌,擒元皇子买的里八剌,元帝昭宗爱猷识理达腊奔和林。	
明大举攻明夏,任中山侯汤和为征西将军,水陆并进,围重庆,明夏帝明升出降。明夏亡,立国十年。	

年份	干支	国号王朝及纪年	
1372	壬子	元宣光	二年
		明洪武	五年
1373	癸丑	元宣光	三年
		明洪武	六年
1374	甲寅	元宣光	四年
		明洪武	七年
1375	乙卯	元宣光	五年
		明洪武	八年
1376	丙辰	元宣光	六年
		明洪武	九年

国内	国外
明分三路,大举攻元。中路魏国公徐达出雁门(山西代县西北)攻和林(蒙古哈尔和林)。东路曹国公李文忠出居庸关(河北昌平)攻应昌(内蒙克什克腾旗西)。西路宋国公冯胜出兰州攻西凉(甘肃武威)、金山(阿尔泰山)。中路军徐达至野马川,元河南王王保保诱之深入北岭,伏兵击之,徐达大败。东路军李文忠至驴海,元太师哈剌章蛮子邀击,李文忠亦大败。西路军冯胜至亦集乃路(内蒙额济纳旗),不敢进,掠牛羊而还。自是明王朝不复再图攻元。　明帝太祖朱元璋迁故陈汉帝陈理、明夏帝明升,出居高丽,之后不知所终。	
明政府设六科给事中,掌参驳纠劾之事。　元河南王王保保攻明(山西)大同,明魏国公徐达败之。	
	英国牛津大学教授威克里夫著书抨击教皇及天主教仪式,主张基督徒可自解《圣经》,天主教叛教思想及分裂思想自此始。
元河南王王保保卒。	
明帝太祖朱元璋下诏求直言,山西平遥县训导叶居升上书,以诸王封疆过大,请削藩。朱元璋大怒,捕叶居升下狱,处死。自是无敢应诏上言者。　明改元"行中书省"为"承宣布政使司"(官署)。	

	年份	干支	国号王朝及纪年
	1377	丁巳	元宣光 七年 明洪武 十年
	1378	戊午	元宣光 八年 明洪武 十一年
	1379	己未	元天光 元年 明洪武 十二年
十四世纪 八〇年代	1380	庚申	元天光 二年 明洪武 十三年
	1381	辛酉	元天光 三年 明洪武 十四年

国内	国外
	教皇格列高里十一世由阿维农赴罗马城巡视,多明尼加派圣女凯塞琳率众跪请,遂不再返,教廷迁还罗马,“阿维农之囚”终(1305——)。
元帝昭宗爱猷识理达腊卒,弟脱古思铁木儿嗣位。	教皇格列高里十一世卒,法籍占半数以上之红衣主教团选意大利人乌尔班六世为教皇,既而悔之,于阿维农另选法人克力门七世为教皇,于是天主教有二教皇,史称“大分裂”(——1417)。
明帝太祖朱元璋诬右丞相汪广洋毒死诚意伯刘基,窜海南,中途被缢死。	
明左丞相胡惟庸闻汪广洋诬死,大惧,谋乘宴杀朱元璋,事泄,被杀。朱元璋共屠三万人,退休学士承旨宋濂窜茂州(四川茂县),道死。遂废中书省,不设宰相,皇帝直辖六部。	
明颍川侯傅友德攻云南,大败元军于白石江(云南沾益东),元梁王把匝剌瓦尔密奔至(云南)晋宁,追兵至,自杀。明王朝统一中国(1403 年,元再改国号为鞑靼。之后变乱频仍,史不详载)。	

年份	干支	国号王朝及纪年
1382	壬戌	明洪武 十五年
1383	癸亥	明洪武 十六年
1384	甲子	明洪武 十七年
1385	乙丑	明洪武 十八年
1386	丙寅	明洪武 十九年
1387	丁卯	明洪武 二十年
1388	戊辰	明洪武 二十一年

国内	国外
明帝太祖朱元璋设锦衣卫及镇抚司,掌皇帝侍卫及巡捕事宜,直辖于皇帝。明狱自是益残酷。设都察院。设殿阁大学士,品位极低(后渐成为宰相)。 大理寺卿李仕鲁欲辞官归田里,置笏于地,朱元璋大怒,命武士捽搏,立死阶下。	
太傅魏国公徐达卒。	
	蒙古可汗帖木儿统军南征,陷波斯全境,伊儿汗国亡(1258——,立国一百二十九年)。
大将军宋国公冯胜,出古北口(北京密云东北),攻元左丞相纳哈出于金山(吉林双辽东北)纳哈出率数百骑赴前锋永昌侯蓝玉营降,蓝玉大喜饮宴,解衣赠之,纳哈出不肯服,争让久之,郑国公常茂在座,虑其奔逸,拔刀砍之,伤其左臂。元众十万,惊散者六万,仅迁其四万人归。元军伏兵邀击,武宁侯郭英殿军后至,被杀。明帝朱元璋怒,征冯胜还,命蓝玉代为大将军,使攻和林(蒙古哈尔和林)	土耳其军团陷萨罗尼加,收希腊入版图。
明蓝玉统军西攻,闻元帝脱古思铁木儿猎于捕鱼儿海(黑龙江新巴耳虎左旗西南贝尔湖),兼程急进,脱古思铁木儿遁去,掳其皇次子地保奴及妃嫔公主王公二千九百人、士卒七万七千人而归。	

十四世纪
九〇年代

年份	干支	国号王朝及纪年
1389	己巳	明洪武 二十二年
1390	庚午	明洪武 二十三年
1391	辛未	明洪武 二十四年
1392	壬申	明洪武 二十五年
1393	癸酉	明洪武 二十六年
1394	甲戌	明洪武 二十七年

国内	国外
元帝脱古思铁木儿为其臣也速儿所杀,子思克卓里图嗣位。	
明帝太祖朱元璋性猜忌残暴,今年,大肆屠戮异己,太师韩国公李善长请免其亲戚数人,朱元璋怒,诬李善长谋反,并其妻女弟侄全家七十余口悉斩,用"瓜蔓抄",网罗侯爵二十人,已死者追贬,未死者杀,朱元璋手撰《奸党录》,附以李善长狱词,播告天下。	
元帝思克卓里图为其下所杀,弟额勒伯克嗣位。	高丽王王瑶逊位于其部将李成桂,王氏王朝亡(918——,共四百七十四年)。李氏王朝兴。 日本南朝并入北朝,南北朝终(1334——,共五十九年)。
朱元璋诬凉国公蓝玉谋反,磔死,屠三族,狱词仍引用"瓜蔓抄"法,族灭者一万五千人,凡一公,十三侯,二伯。朱元璋条列其罪,撰《逆臣录》,播告天下。	高丽改国号朝鲜。 土耳其军团陷保加利亚,东罗马帝国疆域仅余君士坦丁堡及其近郊。
朱元璋诬颍国公傅友德谋反,傅友德杀己二子,自刎死。	蒙古可汗帖木儿欲攻明朝,遣使向明朝皇帝朱元璋称臣进贡,以窥虚实,朱元璋以为德威远被,大喜,遣给事中傅安持诏书报聘(明年,傅安始抵撒马尔罕)。

年份	干支	国号王朝及纪年	
1395	乙亥	明洪武	二十八年
1396	丙子	明洪武	二十九年
1397	丁丑	明洪武	三十年
1398	戊寅	明洪武	三十一年
1399	己卯	明建文	元年

国内	国外
朱元璋诬宋国公冯胜谋反,处死。朱元璋命后世不许用黥、刺、剕、劓、阉割之刑,臣下敢以请者,置重典。又命后嗣不许复立宰相,臣下敢以请者,置重典。又命后世有言变更祖制者,以奸臣论。	英法百年战争第二次终(1369——,凡十九年),英割在法领土大部与法,英王并娶法王女儿为皇后。
燕王朱棣巡边,败元军于彻彻儿山及兀良哈秃城(内蒙东北部)。	
左都御史杨靖为乡人代改诉冤状,朱元璋大怒,处死。	
明帝太祖朱元璋卒,孙惠帝朱允炆嗣位。与兵部尚书齐泰、太常寺卿黄子澄、翰林院侍讲方孝孺,密谋削藩,依序而行。先遣曹国公李景隆袭(河南)开封,执周王朱橚,削爵为民,迁蒙化(云南巍山)。诸王震恐。	
四月,明政府削藩议渐泄,有人告岷王(云南昆明)朱楩不法,遂废朱楩为民。又有人告湘王(湖北江陵)朱柏制伪钞,朱柏合家自焚死。又有人告齐王(山东青州)朱榑阴事,又废朱榑为民。复囚代王(山西大同)朱桂于大同,废为民。　七月,燕王(北京)朱棣起兵清君侧,是为“靖难之役”。　八月,明政府命长兴侯耿炳文讨燕,战于真定(河北正定),败绩。命曹国公李景隆代之。 十月,朱棣攻大宁(内蒙宁城西南),执宁王朱权。李景隆乘虚逾芦沟,攻北平(北京),城几陷。 十一月,朱棣还军,内外夹击,李景隆大败,奔还(山东)德州。　十二月,朱棣上书列举齐泰、黄子澄罪状,明惠帝朱允炆无奈,免二人官,然二人划策治兵如故。	

十五世纪

○○年代，明王朝“靖难之役”结束，皇叔朱棣攻入南京，夺取政权，迁都北京。

明王朝暴君昏君相继，恶名昭彰史册。对宦官宠信，造成中国第三次宦官时代，民变蜂起。四○年代末，皇帝朱祁镇(明英宗)于土木堡之役，被北方的瓦剌部落生擒，幸即释回。

本世纪，越南脱离中国。

十五世纪
○○年代

年份	干支	国号王朝及纪年
1400	庚辰	明建文 二年
1401	辛巳	明建文 三年

国内	国外
四月,李景隆与武定侯郭英合军北上攻燕,战于白沟河(河北容城北),大败,再奔(山东)德州。 五月,朱棣陷德州,李景隆奔济南,燕军复攻济南, 八月,山东参政铁铉固守济南,朱棣不能克,解围还军。铁铉追击,复取德州。 十月,李景隆还南京。 十二月,燕军大举攻东昌(山东聊城),大将军盛庸与铁铉迎击,燕军大溃,主将张玉被杀,朱棣几死,因惠帝朱允炆有诏“勿使朕有杀叔父之名”,莫敢加刃,遂得奔免。 元帝额勒伯克为其下所杀,子脱古思(坤铁木儿)嗣位。	
正月,东昌之捷至南京,明惠帝朱允炆下诏复齐泰、黄子澄原官。 二月,燕王朱棣再引军南攻。 三月,大将军盛庸迎击燕军,恃东昌之胜,轻敌,战于夹河,大败,走(山东)德州。朱允炆再下诏免齐泰、黄子澄官,逐出南京,命有司佯籍没其家,实则使出外募兵勤王。 四月,朱棣闻齐泰、黄子澄窜,上表称臣,请罢兵。朱允炆亦下诏复其王爵,命先罢兵,而阴命诸将图之。 五月,朱棣驻(河北)大名,副将军吴杰断其粮道。 十一月,朱棣还北平(北京),决计不攻坚城,直指南京。 十二月,朱棣再率军南攻。	

年份	干支	国号王朝及纪年
1402	壬午	明建文 四年
1403	癸未	明永乐 元年
1404	甲申	明永乐 二年

国内	国外
二月,右军都督佥事平安迎击燕军,战于淝河,失利,退屯(安徽)宿州。　四月,燕军攻(安徽)灵璧,平安往救,兵败,被擒。　五月,朱棣渡黄河,大将军盛庸迎击,兵败,朱棣长驱直入,军临长江,南京大震。吕太后遣朱棣堂姊庆城郡主赴燕营议和,愿割地分南北,朱棣曰:“吾父所分地,且不能保,何言再割也。”不许。 六月,朱棣渡长江,盛庸军溃,谷王朱橞与李景隆开金川门降。朱允炆知大势已去,命焚宫室,不知所终。朱棣入南京,称帝,是为成祖。屠齐泰、黄子澄三族,方孝孺十族,副都御史练子宁一族。　八月,屠户部侍郎卓敬三族,御史大夫景清一族,磔铁铉,屠全家。　朱棣嗜杀,死者五十余族,备极残酷,榜诸死者姓名,名为“奸党”,播告天下。	土耳其帝国苏丹巴耶塞特二世攻君士坦丁堡,东罗马帝国大惧,向蒙古可汗帖木儿求援,帖木儿统军西征,深入小亚细亚,巴耶塞特二世迎击,决战于安哥拉(今安卡拉),土耳其大溃,巴耶塞特二世被杀。会帖木儿欲征服明朝,即还军。然东罗马帝国亦得五十年喘息。(此处巴耶塞特二世应为巴耶塞特一世。——编者注)
改北平为北京。　元帝脱古思为其下所杀,鬼力赤铁木儿嗣位,改称鞑靼。去帝号,称可汗。 安南国相黎季犁杀国王陈日焜,尽屠陈氏。改名胡一元,自称太上皇,立其子黎苍为帝,国号虞。上书明朝,云陈氏已绝,求权署国事,明政府不知其诈,许之。寻老挝(寮国)军民宣慰司遣使护送安南王孙陈天平入朝,适逢黎季犁使亦至,见陈天平,皆下拜,真相乃泄。	
明帝成祖朱棣诬曹国公李景隆谋反,下狱处死。鄱阳(江西波阳)儒士朱季友,上所著书,专斥周敦颐、朱熹之流,朱棣怒曰:“此儒者之贼也。”杖之,焚其书。	蒙古可汗帖木儿大举攻明朝,统军自首都撒马尔罕出发,中途染病,还师。

年份	干支	国号王朝及纪年
1405	乙酉	明永乐 三年
1406	丙戌	明永乐 四年
1407	丁亥	明永乐 五年
1408	戊子	明永乐 六年

国内	国外
安南黎季犛遣使中国谢罪,并请王孙陈天平归国。　宦官郑和率军二万七千八百人,舟六十二艘,自福建闽江口五虎门扬帆,出使西洋各国(——1407,三宝太监第一次下西洋)。	蒙古可汗帖木儿卒。 神圣罗马帝国布拉格大学校长胡司,深信威克里夫学说(1374),广为宣传,成为胡司教派,是为自天主教分裂出之第一个教派。
征南副将军黄中率兵送陈天平回国,犛季犛伏兵芹站,邀斩陈天平。明帝成祖朱棣大怒,遣成国公朱能、新城侯张辅击安南,朱能中途染疾,寻卒。张辅独进,渡富良江,连陷安南东西二都,黎季犛奔奇罗海口。	
攻安南军进至奇罗海口,擒黎季犛及其子黎苍送南京。明帝成祖朱棣登奉天门受俘,于安南设交趾布政使司,收归中国版图。	
安南陈王朝故将简定,见明朝不立陈氏后,聚众起兵,称日南王。明政府遣黔国公沐晟击之,战于生厥江,大败。再遣英国公张辅率军增援。 宦官郑和率船团出海,驶锡兰山(印度洋斯里兰卡),生擒国王亚烈苦奈儿(——1411,三宝太监第二次下西洋)。	

十五世纪
一〇年代

年份	干支	国号王朝及纪年	
1409	己丑	明永乐	七年
1410	庚寅	明永乐	八年
1411	辛卯	明永乐	九年
1412	壬辰	明永乐	十年

国内	国外
安南简定称上太皇,立陈王朝皇族陈季扩为帝,国号越。张辅军至,陷清化,于吉利深山擒简定。陈季扩奔义安。鞑靼鬼力赤铁木儿可汗为呼伦贝尔湖大酋长阿鲁台所杀,另立本雅失里为可汗。大将军淇国公丘福攻蒙古,败于胪朐河(蒙古克鲁伦河),丘福被杀,全军覆没。 蒙古支派瓦剌部落,与成吉思汗铁木真非出一源,居阿尔泰山之北,日益强大,渐次东侵。明朝封其酋长马哈木为顺宁王。蒙古故地,遂分为瓦剌及鞑靼二国,互相攻伐,并与明朝亦互相攻伐。	天主教红衣主教,于比萨集会,思救分裂之局(1378——),乃罢免罗马、阿维农二教皇,另选一教皇,于是天主教便有三教皇。
安南帝陈季扩乞降,明朝任为交趾右布政使,然陈季扩仅图缓兵,并无降意。明帝成祖朱棣由北京出塞攻鞑靼,鞑靼本雅失里汗拒战于斡难河(蒙古鄂嫩河),大败遁去。投奔瓦剌部落,后被瓦剌王马哈木所杀。 朱棣还军至飞云壑,鞑靼太师阿鲁台邀击,又大败,遁去。	
交趾参议解缙去年赴北京奏事,适朱棣北征,仅谒太子朱高炽而还,朱棣素衔解缙,至是,大怒,捕下锦衣卫狱。 明政府再遣英国公张辅,会征彝将军沐晟攻安南,军入其境,陷常江、福安诸州县。	
攻安南军张辅陷西心江。 瓦剌王马哈木攻鞑靼,败鞑靼太师阿鲁台。 浙江按察使周新刚直,触怒锦衣卫,锦衣卫谮之,朱棣逮捕亲审,周新曰:“陛下按察使行事与都察院同,臣奉诏擒奸恶,奈何罪臣。”朱棣大怒,斩之。 宦官郑和率船团至苏门答腊,生擒王子苏干拉(——1415,三宝太监第三次下西洋)。	

年份	干支	国号王朝及纪年
1413	癸巳	明永乐 十一年
1414	甲午	明永乐 十二年
1415	乙未	明永乐 十三年

国内	国外
攻安南军张辅陷顺州。	
攻安南军张辅陷灵州,安南帝陈季扩奔老挝(寮国),远征军深入,连破老挝三关,至南么,擒陈季扩,斩之。　明帝成祖朱棣由北京出塞攻瓦剌,追至土拉河(蒙古乌兰巴托南),瓦剌大败,瓦剌王马哈木北走,明军伤亡亦重,不能追,亦引还。	
交趾参议解缙系狱,至今已五年,朱棣偶阅囚簿有其名,曰:“解缙犹在耶。”锦衣卫遂醉解缙酒,埋于雪中,立死。	英法百年战争第三次起(——1420),法王查理六世患精神病,内讧不绝,勃艮地公爵腓力,与英相结,英王亨利五世遂起兵攻法。 天主教红衣主教于君士坦司举行宗教会议,诱胡司出席(1405),由神圣罗马帝国皇帝西祺门保证其安全,既至,即命其忏悔,胡司答必先自知有误,方可忏悔。诸红衣主教以为命其忏悔,即应忏悔,无自知有误之必要。于是逮胡司及另一教授哲罗姆,同时焚死,并对已死之威克里夫(1374)掘墓剖棺。

	年份	干支	国号王朝及纪年
	1416	丙申	明永乐 十四年
	1417	丁酉	明永乐 十五年
	1418	戊戌	明永乐 十六年
	1419	己亥	明永乐 十七年
十五世纪 二〇年代	1420	庚子	明永乐 十八年
	1421	辛丑	明永乐 十九年

国内	国外
占城、古里、爪哇、满拉加、苏门答腊、南巫里、锡兰山等十九国入贡,宦官郑和偕诸使臣往赐其君王(——1419,三宝太监第四次下西洋)。瓦剌王马哈木卒,子脱欢嗣位。	
	君士坦司宗教会议议定,罗马、比萨二教皇皆辞职。阿维农教皇适缺,另选马丁五世为教皇,“大分裂”终(1378——,凡四十年)。
丰城侯李彬镇交趾,宦官马骐监军,横征暴敛,交趾人苦之,清化府俄乐县土官巡检黎利起兵反。	
明帝成祖朱棣设“东厂”,由宦官主之,探听大小情事,直闻于皇帝。 山东蒲台(滨州)民林三妻唐赛儿聚众起兵,攻掠州县,都指挥使卫青击破之,唐赛儿逸去,不知所终。	英法百年战争第三次终(1415——,凡六年),法向英乞和,订《特尔斯条约》,法割诺曼底诸地与英,并许英王继承法国王位。
自南京迁都北京。 交趾总兵官李彬击黎利,黎利兵败,奔老挝(寮国),老挝遣兵守边,拒中国入境。 鞑靼阿鲁台势渐复,仍侵明边,围兴和(河北宣化),朱棣欲再出塞击之,户部尚书夏原吉、刑部尚书吴平、兵部尚书方宾均谏,朱棣怒,逮夏原吉、吴平下狱,方宾自缢死。 宦官郑和出使甘巴里(印度城市)(——1422,三宝太监第五次下西洋)。	

年份	干支	国号王朝及纪年	
1422	壬寅	明永乐	二十年
1423	癸卯	明永乐	二十一年
1424	甲辰	明永乐	二十二年
1425	乙巳	明洪熙	元年

国内	国外
朱棣大军出独石口(河北赤城北),经阔栾海(内蒙呼伦湖),至杀胡原,不见敌而还。	英王亨利五世卒,子亨利六世嗣位。寻法王查理六世亦卒,亨利六世据《特尔斯条约》,于伦敦、巴黎二地,同时宣布即法王位。法人拒之,拥立查理六世之子,称之为查理七世,与英作战,百年战争第四次起。
朱棣再出塞攻鞑靼阿鲁台,不见敌踪,至上庄堡(河北万全北),鞑靼王子也先土干率所部来降,封为忠勇王,乃班师。　旧港(苏门答腊岛)王施济孙卒,子施进卿嗣位,宦官郑和持印往赐之(——1424,三宝太监第六次下西洋)。	
朱棣复出塞攻鞑靼阿鲁台,大军至荅兰纳木儿河(蒙古东部哈拉哈河上游),阿鲁台引军远避,明军大搜室韦山谷,周围三百里,不见一人,遂还。至榆木川(内蒙正蓝旗西北),朱棣病死。子仁宗朱高炽嗣位。　安南黎利由老挝还交趾,都司都督方政击之,大败。朱高炽任命黎利为清化知府,黎利不受,构兵如故。	
明帝仁宗朱高炽卒,子宣宗朱瞻基嗣位,其叔汉王朱高煦据乐安(山东广饶)起兵叛,亦称"靖难"。朱瞻基亲征,擒之,至北京,覆以铜缸,于缸上积炭,燃炭,火炽铜镕,朱高煦死,并斩其诸子。	

	年份	干支	国号王朝及纪年
	1426	丙午	明宣德 元年
	1427	丁未	明宣德 二年
	1428	戊申	明宣德 三年
	1429	己酉	明宣德 四年
十五世纪 三〇年代	1430	庚戌	明宣德 五年
	1431	辛亥	明宣德 六年
	1432	壬子	明宣德 七年
	1433	癸丑	明宣德 八年
	1434	甲寅	明宣德 九年

国内	国外
安南总兵官王通击黎利,至宁桥,渡沙河,中伏,死二三万人。明政府再遣安远侯柳升,由云南分兵二路增援。	
攻安南军柳升至镇彝关倒马坡,大败,柳升中镖死。再进至昌江,黎利邀击,明军新丧主帅,大溃,七万人或死或散,无降者。总兵官王通惧,决意议和,与黎利立坛为盟,退军。黎利称安南王,中国遂失安南。	
	法军屡败,仅余奥尔良一城,英军围之。法十七岁少女贞德自田间起义,只身晋谒查理七世王子,号召勤王,以白旗为帜,法人云从,士气大振,解奥尔良之围,英军迭败。贞德引查理七世至理姆斯教堂,正式加冕为法王。
宦官郑和、王景弘,出使忽鲁谟斯等十七国(1433,三宝太监第七次下西洋)。	法国勃艮地公国与英国相结,擒贞德,卖与英国,法王查理七世拒用钱赎回。
	英国于鲁昂组教士法庭,判决贞德为异教徒,焚死。
瓦剌王脱欢攻鞑靼,杀阿鲁台。	

	年份	干支	国号王朝及纪年	
	1435	乙卯	明宣德	十年
	1436	丙辰	明正统	元年
	1437	丁巳	明正统	二年
	1438	戊午	明正统	三年
	1439	己未	明正统	四年
十五世纪 四〇年代	1440	庚申	明正统	五年
	1441	辛酉	明正统	六年

国内	国外
明帝宣宗朱瞻基卒，子英宗朱祁镇嗣位，宦官王振任司礼监太监，自是宦官改称太监，以示尊崇。时朱祁镇方九岁，宠信王振，呼为“王先生”。王振遂擅作威福，明王朝宦官乱政自此始。	
安南王黎利卒，子黎麟嗣位。	
云南麓川(云南瑞丽)宣慰司思任起兵，攻南甸州(云南梁河)。	
麓川(云南瑞丽)思任陷孟养(缅甸莫宁)，孟养宣抚司刁宝玉奔永昌(云南保山)，寻卒。思任又陷(云南)腾冲，屠城，称麓川王。土语“王”为“发”。讹为思任发。	
云南总兵官黔国公沐晟击思任，左都督方政战于空泥，中伏，沐晟不救，方政败死，军尽歼。沐晟仓卒退永昌(云南保山)，惧罪暴卒。 明政府命其弟沐昂任左都督征南大将军，再击之。 瓦剌王脱欢卒，子也先继位。	
击麓川(云南瑞丽)军沐昂抵陇把(云南陇川)，大败。	
击麓川(云南瑞丽)军屡败，太监王振力主示威边荒，乃再命定西伯蒋贵任征蛮将军，总诸路兵，连克(云南)腾冲、南甸州(云南梁河)，至马鞍山(云南恩安西南)，大破思任象阵，深入麓川，思任携妻子奔缅甸。	

年份	干支	国号王朝及纪年
1442	壬戌	明正统 七年
1443	癸亥	明正统 八年
1444	甲子	明正统 九年
1445	乙丑	明正统 十年
1446	丙寅	明正统 十一年
1447	丁卯	明正统 十二年

国内	国外
击麓川(云南瑞丽)军蒋贵还师,思任由缅甸复侵麓川。明政府命蒋贵与靖远伯王骥再击之。明一任帝太祖朱元璋于宫中曾立铁碑,高三尺,上铸:“宦官不得干预政事”。今年,太监王振命去之。 王振矫旨任兵部侍郎徐晞为兵部尚书,任侄王山为锦衣卫指挥同知世袭。	
击麓川(云南瑞丽)军至金齿(云南保山),命缅甸缚送思任,缅甸佯许而不遣,遂攻缅甸,至蛮江浒(云南盈江),大败缅军。 侍讲刘球上疏言十事,请“息兵威,修武备”。太监王振意其阻麓川之师,大怒,捕刘球下狱,命锦衣卫都指挥马顺于狱杀之,埋尸于卫后隙地。王振复诬大理少卿薛瑄受贿,下狱,欲置于死,赖王振老仆泣救得免死,除名。又诬国子祭酒李时勉伐官木私用,枷于国子监门前。宦官张环忠书王振罪状榜于市,磔死。	
击麓川(云南瑞丽)军王骥入缅甸,袭思任寨,掳其妻子。	
缅甸缚思任送明军,思任不食,垂死,云南千户王政斩之,以其首献北京。	
	朝鲜制定二十八个字母,始有自己文字。

年份	干支	国号王朝及纪年
1448	戊辰	明正统 十三年
1449	己巳	明正统 十四年

国内	国外
云南麓川(瑞丽)思机,又聚众陷孟养(缅甸莫宁)地,靖远伯王骥击之,逾大金沙江(伊洛瓦底江),思机战死。王骥方还军,而众又拥思任子思禄为王。王骥度终不能灭,乃与思禄言和,许其居孟养地,立石于金沙江为界。　福建沙县佃农邓茂七命田主自行运粟,田主讼之,官府遣兵逮捕,邓茂七拒捕,聚众起兵。　福建左布政使宋彰贪暴,人民为所迫,尤溪县矿场炉主蒋福成乘众怒起兵,与邓茂七合。都御史张楷击之(明年,邓茂七、蒋福成先后战死)。	
二月,瓦剌王也先前遣使朝贡,求与明帝结婚姻,明翻译官马云、马青,指挥吴良私许之,而也先不知乃私许也。今年,贡马,作为聘礼,明政府答并未许婚,也先愧忿。　七月,也先攻(山西)大同,塞外城堡,所至陷没,驸马都尉井源等御之,军方出,太监王振劝朱祁镇亲征,命下二日即行,举朝震骇,军至中途即乏粮,士卒饿死者满路。　八月,朱祁镇至大同,复欲北进,会井源败报至,乃班师还北京。至土木堡(河北怀来西),瓦剌四面围攻,明军大溃,朱祁镇被擒,王振被杀。败报至北京,孙太后命郕王朱祁钰总国政,兵部侍郎于谦任兵部尚书。　九月,朱祁钰即帝位,遥尊朱祁镇为太上皇。　十月,也先长驱入居庸关(北京昌平),攻北京,于谦率诸将出德胜门拒战,也先屡攻不能胜,气稍沮。　十一月,也先退军,北京解围。	

十五世纪
五〇年代

年份	干支	国号王朝及纪年
1450	庚午	明景泰 元年
1451	辛未	明景泰 二年
1452	壬申	明景泰 三年
1453	癸酉	明景泰 四年

国内	国外
也先初擒朱祁镇(明英宗),视为奇货,欲挟以制明朝,不意明朝另立新帝朱祁钰,屡战又不胜,乃决议和。朱祁镇在瓦剌营,对明政府使臣礼部右侍郎李实曰:“也先欲归我,卿报朝廷,傥得归,愿为庶民,守祖宗陵墓足矣。”言已泣下,李实问何以宠王振至此,朱祁镇曰:“王振未败时,群臣无肯言者,今日皆归罪于我。”朱祁钰遣都御史杨善往迎,朱祁镇返,至北京,居南宫。	
瓦剌王也先既送朱祁镇返,遣使赴北京申和议,明帝朱祁钰拒之。也先既不得志于明朝,乃称天圣可汗。	
朱祁钰立子朱见济为皇太子。	
皇太子朱见济卒。　广西浔州(桂平)大藤峡傜民部落酋长侯大狗聚众万人起兵,修仁(广西荔浦西南)、荔浦等地皆叛应之,攻掠州县,地方官不能制,明政府正患瓦剌,亦不能顾。	土耳其帝国苏丹穆罕默德二世攻君士坦丁堡,历时五十三日,城陷,东罗马帝国皇帝君士坦丁十一世巷战被杀,国亡(前753——,立国二千二百零六年)。 英法百年战争第四次终(1422——,凡三十二年),全部战争断续一百一十七年(1337——),英国失败,丧失在法国全部领土。

年份	干支	国号王朝及纪年	
1454	甲戌	明景泰	五年
1455	乙亥	明景泰	六年
1456	丙子	明景泰	七年
1457	丁丑	明景泰 天顺	八年 元年
1458	戊寅	明天顺	二年

国内	国外
瓦剌大将阿拉,杀天圣可汗也先,国内大乱,势衰。鞑靼诸部乘机复兴,喀喇沁部酋长勃孛来攻阿拉,斩之。与翁中特部酋长毛里孩,共立麻儿可儿为可汗。勃孛来、毛里孩分任太师。麻儿可儿年幼,人称为"小王子"。自是凡鞑靼可汗,明朝均以"小王子"呼之。	
	英王亨利六世于百年战争中失败,国内民怨沸腾,亨利六世系兰加斯特家后裔,于是约克家后裔爱德华三世起兵,命亨利六世退位,战争乃起。兰加斯特党以红玫瑰为标帜,约克党以白玫瑰为标帜,史称"玫瑰战争"(——1485)。
正月,明帝朱祁钰卧疾,少保兵部尚书于谦亦卧疾。武清侯石亨、副都御史徐有贞、宦官曹吉祥共谋,发兵赴南宫迎太上皇朱祁镇,升奉天殿,复位。逮于谦及太子太保左都御史王文等下狱,寻皆杀之。　二月,贬朱祁钰仍为郕王,朱祁钰寻卒。　三月,封徐有贞为武功伯,兼华盖殿大学士。　六月,徐有贞既为首相,欲立功名,稍与石亨、曹吉祥相左,石、曹乃谮徐有贞怨望,下狱,窜云南金齿(保山)。　十一月,兵部尚书张軏贪污狼藉,下狱处死。	
明二任帝朱允炆幼子朱文奎,自1403年囚于宫内,时方二岁。今年,已五十六岁矣,朱祁镇命出宫,遣居(安徽)凤阳,听其婚娶。朱文奎既出,见牛羊亦不识,未几卒,朱允炆后遂绝。	

十五世纪
六〇年代

年份	干支	国号王朝及纪年	
1459	己卯	明天顺	三年
1460	庚辰	明天顺	四年
1461	辛巳	明天顺	五年
1462	壬午	明天顺	六年
1463	癸未	明天顺	七年
1464	甲申	明天顺	八年
1465	乙酉	明成化	元年
1466	丙戌	明成化	二年
1467	丁亥	明成化	三年
1468	戊子	明成化	四年

国内	国外
忠国公石亨家人告其谋反,逮石亨及其侄定远侯石彪并下狱,处死。	
宦官曹吉祥以石亨死,大惧,与其侄武昭伯曹钦起兵,欲杀明帝英宗朱祁镇,立曹吉祥为帝。事泄,曹吉祥于宫内被逮,曹钦兵不得入宫,仅杀都御史寇深。怀宁伯孙镗调军击之,曹钦投井死。明日,磔曹吉祥于市,屠其家。	英国玫瑰战争,兰加斯特党失败,国王亨利六世退位。约克党胜利,爱德华四世即位。
鞑靼太师毛里孩攻明朝,悉陷河套地居之,明人称之为“套寇”。	
锦衣卫都指挥门达有宠,诬指挥佥事袁彬有罪,下狱,欲杀之。彩漆军匠杨暄上疏论救,始得从轻调南京锦衣卫。	
明帝英宗朱祁镇卒,子宪宗朱见深嗣位。遗命勿以嫔御殉葬。中国至此始废殉葬恶俗。	
广西浔州(桂平)大藤峡侯大狗等民变,已十三年(1453——)不能平。今年,都督同知赵辅、右佥都御史韩雍击之,深入大藤峡(桂平北),斩藤断桥,改名为断藤峡,生擒侯大狗。于断藤峡置武靖州。　郧阳(湖北郧县)民刘千斤聚众据南漳,称汉王,抚宁伯朱永、兵部尚书白圭击之。	
白圭擒刘千斤,送北京磔死。	
(宁夏)固原土官满四据石城反,都督同知刘玉、右副都御史项忠击之,斩满四。	

	年份	干支	国号王朝及纪年	
	1469	己丑	明成化	五年
十五世纪 七〇年代	1470	庚寅	明成化	六年
	1471	辛卯	明成化	七年
	1472	壬辰	明成化	八年
	1473	癸巳	明成化	九年
	1474	甲午	明成化	十年
	1475	乙未	明成化	十一年
	1476	丙申	明成化	十二年
	1477	丁酉	明成化	十三年
	1478	戊戌	明成化	十四年

国内	国外
	伊比利亚半岛卡斯提尔国女王伊萨伯娜,与亚拉冈国王斐迪南结婚。
大旱,饥民流入(湖北)江陵、襄阳(湖北襄樊)一带深山者九十余万人,(河南)新郑民李胡子因聚众起兵,都御史项忠击之。	
项忠擒李胡子,送北京斩之。山民自 1368 年垦荒,迄今百余年,家业延子孙,多未从乱,亦尽被屠,尸满山谷。项忠树碑炫功,人称之为“堕泪碑”志恨。	英国玫瑰战争又起,兰加斯特党前王亨利六世,与约克党今王爱德华四世,战于条克斯巴里,兰加斯特党大溃,亨利六世被杀。
明帝宪宗朱见深设“西厂”以别“东厂”,命太监汪直主之,探刺外事。汪直命诸旗校广侦滥引,大政小事,方言巷语,径闻于皇帝。旗校大捕“妖言”,以图官赏,多造伪书诱人行事而捕之,冤死相属,无敢言者。寻罢西厂,御史王亿上疏言:“汪直所行,不独可为今日法,且可为万世法。”汪直大喜,复设西厂,擢王亿为湖广按察副使。	
汪直诬兵部右侍郎马文升擅禁农器,下狱,窜(四川)重庆。	

	年份	干支	国号王朝及纪年	
	1479	己亥	明成化	十五年
十五世纪 八〇年代	1480	庚子	明成化	十六年
	1481	辛丑	明成化	十七年
	1482	壬寅	明成化	十八年
	1483	癸卯	明成化	十九年
	1484	甲辰	明成化	二十年

国内	国外
	伊比利亚半岛卡斯提尔王国与亚拉冈王国合并,定名为西班牙王国,国王斐迪南,王后伊萨伯娜共主国政。是时半岛上另有葡萄牙及白衣大食(西阿拉伯)二国。
	莫斯科公国(1261——)大公伊凡三世,废蒙古钦察汗国最后一任可汗,钦察汗国亡(1242——,立国二百三十九年)。
太监汪直恶另一太监尚铭,尚铭大惧,潜以汪直罪恶诉于明帝宪宗朱见深,乃贬汪直为南京御马监太监,遂失势。	英王爱德华四世卒,其叔查理三世篡位,将爱德华四世之二幼子囚入伦敦塔,寻皆杀之,国人大愤,兰加斯德家外孙亨利都铎佩红玫瑰起兵。 热那亚城船长哥伦布深信地圆之说,以由欧洲西行,终可达中国、印度,谒葡萄牙国王约翰二世求助,约翰二世辞以不如就近探险非洲,而阴遣一纯由葡人组成之远航舰队西行,既至大西洋,船员丧胆谋叛,船长大惧,折回。
太监陈准任东厂提督。陈准为人平素清廉,朝廷内外皆安。	

	年份	干支	国号王朝及纪年	
	1485	乙巳	明成化	二十一年
	1486	丙午	明成化	二十二年
	1487	丁未	明成化	二十三年
	1488	戊申	明弘治	元年
	1489	己酉	明弘治	二年
十五世纪九〇年代	1490	庚戌	明弘治	三年
	1491	辛亥	明弘治	四年

国内	国外
	英国玫瑰战争终(1453——,历时三十三年),两党决战于波士委斯,斩查理三世,亨利都铎即位,称亨利七世,娶约克家公主为后以和解,是为“都铎王朝”(——1603)。
	葡萄牙船长迪亚士发现南非好望角,言有好希望可达印度。
明帝宪宗朱见深卒,子孝宗朱祐樘嗣位。朱祐樘于宫中得一小箱,内诸纸皆房中术,悉署“臣万安进”。时万安任华盖殿大学士,朱祐樘命太监责之曰:“是大臣所为乎。”免其官,放归田里。	
武英殿大学士刘吉诬御史汤鼎、寿州(安徽寿县)知州刘概,妖言诽谤,下锦衣卫狱。刘吉为汪直党,屡被劾,而屡进官,人呼为刘棉花,谓其愈弹愈起也。	

年份	干支	国号王朝及纪年	
1492	壬子	明弘治	五年
1493	癸丑	明弘治	六年
1494	甲寅	明弘治	七年
1495	乙卯	明弘治	八年
1496	丙辰	明弘治	九年

国内	国外
	西班牙军团陷格拉那达，白衣大食(西阿拉伯帝国)亡(756——)。 西班牙王后伊萨伯娜资助热那亚城船长哥伦布远洋船三艘及水手八十八人，由西班牙出发西航，探寻至中国、印度之路，历时三月，抵北美洲圣萨尔瓦多岛，误以为已至印度，宣称该地归入伊萨伯娜陛下版图。
	莫斯科公国大公伊凡三世，称俄罗斯沙皇。
	教皇亚历山大六世颁“划界令”，沿北美洲东海岸纵划一线，西归西班牙(北美及南美大部)，东归葡萄牙(南美巴西及非洲)。

年份	干支	国号王朝及纪年	
1497	丁巳	明弘治	十年
1498	戊午	明弘治	十一年
1499	己未	明弘治	十二年

国内	国外
明帝孝宗朱佑樘于文华殿召大学士徐溥、刘健、李东阳等议政事,并饮茶而退。自1464年迄今三十三年,皇帝召阁臣(大学士),不过数语即去,至此方得一聚。	葡萄牙船长达伽马绕过好望角,横渡印度洋,抵印度西岸加里库特,加里库特国王逐之。 英王亨利七世遣热那亚城船长约翰喀巴西入大海,探寻新地,约翰喀巴到达布里吞角岛,误以为"大汗之国"(中国)而还,亨利七世素吝啬,仅予以七镑奖金。

十六世纪

明王朝行政功能，几全部丧失，暴君昏君，层出不穷，日与宦官为伍。皇帝朱厚照唯知荒淫游荡，朱厚熜唯知深闭宫门祈福。虽有张居正奋力改革，寻即失败。继任皇帝朱翊钧更昏庸低能，三十一年间，仅见大臣一面，百政俱废。明王朝之亡，迫在眉睫。

九〇年代，日本侵略朝鲜，中国发兵援助，逐日军出境。

十六世纪
〇〇年代

年份	干支	国号王朝及纪年	
1500	庚申	明弘治	十三年
1501	辛酉	明弘治	十四年
1502	壬戌	明弘治	十五年
1503	癸亥	明弘治	十六年
1504	甲子	明弘治	十七年
1505	乙丑	明弘治	十八年
1506	丙寅	明正德	元年
1507	丁卯	明正德	二年

国内	国外
	葡萄牙海军司令卡布拉尔率舰队顺非洲西岸南航,沿达伽马线,将绕好望角赴印度,忽遇飓风,漂至南美洲今巴西地,登陆,宣布该地为葡萄牙领土。
	帖木儿汗国亡(1369——,共一百三十二年)。
	葡萄牙船长达伽马率军舰二十艘,再至印度,炮轰加里库特,陷之。复侵入锡兰岛,筑哥亚城。葡萄牙即任命达伽马为印度总督。
明帝孝宗朱佑樘卒,子武宗朱厚照嗣位,年十五。	俄国沙皇伊凡三世卒,子瓦西里三世嗣位(——1533)。
明帝武宗朱厚照年幼贪戏,宠信宦官刘瑾等八人,游乐无度,群臣上书请诛之,朱厚照不许,反任刘瑾为司礼太监,免华盖殿大学士谢迁,及武英殿大学士刘健官。唯谨身殿大学士李东阳稍缄默,独留,擢为华盖殿大学士,而任刘瑾党焦芳为武英殿大学士。　兵部主事王守仁上疏谏,杖四十,贬贵州(修文县)龙场驿丞。	
明政府榜奸党谢迁、刘健等姓名于朝堂,令群臣跪金水桥南听诏。　刘瑾诬南京巡抚右副都御史艾璞有罪,杖之几死,贬海南(岛)。又诬工部给事中陶谐有罪,杖之,贬肃州(甘肃酒泉)。	

	年份	干支	国号王朝及纪年
	1508	戊辰	明正德 三年
	1509	己巳	明正德 四年
十六世纪 一〇年代	1510	庚午	明正德 五年

国内	国外
明政府早朝,有遗书丹阶者,明帝武宗朱厚照命拾进,则告刘瑾状也。刘瑾大怒,命群臣百官跪奉天门下,至暮,悉下诏狱,后闻出自宦官,乃得释。朱厚照手书匿名状尾曰:“汝谓贤,吾故不用,汝谓不贤,吾故用之。” 御史涂祯遇刘瑾不为礼,杖死。 御史王时中上疏劾刘瑾,荷重枷立三法司门前三日,几死。 刘瑾捕前兵部尚书刘大夏、南京刑部尚书潘藩下狱,均远窜。 四川保宁(阆中)民蓝廷瑞起兵反。	西班牙占领古巴。
四川变民蓝廷瑞称顺天王,众十余万入湖广,攻郧阳(湖北郧县)。	
四川民变蜂起,左都御史洪钟击之。 (河北)霸州民刘六、刘七,起兵东击山东。 安化王朱寘𫓹于宁夏(银川)起兵,传檄天下,数刘瑾罪恶。右都御史杨一清、宦官张永击之,军未至而宁夏游击将军仇钺已擒朱寘𫓹。 杨一清班师途中,与张永密谋杀刘瑾,返抵北京,明帝武宗朱厚照至东华门受俘饮宴,夜半,刘瑾先归,张永出奏章,谓刘瑾激宁夏之变,且谋篡位。朱厚照大怒,亲率军捕刘瑾,凌迟处死。	葡萄牙占领印度果阿。

年份	干支	国号王朝及纪年	
1511	辛未	明正德	六年
1512	壬申	明正德	七年
1513	癸酉	明正德	八年
1514	甲戌	明正德	九年
1515	乙亥	明正德	十年
1516	丙子	明正德	十一年

国内	国外
洪钟诱擒蓝廷瑞。(四川)江津民曹甫亦称顺天王,兵败被杀。余众方四、廖麻子等,四出攻掠。 刘六、刘七攻掠州县,穷民响应,旬日间,众至数万。惠安伯张伟、右都御史马中锡击之,大败。张伟免官,马中锡下狱死。 宦官谷大用、兵部侍郎陆完,调(山西)大同、宣府(河北宣化)、延绥(陕西榆林)三镇边兵击刘六、刘七。	
刘六、刘七攻掠河北河南,边兵不能胜,则杀平民报功,(山西)大同游击将军江彬尤酷。变民以水军攻通州(江苏南通),遇飓风舟覆,追兵纵击,尽死。 江彬凶残而有机智,善迎人意,贿宦官钱宁,得见明帝武宗朱厚照于豹房(宫内密室)。朱厚照大喜,收为义子,授左都督,留侍左右。 四川变民方四入贵州,兵败被杀。	土耳其帝国苏丹拜尼德二世卒,子西林一世嗣位,北攻,陷布尔格来德城,巴尔干半岛悉入土耳其版图。
四川变民廖麻子入(陕西)汉中,右都御史彭泽追击,廖麻子兵败遁去,不知所终。 朱厚照用宦官钱宁为锦衣卫指挥,时宦官张锐主东厂,威势亦烜赫,时人称为“厂卫”。	

年份	干支	国号王朝及纪年
1517	丁丑	明正德　十二年
1518	戊寅	明正德　十三年

国内	国外
左都督江彬数言宣府(河北宣化)之乐,朱厚照乃出游宣府,江彬搜民女进御,朱厚照大悦,再赴(山西)大同。及还北京,封江彬平卤伯。	土耳其帝国苏丹西林一世陷开罗,并北非入版图,埃及马木路克王国亡(1250——,立国二百六十八年),时黑衣大食(东阿拉伯帝国)哈利发后裔流亡开罗(1258——),以"哈利发"尊号献于西林一世,自是土耳其帝国苏丹又兼伊斯兰教哈利发(教主),为全世界伊斯兰教徒精神领袖。 教皇李奥十世遣使赴各地售卖"赎罪券",神圣罗马帝国威丁堡大学神学教授马丁路德怒斥之,撰文九十五篇,贴于威丁堡教堂门首,宗教改革起。 葡萄牙商人远至中国广州,欧洲商人直接与中国贸易自此始。
宁夏塞有警,朱厚照自称:"威武大将军太师镇国公朱寿",任江彬为威武副将军,出居庸关,再赴宣府(河北宣化)、(山西)大同,至(陕西)榆林。	

	年份	干支	国号王朝及纪年
	1519	己卯	明正德 十四年
十六世纪 二〇年代	1520	庚辰	明正德 十五年

国内	国外
二月,朱厚照由榆林还北京。　三月,朱厚照再自称:“总督军务威武大将军镇国公朱寿”,下诏出游江南,群臣俱会阙下,上奏章乞留,杖翰林撰修舒芬等一百四十六人,员外郎陆震等十一人俱死杖下,然亦罢出游之议。　六月,宁王朱宸濠于(江西)南昌起兵,陷九江,南赣巡抚都御史王守仁发兵击之。　七月,朱宸濠攻(安徽)安庆,王守仁乘虚陷(江西)南昌,擒朱宸濠。　八月,朱厚照欲乘机游江南,乱虽平,仍下诏亲征,自称:“奉天征讨威武大将军镇国公朱寿”。　九月,朱厚照至南京,江彬欲令纵朱宸濠于鄱阳湖,以便朱厚照亲与战,王守仁星夜械朱宸濠取道浙江以进,付宦官张永而归。江彬大怒,欲诬王守仁谋反,赖张永救解,得免。　十二月,朱宸濠至南京,朱厚照作凯旋状,囚之。	西班牙国王查理五世资助船长麦哲伦作第一次环球航行(——1522,历时四年)。 西班牙占领墨西哥。
十月,朱厚照自南京北返。　十二月,至通州(北京通县),有疾。斩朱宸濠。	教皇李奥十世宣布路德破门罪,逐出教会,命神圣罗马帝国皇帝查理五世以“异端”予以处死。因路德教义为诸有实力之贵族信奉,查理五世不敢动。自是路德教派正式成立,反对天主教教皇及其仪式,世称“新教”。 麦哲伦船队穿过南美南端波涛险恶之麦哲伦海峡,进入大洋,见风平浪静,名之为“太平洋”。

年份	干支	国号王朝及纪年
1521	辛巳	明正德 十六年
1522	壬午	明嘉靖 元年

国内	国外
正月,明帝武宗朱厚照至北京。　二月,朱厚照卒,无子,遗命立兴献王朱祐杬子朱厚熜。朱祐杬乃宪宗朱见深第四子,孝宗朱祐樘弟。　四月,朱厚熜由封地安陆(湖北钟祥)抵北京,即位,是为世宗。命议崇祀生父朱祐杬典礼。华盖殿大学士杨廷和与礼部尚书毛澄议:称伯父朱祐樘为父,伯母张太后为母;称生父朱祐杬为叔父,生母蒋妃为叔母。朱厚熜曰:"父母岂可颠倒互换若是耶。"命再议。　七月,观政进士张璁上大礼疏,主张应依正常伦理,尊生父朱祐杬为父,生母蒋妃为母,伯父朱祐樘为伯父,伯母张太后为伯母。　九月,朱厚熜生母蒋妃由安陆至通州(北京通县),闻朝议欲称父为伯父、伯父为父,恚曰:"安得以我子为人之子。"因留不进,朱厚熜见张太后,涕泣请退位奉母归,群臣惶惧。　十月,杨廷和等不得已,草诏尊生父朱祐杬为兴献帝,生母蒋妃为兴献后。　十二月,杨廷和衔张璁异议,出之为南京刑部主事,传语曰:"勿复以大礼说难我。"　朱厚熜手诏加"皇"字,母蒋妃为兴献皇后,朱祐杬为兴献皇帝。杨廷和与群臣力争,不听,乃求罢官,不报。	麦哲伦率船队横渡太平洋,至菲律宾群岛,与土人作战时阵亡。
明帝世宗朱厚熜郊祀,甫毕,清宁宫火灾,杨廷和等谓此乃祖宗神灵不悦尊崇生父朱祐杬之故,朱厚熜亦惧,乃从其议,称伯父朱祐樘为父,伯母张太后为母,去生父母"皇"字。杨廷和乃上朱厚熜生父朱祐杬尊号为"兴献帝",生母蒋氏为"兴国太后"。	麦哲伦船队维多利亚号返抵西班牙(1519——),出发时计船五艘,归来仅余一艘,水手二八〇人,仅余三十一人。

年份	干支	国号王朝及纪年
1523	癸未	明嘉靖 二年
1524	甲申	明嘉靖 三年

国内	国外
南京刑部主事桂萼上大礼疏,并录湖广巡抚右副都御史席书、吏部员外郎方献夫二人疏草,请称伯父朱祐樘为伯父,伯母张太后为伯母,生父朱祐杬为父,生母蒋氏为母。朱厚熜命群臣再议。 朱厚熜信奉道教,于乾清宫诸处建醮(设坛祈福)。 日本诸道争贡(贸易)于中国,僧宗设先至(浙江)宁波,僧瑞佐后至,宁波民宋素卿贿市舶司太监赖恩,先阅僧瑞佐货,僧宗设大怒,追僧瑞佐至(浙江)绍兴,不得,沿途杀掠而去,浙中大震。明政府逮宋素卿下狱,废市舶司,绝贸易。	
正月,吏部尚书乔宇率九卿上言,请朱厚熜仍称伯父朱祐樘为父。朱厚熜命张璁、桂萼赴北京。 三月,朱厚熜下诏称生父朱祐杬为"本生皇考(父)恭穆献皇帝",生母蒋氏为"本生圣母章圣皇太后"。但仍称伯父朱祐樘为"考"(父)如故。时张璁、桂萼已至(安徽)凤阳,以大礼已定,诏止之勿来。张璁又上奏章,论生父及伯父俱称父之非,朱厚熜乃命其速进。 六月,张璁、桂萼至北京,廷臣欲捶击之,无一人与通候,给事中张翀取群臣弹章,奏请发刑部治张璁、桂萼罪,刑部尚书赵鉴曰:"旨下便扑杀之。"朱厚熜知之,授张璁、桂萼俱为翰林学士。 七月,朱厚熜下诏去"本生"二字,尚书金献民曰:"是将改称孝宗(朱祐樘)为伯父,正统有间矣。"修撰杨慎(杨廷和子)曰:"仗义死节,正在今日。"乃与群臣赴左顺门跪伏,撼门大哭,声震宫阙,朱厚熜大怒,逮一百三十四人于狱,杖一百八十人,内十六人死杖下,窜杨慎等于边荒。 九月,朱厚熜下诏称伯父朱祐樘为伯父,伯母张太后为伯母。(山西)大同巡抚都御史张文锦于城北九十里筑五堡,遣边兵二千五百人戍之,每堡五百家。边兵以往戍必死于鞑靼,哀诉,张文锦不许,且杖其队长,边兵遂变,斩张文锦。新任巡抚蔡天祐擒首事徐毡等四人处死,乱平。	

	年份	干支	国号王朝及纪年	
	1525	乙酉	明嘉靖	四年
	1526	丙戌	明嘉靖	五年
	1527	丁亥	明嘉靖	六年
	1528	戊子	明嘉靖	七年
	1529	己丑	明嘉靖	八年
十六世纪三〇年代	1530	庚寅	明嘉靖	九年
	1531	辛卯	明嘉靖	十年
	1532	壬辰	明嘉靖	十一年
	1533	癸巳	明嘉靖	十二年

国内	国外
	蒙古一部落酋长巴卑尔(帖木儿可汗五世孙),崛起阿富汗。
广西巡抚都御史盛应期,向田州(广西田阳)指挥土官岑猛索重贿,岑猛出不逊语,盛应期怒,诬以谋反,上书请发兵击之,会盛应期去位,都御史姚镆代为广西巡抚,上奏再请。岑猛裂帛书冤状,陈于军门乞怜察。姚镆贪功,不听,岑猛奔归顺州(广西靖西),为归顺州知州土官岑璋所杀。	土耳其帝国苏丹苏里曼一世攻入中欧,灭匈牙利王国(955——)。
广西田州(田阳)民卢苏、王受起兵,明政府免姚镆官,遣新建伯兵部尚书王守仁征讨。	
王守仁抵田州招谕,卢苏、王受降,俱授为巡检。	蒙古酋长巴卑尔攻印度,陷德里城,建莫卧尔帝国,或译"蒙兀儿帝国"(——1857)。
	西班牙占领南美洲秘鲁。
鞑靼将侵边,大同总制刘源清驻阳和(山西阳高),命大同总兵李瑾御之,李瑾驭士卒少恩,边兵遂变,杀李瑾。刘源清大怒,并五堡事(1524)一并追究,遣兵入大同,大肆杀掠,五堡余众起拒战,遂据大同。刘源清更怒,百道攻城,不能下。	莫斯科公国大公瓦西里二世卒,子伊凡四世嗣位(——1584),史称"恐怖的伊凡"。

	年份	干支	国号王朝及纪年	
	1534	甲午	明嘉靖	十三年
	1535	乙未	明嘉靖	十四年
	1536	丙申	明嘉靖	十五年
	1537	丁酉	明嘉靖	十六年
	一五三八	戊戌	明嘉靖	十七年
	一五三九	己亥	明嘉靖十	八年
十六世纪 四〇年代	1540	庚子	明嘉靖	十九年
	1541	辛丑	明嘉靖	二十年

国内	国外
明政府逮刘清源下狱,削籍,遣户部侍郎张瓒代之,止攻城,使人招谕,边兵斩首事者黄镇出降。 广西田州(田阳)总兵张佑将调走,望判官岑邦相厚贿,岑邦相贿之不满意,张佑遂与巡检卢苏谋,卢苏伏兵杀岑邦相,另立岑芝为判官。邻府诸土官均愤,合兵陷田州,卢苏奔免。	英王亨利八世初反对路德教派教皇李奥十世赐以“信仰保卫者”荣衔。亨利八世欲与皇后离婚再娶,李奥十世不许,亨利八世乃使国会通过《最高权利法案》,以国王代替教皇为英国教会元首,英国教会遂继路德教派脱离天主教。
南京吏部尚书严嵩调北京,擢为礼部尚书,时礼部正选“译文”诸生,严嵩就任后即大索货贿,御史桑乔劾之,严嵩上疏辩解。明帝世宗朱厚熜命今后大臣被劾,不可辩解,严嵩惧,益貌为恭谨以媚。	法国人卡尔文于瑞士刊行《基督教原理》一书,反对天主教教皇及仪式,实行宗教改革,信徒日增,世称“卡尔文教派”。
朱厚熜南巡承天府(湖北钟祥)。	
明帝世宗朱厚熜欲命太子监国,自己静摄二年,再行亲政。太仆卿杨最上疏谏,谓此乃方士调摄之术,金丹适足伤寿。朱厚熜怒,捕杨最下镇抚司狱,拷死。授方士陶仲文为忠孝秉一真人,掌全国道教,加少保、礼部尚书,寻又加少傅。	
御史杨爵上疏言:“今饥民颠连无告,而以一士故,用民膏血建雷坛。”朱厚熜怒,捕下镇抚司狱,长囚。	

年份	干支	国号王朝及纪年
1542	壬寅	明嘉靖 二十一年
1543	癸卯	明嘉靖 二十二年
1544	甲辰	明嘉靖 二十三年
1545	乙巳	明嘉靖 二十四年
1546	丙午	明嘉靖 二十五年

国内	国外
严嵩事华盖殿大学士夏言甚谨,而夏言以泛泛门客待之。严嵩欲入阁,夏言又沮之,严嵩大恨,潜之于朱厚熜,下诏免夏言官。	西班牙遣军于菲律宾登陆,宣布为西班牙领土(——1898)。
朱厚熜夜宿曹端妃宫,宫女杨金英等伺其熟寝,以绳缢其颈,误为死结,得以不死,同谋张金莲知事不成,奔告方皇后,解绳救之,朱厚熜始苏,然仍不能言,方皇后命磔曹端妃、杨金英等于市。　任严嵩为武英殿大学士,给事中周怡劾之,逮周怡下狱。山东巡按御史叶经前曾劾严嵩,至是,严嵩入阁,诬叶经有讪谤元首语,捕至北京,杖死。　鞑靼达延汗卒,所部分裂为四。	波兰学人哥白尼卒,所著《天体运行论》发表,揭示地球非宇宙中心,太阳乃宇宙中心。
朱厚熜召夏言仍任华盖殿大学士,加少师。夏言发严嵩纳贿事,严嵩偕其子尚宝司少卿严世蕃,长跪榻前,泣谢,夏言遂不发,然严嵩心益恚恨。	
明政府自废市舶司(1523),凡日本货至,皆委托商家,商家负其债,故不付,多者至数万金,少者亦数千,索急则避去。日商无奈,转委托贵官家,而贵官之奸,尤甚于商。日人丁近岛坐索欠债,日久不得,乏食,乃出没抄掠,贵官诬之为“倭寇”,命官府发兵驱之,复先泄于日商以示惠。他日货至,又复如此,日商大愤,乃据近岛不去,海民及衣冠之士多与之通。明政府命浙江巡抚朱纨击之,朱纨先执与之通者处死,而贵官皆与之通,大哗,讼于中央。诏捕朱纨,朱纨自杀,而“倭寇”势益炽。　陕西三边总督都御史曾铣上奏,欲复河套(1462 年陷于鞑靼),朱厚熜大喜,下诏褒扬,予修边费二十万两。	

	年份	干支	国号王朝及纪年	
	1547	丁未	明嘉靖	二十六年
	1548	戊申	明嘉靖	二十七年
	1549	己酉	明嘉靖	二十八年
十六世纪 五〇年代	1550	庚戌	明嘉靖	二十九年
	1551	辛亥	明嘉靖	三十年
	1552	壬子	明嘉靖	三十一年

国内	国外
	莫斯科公国(1480)大公伊凡四世(恐怖伊凡),称沙皇,改国号为俄罗斯。
严嵩欲倾夏言,极言河套不可复,朱厚熜遂变卦,命捕曾铣至北京,立斩。命夏言退休,行至通州(北京通县),追捕返北京,适居庸关(北京昌平)报警,严嵩谓夏言擅开边衅所致,斩夏言于市。	
鞑靼王子俺答率大军陷古北口(北京密云东北),围北京。宣大(宣府、大同)总兵仇鸾率边兵入援,不敢击敌,唯横劫民间。既而俺答大掠子女金帛而去,朱厚熜认系兵部尚书丁汝夔懦怯,斩之。	
锦衣卫经历沈炼上疏劾严嵩十大罪,朱厚熜以沈炼诋诬大臣,杖之,窜保安(陕西志丹)	
“倭寇”大掠(浙江)象山、定海(浙江舟山)。宁波人汪直为之魁,其他徐海、毛海峰等不下十余帅,日本人不过十之二三,余均为中国人,或全为中国人,官府悉称之为“倭寇”,以减己责。明政府命都御史王忬任浙江巡抚,王忬倚参将俞大猷、汤克宽为心臂,严督防御。	

年份	干支	国号王朝及纪年
1553	癸丑	明嘉靖 三十二年
1554	甲寅	明嘉靖 三十三年

国内	国外
兵部员外郎杨继盛上疏劾严嵩十罪五奸,朱厚熜大怒,逮杨继盛下锦衣卫狱,杖一百,割肉三斤,断筋二条,日夜囚笼匣中,备诸痛苦。移刑部狱,定绞刑。　鞑靼王子俺答攻大同,副总兵郭都战死。俺答复攻古北口,烽火达北京,蓟辽总督杨博固守古北口,终不能入。"倭寇"结寨于海中普陀山(浙江舟山),俞大猷击之,江直众溃,流窜各地。另股攻(江苏)太仓,不克,遂大掠(江苏)苏州。	英王爱德华六世卒,无子女,妹玛丽一世嗣位(——1558)。
"倭寇"大掠通州(江苏南通)、如皋,有漂至(江苏)徐州、(山东)青州境者,山东大震。明政府命徐州兵备副使李天宠代王忬任浙江巡抚,命南京兵部尚书张经任江南江北总督。　工部侍郎赵文华上疏言:"倭寇"猖獗,请祷东海海神以镇之,明帝世宗朱厚熜命其赴浙江祭祀,兼督军务。赵文华入浙,凌侮将吏,大索贿赂,公务大扰。	英女王玛丽一世与西班牙国王腓力二世结婚,二人均奉天主教,于是二国均设异端裁判所,对拒不改奉天主教之新教徒,悉处死刑。玛丽一世对英国教会及教徒,迫害极惨,世称之为"血腥玛丽"(在西班牙,至1809年,二百五十年间,仅焚死之新教徒,即达三万二千人)。

年份	干支	国号王朝及纪年
1555	乙卯	明嘉靖 三十四年
1556	丙辰	明嘉靖 三十五年
1557	丁巳	明嘉靖 三十六年

国内	国外
“倭寇”入乍浦(浙江平湖),杭州数十里外,流血成川。广西田州(田阳)土官妻瓦氏引狼士兵,远道援浙江,所至亦大掠。“倭寇”寻遁去,总督张经驻嘉兴,邀击于王江泾,大破之,自击“倭寇”以来,此为第一捷报。而赵文华视师,凌侮张经,张经不为下,赵文华遂连劾其纵贼,明帝朱厚熜大怒,捕张经、李天宠至北京斩之。　严嵩将杨继盛姓名写入请斩张经疏尾,于是杨继盛亦斩。	
“倭寇”益烈,朱厚熜命赵文华总督浙闽直隶军务击之,所在征兵集饷,搜括库藏。浙闽总督胡宗宪诱斩“倭寇”徐海,赵文华居为己功,召还北京,加少保。　赵文华知吏部尚书李默与严嵩有隙,乃诬李默谤讪,诏捕李默,下狱拷死。严嵩大悦,再加赵文华工部尚书、太子太保。	
浙闽总督胡宗宪诱斩“倭寇”汪直,其部曲皆死士,抄掠不息。总兵官俞大猷不附严世蕃,胡宗宪遂诬俞大猷屡失军机,下锦衣卫狱,俞大猷借贷三千金贿严世蕃,得不死,免官。　鞑靼王子俺答入雁门寨,破应州(山西应县)四十余堡,宣大总督杨顺纵兵杀避难乡民,上首级报功。　前锦衣卫经历沈炼窜保安(陕西志丹),授生徒为业,日詈严嵩,又责杨顺屠杀难民,杨顺遂诬以谋反,并其二子杀之。　赵文华欲直结皇帝,密进药酒方。严嵩大惧且恨,削赵文华职,窜其子于边荒。	

	年份	干支	国号王朝及纪年	
	1558	戊午	明嘉靖	三十七年
	1559	己未	明嘉靖	三十八年
十六世纪 六〇年代	1560	庚申	明嘉靖	三十九年
	1561	辛酉	明嘉靖	四十年
	1562	壬戌	明嘉靖	四十一年
	1563	癸亥	明嘉靖	四十二年

国内	国外
刑科给事中吴时来、刑部主事张冲、董传策,分别上奏章劾严嵩,俱下狱,廷杖,窜烟瘴地十年。	英女王血腥玛丽卒(1553——),无子女,妹伊丽莎白嗣位(——1603)。西班牙国王腓力二世向其求婚,欲依其姊故事,使英国成为天主教国家。伊丽莎白奉英国教会,拒之,反屠杀不改奉英国教会之天主教徒及其他教派教徒。
严嵩诬(山西)大同总督王忬边吏陷城,斩于市。	
严嵩妻欧阳氏卒,子严世蕃拒不护丧归,更肆淫乐,朱厚熜心恶之。方士蓝道行以扶乩见幸,朱厚熜问:"今天下何以不治。"对曰:"贤不能进,不肖不能退,贤如徐阶,不肖如严嵩。"问:"上玄何不杀之。"对曰:"留待皇帝正法。"朱厚熜心动。	
御史邹应龙劾严世蕃,及严嵩溺爱恶子,植党蔽贤。朱厚熜遂命严嵩退休,捕严世蕃下狱,窜(广东)雷州。严世蕃贿宦官,言邹应龙疏乃蓝道行所教,朱厚熜命斩蓝道行。	
严世蕃窜(广东)雷州,至(广东)南雄即返故乡江西分宜,大筑馆舍,横暴如初,严嵩年老不能制。　浙闽总督胡宗宪,素附严嵩,严嵩败,适逢大计(考核)京官,遂捕至北京,下狱自杀。	葡萄牙商人至中国者日多,中国政府租借澳门与之居住,外国租借中国土地自此始。

年份	干支	国号王朝及纪年
1564	甲子	明嘉靖 四十三年
1565	乙丑	明嘉靖 四十四年
1566	丙寅	明嘉靖 四十五年
1567	丁卯	明隆庆 元年
1568	戊辰	明隆庆 二年

国内	国外
御史林润上疏发严世蕃奸暴,在籍假治宅为名,聚众至四千人,道路汹汹,将为不测。朱厚熜命逮严世蕃至北京,下狱。　“倭寇”攻(福建)仙游,浙江参将戚继光击之,追至王仓坪,擒斩殆尽,“倭寇”自是始息。	意大利画家米开朗基罗卒(1475——)。
三法司(刑部、都察院、大理寺)上疏谓严世蕃潜结日本及鞑靼谋反,朱厚熜大怒,斩严世蕃,削严嵩籍,没其家产,严嵩寄食故旧以死。	
明帝世宗朱厚熜卒,子穆宗朱载垕嗣位。	
鞑靼王子俺答攻(山西)大同,参将刘国击退之。	苏格兰女王玛丽与情夫包斯威尔,共杀亲夫达恩莱伯爵,而公开与包斯威尔结婚,苏格兰贵族引为国耻,囚玛丽于罗克利文山。
辽王朱宪㸅封地在(湖北)江陵,骄暴酗酒,明政府命锢高墙,将其宅赐武英殿大学士张居正。	苏格兰女王玛丽由囚所奔英格兰,投其表姊英国女王伊丽莎白,伊利莎白囚之于伦敦塔,命传位于子詹姆士六世,玛丽不允。

	年份	干支	国号王朝及纪年	
	1569	己巳	明隆庆	三年
十六世纪 七〇年代	1570	庚午	明隆庆	四年
	1571	辛未	明隆庆	五年
	1572	壬申	明隆庆	六年
	1573	癸酉	明万历	元年
	1574	甲戌	明万历	二年
	1575	乙亥	明万历	三年
	1576	丙子	明万历	四年
	1577	丁丑	明万历	五年

国内	国外
鞑靼王子俺答孙把汉那吉,聘兔撦金之女为妻。俺答长女有女曰三娘子,绝美,已受袄儿都司聘,俺答夺娶之,袄儿大怒,将攻俺答。俺答无以解,即以兔撦金之女偿袄儿。把汉那吉怒曰:“祖父妻外孙,又夺孙妇与人,吾行矣。”遂降明朝。俺答恐明廷杀其孙,乃与明政府定盟,通贡市马,执降人白莲教徒赵金等五人送明廷,明政府亦送把汉那吉归,自是俺答不复侵明朝。	日本群雄之一织田信长,进军京都,逐征夷大将军足利义昭,“室町幕府”终(1334——,共二百三十七年),日本幕府政治中断(——1600),天皇命织田信长为右大臣。
明政府封俺答为顺义王。	西班牙于菲律宾筑马尼拉城,作为首府。
明帝穆宗朱载垕卒,子神宗朱翊钧嗣位,年十岁,宦官冯保用事,矫传遗诏:“大学士与司礼太监同受顾命。”廷臣大骇。中极殿大学士高拱谋逐之,建极殿大学士张居正与高拱素负气不相下,乃泄之于冯保,冯保遂传朱翊钧生母李贵妃旨,免高拱官,即日回籍。于是张居正得专朝政。	法王查理九世之妹结婚,新教徒纷赴巴黎参与庆典,婚后第六天,8月24日,为天主教圣巴托罗缪祭日(耶稣十二使徒之一),王太后喀德邻下令屠杀新教徒,巴黎城死四千余人,全国死三万余人,史称“圣巴托罗缪惨案”。
男子王大臣持刀入宫,下狱,处斩,宦官冯保欲藉以陷高拱,不果。	
张居正父卒,明帝神宗朱翊钧止其奔丧。编修吴中行、检讨赵用贤、刑部员外郎艾穆、刑部主事沈思孝,交章劾其忘亲贪位,俱廷杖窜边。	

	年份	干支	国号王朝及纪年	
	1578	戊寅	明万历	六年
	1579	己卯	明万历	七年
十六世纪 八〇年代	1580	庚辰	明万历	八年
	1581	辛巳	明万历	九年
	1582	壬午	明万历	十年
	1583	癸未	明万历	十一年
	1584	甲申	明万历	十二年
	1585	乙酉	明万历	十三年
	1586	丙戌	明万历	十四年

国内	国外
张居正返(湖北)江陵葬父,寻还北京。	
	葡萄牙王塞巴斯提安卒,无子女,王室统绝,西班牙王腓力二世兼葡萄牙王,二国合并(——1640)。
明帝神宗朱翊钧手诏褒张居正:“精忠大勋,言则不尽,官不能酬。”加柱国太师。张居正固辞。	
鞑靼顺义王俺答卒,其妻三娘子率子黄台吉上表贡马。　加张居正太师,张居正寻卒。朱翊钧所幸宦官张诚,素为张居正及司礼太监冯保所恶,斥外数年,至是返宫,谮谓张居正与冯保勾结,二人宝藏踰于宫禁,朱翊钧心动,贬冯保于南京,籍没其家,金银珠宝巨万。疑张居正家更多,窃艳之。	日本右大臣织田信长被刺身死,部将丰臣秀吉继其位,天皇命为“关白”(宰相)。 教皇格列哥里颁新历法,即现代仍沿用之阳历。
御史羊可立劾张居正构陷辽王朱宪㸅狱(1568),朱宪㸅妻亦讼冤,且曰:“辽王府金宝万计,悉入张居正。”朱翊钧乃命宦官张诚往江陵籍没张居正家,尚未至,江陵县令先期锢其门,子女避空室中,比至,门启,已饿死十余人。长子张敬修不胜拷掠,自缢死。朱翊钧下诏,宣示张居正罪于天下,谓:“当剖棺戮尸,姑免之。”子侄悉窜烟瘴地。	俄国沙皇伊凡四世卒,子费多尔一世(——1598)嗣位。

	年份	干支	国号王朝及纪年	
	1587	丁亥	明万历	十五年
	1588	戊子	明万历	十六年
	1589	己丑	明万历	十七年
十六世纪九〇年代	1590	庚寅	明万历	十八年
	1591	辛卯	明万历	十九年
	1592	壬辰	明万历	二十年

国内	国外
	苏格兰女王玛丽于伦敦塔囚所中,密函西班牙国王腓力二世求救,事泄,英国女王伊利莎白杀之。
	西班牙国王腓力二世遣无敌舰队攻英国,进至英吉利海峡,战少失利,而飓风忽起,遂溃,自是西班牙海军不能复振。
朱翊钧开始不视朝(自今年起,之后凡二十六年,与群臣不见一面。至1615年"梃击案"起,始出一朝,而又入宫不出,至其死,三十一年间【——1620】,君臣仅该一次对晤。)	法国亨利三世卒,无子女,瓦罗亚王朝绝(1328——,凡二百六十二年),波旁城系亨利四世继为法王,史称"波旁王朝"(——1848)。
	意大利学人伽利略登比萨斜塔,试物体下落速度。
日本关白(宰相)丰臣秀吉率海军攻朝鲜,朝鲜王李昖弃王京(汉城),奔平壤,日军陷王京,围平壤。李昖再奔爱州。中国遣东征提督李如松援朝鲜。 宁夏(银川)退休副总兵哱拜,子哱承恩,俱横暴,宁夏巡抚党馨欲以冒领军粮罪之,哱拜遂杀党馨叛。兵败,磔死长安。	

年份	干支	国号王朝及纪年	
1593	癸巳	明万历	二十一年
1594	甲午	明万历	二十二年
1595	乙未	明万历	二十三年
1596	丙申	明万历	二十四年

国内	国外
援朝鲜军李如松与日军战于平壤,大破日军,乘胜直入,至碧蹄馆,距王京三十里,中伏,大败,退屯开城。而日军粮尽,弃王城南走,据釜山不去。兵部尚书石星力主封丰臣秀吉为王,许日本入贡(贸易)。 四川播州(贵州遵义)宣慰司使杨应龙酷杀树威,四出抄掠,四川巡抚王继光击之,至娄山关(贵州桐梓),大败,王继光免官。	
明政府任临淮侯李宗城为正使、都指挥杨方亨为副使,赴日本封丰臣秀吉为日本王,给金印,委其大将长行为都督佥事。	
兵部侍郎贵州总督邢玠击播州(贵州遵义)杨应龙,杨应龙伏罪,以四万金论赎,及邢玠还北京,杨应龙益横。既而其长子杨可栋囚于重庆,病卒,杨应龙怒曰:“我子活,则赎金至。”搜戮军民,抄掠屯堡。	
明政府使节李宗城纨袴子,所至贪索无厌,至对马岛,对马太守智仪,夜饬美女二三人更番纳帷中,李宗城大悦,留不进。日本数请渡海,均不允。智仪妻,行长女也,李宗城闻其美,并欲淫之,智仪怒,将杀之,李宗城弃玺书遁,迷路,自缢于树,从者追至解之,遂奔庆州。明政府改遣杨方亨、沈惟敬为正副使赴日本,既至,丰臣秀吉借口朝鲜使节位微,曰:“以卑官微物来,辱小邦耶。”拒不撤留釜山军。 四川播州(贵州遵义)杨应龙掠大阡、都坝,焚余庆(贵州湄潭)、草堂(贵州瓮安)二司。	

年份	干支	国号王朝及纪年	
1597	丁酉	明万历	二十五年
1598	戊戌	明万历	二十六年
1599	己亥	明万历	二十七年

国内	国外
明政府以封贡事不成,兵部尚书石星下狱,论死。命邢玠为蓟辽总督,杨镐为辽左经略,分道援朝鲜,进围尉山。会讹报日本援军至,杨镐不及下令,策马西奔,诸军皆溃,死万余人。明政府免杨镐官,命天津巡抚万世德为辽左经略。　四川播州杨应龙掠(四川)江津,攻(四川)合江,索其仇袁子升,脔割死。	
援朝鲜军邢玠大举攻日军,会日本关白(宰相)丰臣秀吉卒,扬帆尽去,中国追击,斩获甚众。万世德初受命不敢进,至是兼程驰至,会同邢玠奏捷。 四川播州(贵州遵义)杨应龙陷桥卫城(四川綦江南),得其仇宋世臣之父,及指挥陈天宠等,令诸苗对父奸其女,面夫淫其妻,或裸坐木丛,烧蛇从阴入腹。	日本关白(宰相)丰臣秀吉卒,子丰臣秀赖冲幼,乃托孤于部将德川家康、毛利辉元等五“大老”(最高执政)。 法王亨利四世于南特颁布诏书,许信教自由,新旧教徒有同等政治权利,新教徒自是始获得法律保障,史称《南特敕令》。 俄国沙皇费多尔一世卒,无子,罗瑞克王朝终(862——)。由费多尔一世妻兄戈都诺夫继位。至1613年,史称“混乱时代”。
贵州巡抚江东之击四川播州(贵州遵义)杨应龙,大败,杨应龙遂陷(贵州)綦江,掠取子女金帛,老弱悉杀之,尸蔽长江而下,水为之赤。	

十七世纪

明王朝宦官横暴，又逢大旱大饥，民变四起，全国一片混战，死人无算。一〇年代，后金汗国在东北兴起，寻改为清帝国。

四〇年代，起义军首领之一李自成，攻陷北京。清军大举入山海关，十数年间，灭明王朝。清政府统一中国。

中国因注入清王朝满洲人新血轮之故，七〇年代之后，骤然强大无匹，中国再进入黄金时代。

	年份	干支	国号王朝及纪年	
十七世纪 〇〇年代	1600	庚子	明万历	二十八年
	1601	辛丑	明万历	二十九年
	1602	壬寅	明万历	三十年

国内	国外
四川总督李化龙分兵八路,大举击杨应龙,各路连捷,深入蛮荒,会师海龙囤(贵州遵义西北)下,更番迭攻,城陷,杨应龙自焚而死。乃分播州为二,西名(贵州)遵义,东名平越(贵州福泉)。	英国设立东印度公司,侵略印度,遣军陷孟买,蒙古莫卧儿帝国不能抗。 日本大老毛利辉元,奉丰臣秀赖,起兵讨德川家康,战于关西,毛利辉元大败,“前期武家时代”终(1186——,共四百一十五年)。德川家康称征夷大将军,于江户(东京)设幕府,号令全国,史称“江户时代”。“后期武家时代”始(——1867)。
(今年,中央官员缺尚书三,侍郎十,科道九十四。地方官员缺巡抚三,布按监司六十六,知府二十五。) 湖广税监宦官陈奉恣威苛暴,用火箭焚民居。又诬湖广佥事冯应京等有罪,缇骑至武昌(湖北武汉),民变,陈奉匿楚王府得免。(江苏)苏州税监宦官孙隆苛暴,民变,官府发兵击之,捕变民首事葛成,下狱死。	
明帝神宗朱翊钧疾笃,召武英殿大学士沈一贯,谕以悉罢矿税。翌日疾稍痊,懊悔,急令追之,宦官田义谏曰:“谕已颁行,不可反汗。”朱翊钧大怒,几欲手刃田义,而沈一贯惧,亟缴前谕,田义唾之。 饶州(江西波阳)税监宦官潘相舍苛暴,民变。(云南)昆明税监宦官杨荣苛暴,民变。(江苏)苏州税监宦官刘成苛暴,民变。	荷兰也设立东印度公司,侵略印度及东印度群岛(今印度尼西亚)。

年份	干支	国号王朝及纪年	
1603	癸卯	明万历	三十一年
1604	甲辰	明万历	三十二年
1605	乙巳	明万历	三十三年
1606	丙午	明万历	三十四年
1607	丁未	明万历	三十五年
1608	戊申	明万历	三十六年
1609	己酉	明万历	三十七年

国内	国外
楚王朱华奎与族人朱华越互控,族人控朱华奎非先王之子,朱华奎劾族人诬陷。大学士沈一贯护楚王,礼部侍郎郭正域护族人,遂分党互斗。不久,“妖书”事起,有小册《续忧危宏议》出,谓太子朱常洛将被废,沈一贯遂捕郭正域,欲兴大狱,百官震恐。寻锦衣卫得顺天(北京)生员皦生光,拷使诬服,事始解。	英国女王伊丽莎白卒(1558——),无子女,都铎王朝绝(1485——)。苏格兰国王詹姆士六世(被杀之玛丽女王子),兼英格兰国王,改称詹姆士一世,是为“斯图亚特王朝”(——1714),二国共戴一君,而仍各有政府及议会。
磔皦生光于市,但“妖书”实非其所作。	法国开始殖民北美洲。 塞万提斯著《堂吉诃德》。
云南税监宦官杨荣杖死数千人之多,民变,杀杨荣。明帝神宗朱翊钧大怒,不食,曰:“杨荣不足惜,何纪纲坏至此。”捕变民首事贺世勋下狱处死。	
陕西税监宦官梁永苛暴,诬咸阳知县满朝荐劫贡,缇骑至长安,民变。	英国开始殖民北美洲。
辽东税监宦官高淮驻(辽宁)锦州,苛暴,民变,高淮逃入山海关。	
江西大水,死十余万人。福建大水,死十余万人。 山西大旱,山东大蝗,赤地千里。	意大利学人伽利略制成望远镜,探测太空,是为人类第一架望远镜。

十七世纪
一〇年代

年份	干支	国号王朝及纪年	
1610	庚戌	明万历	三十八年
1611	辛亥	明万历	三十九年
1612	壬子	明万历	四十年
1613	癸丑	明万历	四十一年
1614	甲寅	明万历	四十二年
1615	乙卯	明万历	四十三年
1616	丙辰	明万历 后金天命	四十四年 元年

国内	国外
给事中宋一桂,劾前吏部郎中顾宪成:“讲学东林,遥执朝政,结漕运总督李三才。”李三才免官。东林党议党狱由是起。	
	俄国“混乱时代”终(1598——),国民大会选举迈克海尔·罗曼诺夫为沙皇,罗曼诺夫王朝始(——1917)。
男子张差持棍闯入慈庆宫(太子朱常洛所居),被执下狱。刑部主事王之寀等认系郑贵妃及其弟郑国泰指使,欲杀朱常洛,主严究指使。明帝神宗朱翊钧命将张差凌迟处死,不许追究(三案之一——梃击案)。朱翊钧为此事特召见大臣,吆喝作态,首相方从哲唯叩头,副相吴道南惊怖,宛转僵卜,便液并下。御史刘光复越次进言,朱翊钧厉声命拿下,群阉聚殴之。 建州(辽宁新宾)女真部落酋长努尔哈赤建八旗军制。	日本江户幕府征夷大将军德川家康,攻陷大阪,丰臣秀赖与母自杀,丰臣秀吉之后绝(1598——)。
女真部落酋长努尔哈赤于赫图阿拉(辽宁新宾,后改称兴京)称可汗,国号金。史称“后金”。	英国作家莎士比亚、西班牙作家塞万提斯,于今年4月23日同日卒。

年份	干支	国号王朝及纪年	
1617	丁巳	明万历	四十五年
		后金天命	二年
1618	戊午	明万历	四十六年
		后金天命	三年
1619	己未	明万历	四十七年
		后金天命	四年

国内	国外
朱翊钧久不视朝(1590——),群臣上疏,悉留中不理,无所处分。唯言官一劾,其人即自辞官。于是台省(御史、给事中)之势,积重不返,有齐党、楚党、浙党之分,三足鼎峙,不问是非,唯察利害,倾轧日烈。	
后金可汗努尔哈赤以七大恨告天,出兵攻明,毁抚顺城而退。明广宁(辽宁北镇)总兵张承荫追之,后金军回击,明军尽没,张承荫战死。	神圣罗马帝国境内斯特里亚国王斐迪南二世,信奉天主教,屠新教徒甚惨。帝国皇帝鲁独尔夫命斐迪南二世兼波希米亚国王,而波希米亚国民皆为新教卡尔文派,大惧,拥立腓特烈五世为国王,鲁独尔夫遣兵讨伐,战争持续三十一年(——1648),史称"三十年战争"。
明辽东经略杨镐集兵沈阳,四路攻后金,军机不密,诸事宣泄,四路军悉溃。左翼中路总兵官杜松、右翼南路总兵官刘铤均被杀,文武将吏死三百余人,士卒死四万五千余人。后金军遂陷(辽宁)开原、铁岭。明政府大震。	荷兰海军于爪哇登陆,筑巴达维亚城(雅加达)。

	年份	干支	国号王朝及纪年
十七世纪 二〇年代	1620	庚申	明万历 四十八年 泰昌 元年 后金天命 五年
	1621	辛酉	明天启 元年 后金天命 六年

国内	国外
明帝神宗朱翊钧卒,子光宗朱常洛嗣位。庶母郑贵妃以美女四人进御,朱常洛数日即卧病不起。鸿胪寺丞李可灼进红丸,朱常洛服之,稍痊,既而卒(三案之二——红丸案)。子熹宗朱由校嗣位,时庶母李选侍尚居乾清宫(正宫),御史左光斗、给事中杨涟上疏请移宫,李选侍乃移哕鸾宫(三案之三——移宫案)。后金攻明花岭、王大人屯(辽宁灯塔西),明军失亡七百余人,吏部给事中姚宗文素憾辽东经略熊廷弼,乃与其党交章论劾,熊廷弼免官,袁应泰出任辽东经略。	三十年战争,波希米亚王国军溃,腓特烈五世出奔。神圣罗马帝国北境信奉新教路德派诸王侯,及丹麦王国、瑞典王国,均起兵攻皇帝鲁独尔夫。而西班牙王国则助皇帝鲁独尔夫,战争扩大到美洲诸国殖民地。
后金攻明,陷沈阳,再陷辽阳,明辽东经略袁应泰自缢死。明政府起熊廷弼再任辽东经略、王化贞任辽东巡抚。　明帝熹宗朱由校封乳母客氏为奉圣夫人,宦官魏忠贤与之通,权倾中外。　明四川永宁(云南宁蒗北)宣抚使奢崇明遣将樊龙赴辽东,兵至重庆,四川巡抚徐可求汰其老弱而饷不能继,樊龙遂杀徐可求,据重庆。奢崇明陷(贵州)遵义以应之,合兵进围成都。	

年份	干支	国号王朝及纪年
1622	壬戌	明天启 二年 后金天命 七年
1623	癸亥	明天启 三年 后金天命 八年

国内	国外
明辽东巡抚王化贞,愚妄刚愎,奏称将一举荡平后金。辽东经略熊廷弼无兵无权,力主不可言战,明政府以王化贞为能,而恶熊廷弼。后金围西平(辽宁盘山),王化贞出面迎击,大溃,后金遂陷广宁(辽宁北镇),王化贞南奔,熊廷弼率五千骑赴救,遇之于大凌河,护难民入山海关。明政府逮熊廷弼、王化贞俱下狱,论死。中书舍人汪文言哀熊廷弼冤,奔走公卿间营救,宦官魏忠贤深恨之。　明永宁(云南宁蒗北)奢崇明攻成都,不克,左布政使朱燮元诱降其将罗乾象,奢崇明始退。而贵州水西(黔西)土官安邦彦叛应之,攻贵州(贵阳),为贵州巡抚王三善所败。　明山东巨野民徐鸿儒奉白莲教,起兵陷郓城、邹县(邹城),兵败,磔死北京。　明刑部尚书王纪劾宦官魏忠贤及客氏,王纪免官,削籍。　后金迁都(辽宁)辽阳。	
明贵州巡抚王三善击水西(贵州黔西)安邦彦,直趋大方(贵州大定),安邦彦令其党陈其愚诈降,王三善引为亲信。　明帝熹宗朱由校开"内操"于宫中练兵,钲鼓之声震内外。　明帝乳母客氏与魏忠贤共陷冯贵人,处死。又陷成妃,禁闭,幸预密储食物,得免,斥为宫女。又陷前任帝朱常洛赵选侍,禁闭,饿死。	荷兰海军自爪哇北进,占领澎湖。

年份	干支	国号王朝及纪年	
1624	甲子	明天启	四年
		后金天命	九年
1625	乙丑	明天启	五年
		后金天命	十年

国内	国外
明皮岛(朝鲜椵岛)总兵毛文龙攻后金辉发地,不克。金遂攻皮岛,毛文龙大败,金焚积聚而去。 明贵州巡抚王三善自大方(贵州大定)还军(贵州)贵阳,中伏,为降将陈其愚所救,安邦彦势益盛。 明左副都御史杨涟劾魏忠贤二十四罪,魏忠贤大怒,隐而未发。 明文渊阁大学士魏广微谄附魏忠贤,著《天鉴录》《点将录》《同心录》以进,指东林党为奸邪,阉党为正人,据以摈除升擢。	荷兰海军占领台湾(——1661,凡三十八年)。
后金贝勒(王子)莽古尔泰攻明旅顺口城,毁城而去。后金迁都(辽宁)沈阳,名盛京。 明魏忠贤开始报复,捕中书舍人汪文言下狱,命自诬及诬杨涟等受前辽东经略熊廷弼贿,汪文言拒之,备受五毒而死。镇抚司许显纯手作供词上奏,于是斩熊廷弼,传首九边,严旨追赃。其妻称冤,江夏知县王尔玉剥其两婢衣挞之,其长子熊兆珪自刎死。 捕杨涟、太仆少卿周朝瑞、左佥都御史左光斗、陕西按察副使顾大章、河南道御史袁化中、吏科给事中魏大中等,下镇抚司狱,累累跪阶前,裸体窘辱,不再宿复加拷掠,众不能堪,皆荷枷平卧堂下,一一诬服。复行追赃,三日一比,先后拷死(杨涟土囊压身,铁钉贯耳,最惨。魏大中出尸穴中,尸溃)。	荷兰殖民北美洲,筑新阿姆斯特丹城(纽约)。

年份	干支	国号王朝及纪年	
1626	丙寅	明天启	六年
		后金天命	十一年
1627	丁卯	明天启	七年
		后金天聪	元年
1628	戊辰	明崇祯	元年
		后金天聪	二年

国内	国外
后金可汗努尔哈赤攻宁远(辽宁兴城),明宁远道袁崇焕婴城固守,发西洋巨炮,努尔哈赤中弹重伤,解围去。努尔哈赤寻卒,子皇太极嗣位。明水西(贵州黔西)安邦彦再攻贵州,城外三十里樵采路绝。　明再兴大狱,魏忠贤诬退休御史黄尊素、吏部员外郎周顺昌、苏松巡抚周起元、左都御史高攀龙、左谕德缪昌期、御史周宗建、御史李应升等赃贿,下狱拷死。缇骑至吴县(江苏苏州)捕周顺昌时,民变,殴缇骑,毙一人。官府捕颜佩韦等五人,斩于市。　明苏杭织造太监李实,为魏忠贤建生祠,明帝熹宗朱由校题额曰"普德",于是四方效尤,生祠遍天下,各曲意献媚,穷工作之巧。	
五月,后金攻宁远,明宁远总兵袁崇焕于城外死战,后金军败。又攻锦州,不克而去。时谓"宁锦大捷"。而魏忠贤恶袁崇焕,使人劾其不救锦州,免官。　八月,明帝熹宗朱由校卒,弟思宗朱由检嗣位。　九月,贬魏忠贤(安徽)凤阳守陵,行至(河北)阜城,自缢死,奉圣夫人客氏全家斩于市。	
明帝思宗朱由检起用袁崇焕任兵部尚书、右副都御史、督师蓟辽,以御后金,颁上方剑。　明陕西大旱荒,饥民纷纷起兵,府谷民王嘉允势最盛,延安人张献忠从之,号"八大王"。米脂人李自成等饥不能忍,掠富家粟,官府捕之,亦变。	英国国会向英王查理一世提出《权利请愿书》,要求非经国会同意,不得征税,不得驻军民宅,不得使用军法,不得拘捕平民。查理一世被迫签署。

	年份	干支	国号王朝及纪年	
	1629	己巳	明崇祯	二年
			后金天聪	三年
十七世纪三〇年代	1630	庚午	明崇祯	三年
			后金天聪	四年

国内	国外
明皮岛(朝鲜椵岛)总兵毛文龙数年来攻后金,无一役不败,专杀降人报功,糜饷无算,蓟辽督师袁崇焕斩之。其将孔有德、耿仲明、尚可喜叛降后金。　后金可汗皇太极率兵十余万,大举攻明,不敢面向袁崇焕,绕道内蒙古,由(河北)喜峰口入长城(第一次入塞)。连陷(河北)遵化、通州,直抵北京。袁崇焕闻警,率五千骑入援,士不传餐,马不再秣,由间道驰抵北京,大败后金军于广渠门外。皇太极乃施反间计,阴纵一宦官归,言袁崇焕纵敌胁和,与后金密约谋逆。朱由检大怒,捕袁崇焕下狱。　明永宁(云南宁蒗北)奢崇明、水西(贵州黔西)安邦彦,合兵攻赤水(四川古蔺南),湖贵总督朱燮元大破之,奢、安被杀。 明民变日炽,与各道溃兵合,所在皆起。李自成等推高迎祥为主,称闯王,李自成称闯将,流击山西、河南。	英王查理一世下令解散国会,独裁专制如故。
后金回军再攻(河北)遵化,明兵部侍郎刘之纶全军尽没,后金可汗皇太极遣书于明,请议和,明政府不报。　明磔袁崇焕于京,兄弟妻女流三千里。　明民变如蜂,遍及陕西、河南、山西、湖北、四川。王子顺陷(山西)蒲县,王嘉允陷(陕西)延安、(甘肃)庆阳诸堡,神一元陷宁塞(陕西吴旗北)。	英国北美洲殖民筑波士顿城。

年份	干支	国号王朝及纪年	
1631	辛未	明崇祯	四年
		后金天聪	五年
1632	壬申	明崇祯	五年
		后金天聪	六年

国内	国外
后金可汗皇太极围大凌河城(辽宁凌海),明守将祖大寿坚守三月而救不至,粮尽,杀人马以食,不能支,出降。寻遁归。　明帝思宗朱由检命宦官赴各镇监军,宦官自是四出,威倨横暴,群相壅蔽,较魏忠贤更甚。　明变民神一魁等降陕西总督杨鹤,寻又叛。杨鹤下刑部狱,戍边。副总兵曹文詔击斩王嘉允,其党复推王自用为王,分为三十六营,四方流击。	
后金可汗皇太极攻蒙古察哈尔地方,降其部落数万,从此以长城为界,与明相接。　明政府斩王化贞(1622——)。　明民变蔓延及福建。三边总督洪承畴击斩变民首领可天飞。　明帝思宗朱由检命宦官曹化淳提督北京军营戎政。	意大利学人伽利略,阐扬哥白尼学说(1543),主日大地小,地球绕日而行,天主教以其藐视人类,有损教皇尊严,异端裁判所红衣主教集众会审,伽利略跪法庭上,不得已,取消其地动学说,然认错起立之后,不禁喃喃语曰:"地球自己在动,奈何。" 三十年战争益烈,瑞典国王亚道尔夫阵亡,而法国与荷兰又加入新教诸国作战,进攻西班牙。

年份	干支	国号王朝及纪年	
1633	癸酉	明崇祯	六年
		后金天聪	七年
1634	甲戌	明崇祯	七年
		后金天聪	八年
1635	乙亥	明崇祯	八年
		后金天聪	九年

国内	国外
明都督同知曹文诏连败变民于(山西)忻州、代州(山西代县)。总兵张应昌擒一盏灯,陕西变民尽入山西、河南,众数十万,延绥巡抚陈奇瑜袭永宁关(山西离石),变民大溃。然陕西、山西大饥,民变益众。朱由检不信诸将,再遣宦官人曹文诏等诸营,记兵将功罪。汾阳知县费甲镳以无法供应,投井死。　后金可汗皇太极陷明上庄堡(河北万全北),纵掠至宣府。又攻(山西)大同,均不克(第二次入塞)。	
明陕西总督陈奇瑜围李自成于(陕西)汉中车厢峡,会连雨四十日,李自成大窘乞降,陈奇瑜许之,各人给免死票回籍。及出峡,复叛,势遂不可制。	
明兵部尚书三边总督洪承畴击西北变民,湖广巡抚河南四川军务总理卢象升击东南变民。陕西变民出潼关,分三道流击,一入山西,一入湖北,一入河南。入河南变民复分三道东进,所向披靡,遂陷凤阳,焚明帝祖墓。既而留河南变民又返陕西,明总兵曹文诏战死。	日本江户幕府征夷大将军德川家康,下令驱逐外国人,禁日本人出国,在外之日本人亦不准返国,唯少数中国、荷兰船舶得至长崎,史称“锁国令”,此后二百一十九年间(——1853),为锁国时期,日本与世界关系断绝。

年份	干支	国号王朝及纪年	
1636	丙子	明崇祯	九年
		清天聪	十年
		崇德	元年
1637	丁丑	明崇祯	十年
		清崇德	二年
1638	戊寅	明崇祯	十一年
		清崇德	三年

国内	国外
后金可汗皇太极屡胜明军,渐有大志,乃改国号为清,称帝,是为太宗。并讳言女真,捏造“满洲”一词为族名,女真人悉改称为满洲人。清军攻明,分陷(河北)喜峰口、独石口(河北赤城北)、保安(涿鹿)、万全,掳人畜十八万而去(第三次入塞)。清复攻朝鲜,朝鲜王李倧退保南汉山,清军围之。　明陕西巡抚孙传庭擒闯王高迎祥,送北京,磔死。变民推李自成为闯王。	
朝鲜乞援于明,明政府困于民变,不能救,朝鲜遂降清。　明闯王李自成入四川,变民应之,逼成都。张献忠入湖北。马守应(别号老回回)入(安徽)潜山。	日本基督教徒天草四郎时贞,于岛原半岛起兵,据有马城,江户幕府老中(执政官)松平信纲击平之,屠男女一万余人。
清三路攻明,一指易州(河北易县),一指(河北)雄县,一指安肃(河北徐水),连陷北直隶(河北省)四十八城。明河南四川总理卢象升入卫,主战。兵部尚书杨嗣昌主和。卢象升仅有兵五千,全军没于嵩水桥(第四次入塞)。明总兵左良玉大破变民于(湖北)郧西,张献忠乞降,总理熊文灿受之,使居白沙界山。曹操、罗汝才亦降,使居房州(湖北房县)、(湖北)竹山。　三边总督洪承畴于(四川)梓橦大破闯王李自成,李自成走依张献忠,张献忠谋杀之,李自成奔(河南)淅川老回回营,卧疾半年,仍出流击。	

	年份	干支	国号王朝及纪年
	1639	己卯	明崇祯 十二年 清崇德 四年
十七世纪 四〇年代	1640	庚辰	明崇祯 十三年 清崇德 五年

国内	国外
清军陷山东十六城,入济南,掳明德王朱由枢,命其上疏请议和,明帝思宗朱由检不答。清军大掠,出塞而去。 明张献忠叛于(湖北)谷城,罗汝才连营应之,合兵西走。左良玉追至罗侯山,中伏,一军尽没,左良玉仅以身免。熊文灿下狱论死。 明军大破闯王李自成于函谷(河南三门峡西),李自成率五十骑突围奔郧阳(湖北郧县),饥民从者数万,势复振。	
明北京(河北)、南京(江苏、安徽)、山东、河南、山西、陕西、浙江大旱大蝗。至冬,大饥,人相食。 东阁大学士杨嗣昌督师出战,立“大剿营”于(湖北)荆门。 张献忠入四川,李自成入河南。	葡萄牙脱离西班牙独立(1580——,凡六十一年)。英国苏格兰军队索欠饷,哗变,英王查理一世无奈,召开国会筹款(1629——,已十年无国会),此次国会断续开会二十一年之久(——1660),史称“长期国会”。

年份	干支	国号王朝及纪年	
1641	辛巳	明崇祯	十四年
		清崇德	六年
1642	壬午	明崇祯	十五年
		清崇德	七年

国内	国外
清军围(辽宁)锦州,城中蒙古兵内应,外城陷。明蓟辽总督洪承畴率八镇军十三万赴援。锦州守将祖大寿传语,请以车营逼敌,万勿轻进。而明帝思宗朱由检严旨促战,洪承畴不得已,进兵,陈于松山(辽宁锦州南)城北。清帝太宗皇太极以大军围松山,明吴三桂等六总兵同时遁走,中途遭伏,死伤无算。唯洪承畴入松山固守。 明闯王李自成陷(河南)洛阳,执福王朱常洵,剐为肉酱,杂鹿肉食之,号“福禄酒”。再攻开封,不克。 张献忠陷襄阳(湖北襄樊),执襄王朱翊铭,杀之。督师杨嗣昌以连陷二藩,自缢死。总兵左良玉追张献忠至(河南)信阳,大破之,张献忠军溃,走依李自成,李自成欲杀之,张献忠奔(安徽)霍山。李自成复陷(河南)南阳,杀唐王朱聿镆,明总兵猛如虎战死。	英国国会向英王查理一世提《大抗议书》,缕述其不法行为,并通过议案,规定国会至少三年集会一次,大臣须用国会信任之人,查理一世大怒,亲临国会逮捕反对党领袖,反对党领袖先行逃避。
清军陷松山,洪承畴降,清军遂直抵山海关下。 明兵部尚书陈新甲遣使马绍愉赴清议和,清帝太宗皇太极欲杀之,马绍愉逃返,明帝思宗朱由检大怒,斩陈新甲。清军毁长城而入(第五次入塞),连陷六十七城,直抵(山东)兖州。 明闯王李自成攻(河南)开封,决黄河水灌之,城陷。复南攻,再陷(河南)南阳,直抵荆州(湖北江陵)。	英国革命爆发,拥护国王者为骑士党(恒骑马作战),拥护国会者为圆头党(多为清教徒,皆蓄短发而后梳)。 法王路易十四即位,年五岁,宰相马萨林辅政。

年份	干支	国号王朝及纪年	
1643	癸未	明崇祯	十六年
		清崇德	八年
1644	甲申	明崇祯	十七年
		清顺治	元年

国内	国外
清军自(山东)兖州还攻北京近畿,所至屠掠一空,北京大震。明中极殿大学士周延儒自请督师,出至通州(北京通县)不敢进。会清军径行出长城归,方得不战。清帝太宗皇太极卒,子世祖福临嗣位,年六岁,叔父多尔衮任摄政王。 明闯王李自成陷承天(湖北钟祥)、(湖南)常德,杀罗汝才,并其众。复北上入(陕西)潼关,明督师孙传庭击之,战于(陕西)渭南,孙传庭战死,明军大溃。李自成遂陷(陕西)西安。(陕西)榆林、宁夏(银川)(甘肃)庆阳,三边尽没。 张献忠陷(湖北)黄州,称西王。陷武昌(湖北武汉),执楚王朱华奎,沉于长江。	
(顺帝李自成永昌元年)(西王张献忠大顺元年) 正月,闯王李自成于(陕西)西安称天王,国号顺。自禹门(山西河津)渡黄河入山西。明帝思宗朱由检遣东阁大学士李建泰出军,至(河北)涿州不敢进。 张献忠入四川,陷夔州。 二月,朱由检再遣宦官监诸镇。 三月,李自成陷北京,朱由检登万寿山自缢死。李自成遂称帝,明宁远总兵吴三桂入援,抵(河北)丰润,李自成召之,吴三桂降。继而闻其爱妾陈圆圆入宫,大愤,引兵还山海关。李自成击之,吴三桂遣使赴清乞师,清军遂入山海关。顺军大败,李自成弃北京,奔山西。 五月,明福王朱由崧于南京即位,是为安宗。兵部尚书史可法督师江北,(安徽)凤阳总督马士英任东阁大学士,封左良玉为南宁侯。 六月,清军遣诸将入山东、河南、山西。 七月,清军底定山西,李自成奔(陕西)西安。 八月,清帝世祖福临迁都北京。 西王张献忠陷(四川)成都。 明帝安宗朱由崧下诏选淑女,宦官借端肆扰,民间嫁娶一空。 十月,清摄政王多尔衮致书史可法劝降,史可法复书折之,多尔衮遣豫亲王多铎南攻。 十一月,西王张献忠于成都称大西国王,国号西。 十二月,清逮明皇太子朱慈烺,斩之。	

年份	干支	国号王朝及纪年	
1645	乙酉	明弘光	元年
		隆武	元年
		清顺治	二年

国内	国外
(顺帝李自成永昌二年)(西王张献忠大顺二年) 二月,清豫亲王多铎攻(陕西)潼关,顺大将马世耀战败,顺帝李自成弃(陕西)西安,南奔武昌(湖北武汉)。 明南宁侯左良玉自武昌起兵清君侧,顺长江东下讨马士英。 四月,马士英尽撤江北御清守军入卫南京。左良玉至(江西)九江,病卒。其子左梦庚引军西还。寻降清。 清陷扬州,明督师史可法战死。清屠城十日,杀八十余万。 五月,清陷南京,斩明帝安宗朱由崧。 六月,清政府下剃发令。 明鲁王朱以海于(浙江)绍兴称监国。 明唐王朱聿键于(福建)福州称帝,是为绍宗。 八月,清陷(江苏)江阴,屠城,杀十三万余人,典史阎应元死之。 九月,清军入湖北,顺帝李自成由(湖北)蒲圻奔九宫山(湖北通山东南),自缢死。 十月,明帝绍宗朱聿键遣给事中刘中藻颁诏绍兴,监国朱以海不受,自是二人如水火,自行内斗。 十一月,朱聿键移驻建宁(福建建瓯)。督师黄道周军至(安徽)婺源,与清军遇,被俘,斩于南京。	

年份	干支	国号王朝及纪年	
1646	丙戌	明隆武	二年
		监国	元年
		清顺治	三年
1647	丁亥	明永历	元年
		监国	二年
		清顺治	四年

国内	国外
(西王张献忠大顺三年)(明帝朱聿镈绍武元年) 二月,明帝绍宗朱聿键移延平(福建南平)。 六月,清贝勒博洛陷(浙江)绍兴,明监国朱以海航海奔(浙江)舟山,守将黄斌卿拒不纳,乃乘舟至(福建)厦门。 八月,清军入(福建)仙霞关,陷延平,朱聿键奔汀州(福建长汀),清军至汀州,擒朱聿键,送(福建)福州斩之。南安侯郑芝龙降清,其子郑成功哭谏,不从,乃泛海走厦门。 十一月,明桂王朱由榔于(广东)肇庆称帝,唐王朱聿镈于(广东)广州称帝。朱由榔遣兵攻广州,不克。 十二月,清军陷广州,朱聿镈自缢死。 西王张献忠焚(四川)成都,出川北,欲入陕西,至(四川)盐亭与清军遇,被杀。	
正月,清提督李成栋陷(广东)肇庆,明帝朱由榔奔(广西)桂林。 二月,清军陷(广西)平乐,朱由榔奔(广西)全州,文渊阁大学士瞿式耜留守桂林。 三月,清定南王孔有德攻桂林,瞿式耜固守,不能克。 西王张献忠既死,其将孙可望、李定国等引军入云南。 四月,明全州总兵刘承允劫朱由榔赴(湖南)武冈,自封为安国公,总督戎政,跋扈不可制。 八月,清军陷武冈,刘承允剃发降。朱由榔奔(湖南)靖州,再奔(广西)柳州。 十二月,朱由榔还桂林。	

年份	干支	国号王朝及纪年	
1648	戊子	明永历	二年
		监国	三年
		清顺治	五年
1649	己丑	明永历	三年
		监国	四年
		清顺治	六年

国内	国外
二月,清军至(广西)灵川,明帝朱由榔奔(广西)南宁。　四月,清总兵金声桓举江西地,提督李成栋举广东地降明。　八月,朱由榔返(广东)肇庆。虽然流迁频仍,而廷臣仍各自树党,久之,分吴楚二党,吴党内结宦官马吉翔,外结总兵官庆国公陈邦傅。楚党内结宦官李元允,外结文渊阁大学士瞿式耜。互斗为死敌。朱由榔命盟于太庙,然不能解。　十月,明封郑成功威远侯。十一月,清(山西)大同总兵姜瓖起兵降明。	三十年战争终(1618——),神圣罗马帝国大败,乞和,交战国签订《威斯特发里亚和约》,规定新旧教完全平等,境内封建王国公国,皆行独立,对外宣战缔约,有自由权。神圣罗马帝国自是瓦解,皇帝仅为奥地利国王所兼虚衔,但仍残喘二百五十余年,至1806年方取消。
正月,清军陷(湖南)湘潭,明武英殿大学士督师何腾蛟战死,明湖南地全失。　二月,清军陷(江西)南昌,明昌国公金声桓中流矢,投水死。惠国公李成栋攻(江西)赣州以救南昌,清江西巡抚刘武元击之,李成栋退屯信丰,部属星散,溺死于水。　三月,明封郑成功广平公。　四月,西王张献忠故将孙可望、李定国等既据云南(1647——),互不为下,孙可望遣使杨畏知上表朱由榔,求封为王,庶以相制。明封为鲁国公,时(广西)梧州总统军务堵允锡,欲结外援,乃改诏书封平辽王。而庆国公陈邦傅驻泗城(广西凌云),与云南相接,亦欲结外援,更先矫命封秦王,孙可望大喜。及明政府使节至,孙可望骇怒,逮使节下狱。	英国国会法庭判决国王查理一世死刑,斩于断头台,宣布为共和国,选举克林威尔为执政,史称“克林威尔时代”。

	年份	干支	国号王朝及纪年	
十七世纪 五〇年代	1650	庚寅	明永历 监国 清顺治	四年 五年 七年
	1651	辛卯	明永历 监国 清顺治	五年 六年 八年
	1652	壬辰	明永历 清顺治	六年 九年
	1653	癸巳	明永历 清顺治	七年 十年

国内	国外
正月,清军陷韶州(广东韶关),明帝朱由榔奔(广西)梧州。　八月,明广平公郑成功连取(福建)厦门、金门。　九月,孙可望既不得明册封,引兵出云南,入贵州。　十一月,清平南王尚可喜陷(广东)广州。定南王孔有德陷(广西)桂林,擒明督师瞿式耜,杀之。朱由榔再奔(广西)南宁,见事急,遣使赴贵州封孙可望为冀王,孙可望不受,认系大学士严起恒、兵部尚书杨鼎和等沮封秦王。即遣将贺九仪引军赴南宁,悉捕杀之。朱由榔乃封孙可望为秦王。　十二月,清摄政王多尔衮卒。	
清帝世祖福临亲政,年十四,宣示多尔衮罪状,夺封典袭爵。　清军陷(浙江)舟山,明监国朱以海奔(福建)金门依郑成功。　清总兵马得功袭金门,寻退去。郑成功大将施琅营士兵犯法,郑成功驰令勿杀,施琅径斩之,剃发降清。	英国颁布《航海法》,规定凡输入英国及英国属地货物,均须英船运载,禁止荷兰船舶入港。
明秦王孙可望遣兵劫明帝朱由榔由南宁赴安隆所(贵州安龙),形同囚犯。　明西宁王李定国克(广西)桂林,清定南王孔有德自焚死。数日间湖南、广西、四川三省,皆叛清降明。清谨亲王尼堪自(湖南)衡阳击李定国,中伏,战死。李定国连斩二名王,兵威大振。　明广平公郑成功克(福建)漳州,清总督陈锦为其下所杀。	英国荷兰第一次战争(——1654)。
清封德国耶稣教教士汤若望为通元教师。封达赖喇嘛为西天大善自在佛。　明广平公郑成功遣定西侯张名振率海军入长江,陷京口(江苏镇江)而还。明封郑成功漳国公。	

年份	干支	国号王朝及纪年	
1654	甲午	明永历	八年
		清顺治	十一年
1655	乙未	明永历	九年
		清顺治	十二年
1656	丙申	明永历	十年
		清顺治	十三年
1657	丁酉	明永历	十一年
		清顺治	十四年

国内	国外
明帝朱由榔居安隆所(贵州安龙),日困,密诏西宁王李定国统兵入卫。宦官马吉翔密报孙可望,孙可望大怒,遣其将郑国赴安隆所,尽斩与谋诸臣,朱由榔否认知情,始得免。　清封郑成功靖海将军海澄公,郑成功不受。清再遣学士叶成格,偕其弟郑渡往,许割(福建)福、兴、漳、泉四府归明,郑成功再拒之,报父郑芝龙书曰:"万一不幸,儿唯有缟素复仇,以结忠孝之局。"清政府大怒,锢郑芝龙于高墙。	英国荷兰第一次战争终(1652——),荷兰战败,承认英国颁布之《航海法》。
清帝世祖福临于宫内十三衙门立铁碑,严禁宦官干政。　明漳国公郑成功遣元帅张名振陷舟山。　清军大举南攻,尽复湖南、广东之地,明西宁王李定国连败,西走。	
清遣世子济渡攻(福建)厦门,败还。郑成功将黄梧剃发降清,荐施琅为副将。　清军入广西,至南宁。明李定国又败,引军将经安隆所(贵州安龙)入云南。孙可望急遣其将白文选趋安隆所,欲劫明帝朱由榔赴贵州。白文选不执孙可望所为,乃与李定国共奉朱由榔走云南。既至,遣白文选返贵州以慰孙可望。	
明封郑成功为延平郡王,赐上方剑,便宜从事。　清政府流徙郑芝龙于宁古塔(黑龙江宁安),籍没其家。明秦王孙可望攻云南,大将白文选于阵前叛孙可望,孙可望知人心已去,乃剃发降清,清封为义王。	

	年份	干支	国号王朝及纪年
	1658	戊戌	明永历 十二年 清顺治 十五年
	1659	己亥	明永历 十三年 清顺治 十六年
十七世纪 六〇年代	1660	庚子	明永历 十四年 清顺治 十七年

国内	国外
明延平郡王郑成功、兵部侍郎张煌言,大举北伐,入长江,直趋南京。至羊山,遇飓风,碎巨船数十,漂流士卒七八千,郑成功子郑浚、郑浴、郑温皆溺死,乃引军还。　清大军攻云南,明西宁王李定国据双河口(云南曲靖北)御,大败,明帝朱由榔奔永昌(云南保山)。	英国执政克林威尔卒(1649——),子李查继为执政,寻自知不能御下,辞职。
明郑成功、张煌言,再大举北伐,入长江,连陷(江苏)瓜洲、镇江,围南京,东南大震。清总督郎廷佐以卑词请宽三十日,继以骑兵夹击,郑成功大败,退还(福建)厦门,从此不能再进。　清攻(云南)永昌,明帝朱由榔奔缅甸。清命平西王吴三桂镇云南,平南王尚可喜镇广东,靖南王耿继茂镇四川。	
清移靖南王耿继茂镇福建。	英国国会通过恢复王国,迎故王查理一世之子查理二世为国王(——1685),斯图亚特王朝复辟。 德国莱比锡市,发行《莱比锡新闻》,为世界最早日报。

年份	干支	国号王朝及纪年
1661	辛丑	明永历 十五年 清顺治 十八年
1662	壬寅	清康熙 元年
1663	癸卯	清康熙 二年

国内	国外
清帝世祖福临卒,子圣祖玄烨嗣位,年八岁,内大臣鳌拜、索尼、遏必隆、苏克萨哈辅政。　清江苏吴县知县任维新贪酷暴戾,万众愤怨,适福临卒,诸生金人瑞(金圣叹)等于众官哭文庙时,进控词于巡抚朱国治,朱国治与任维新有连,恐事发波及,乃捕金人瑞等下狱,奏称"震惊先帝之灵",十一人悉斩于市。　清斩郑芝龙于宁古塔(黑龙江宁安),灭其族。　清平西王吴三桂攻缅甸,缅甸执明帝朱由榔送吴三桂军,明亡,立国二百九十四年。　明延平郡王郑成功攻台湾,荷兰总督揆一固守安平(台湾台南)九月,不能支,乞降,郑成功遂收复台湾。	
(明延平郡王郑成功永历十六年) 吴三桂以弓弦绞死明帝朱由榔,焚其尸。　明西宁王李定国据(缅甸)景栋力谋恢复,闻朱由榔死,皆解体,李定国愤懑卒。明延平郡王郑成功卒,子郑经嗣位。	
(明延平郡王郑经永历十七年) 清靖南王耿继茂陷(福建)金门、厦门,明延平郡王郑经退保台湾,隔海峡与清拒抗。清始兴"文字狱",浙江湖州庄廷鑨著《明史》,对清多有斥责,归安(浙江湖州)知县吴之荣初免官,谋以告讦复官,乃发之,狱遂起。庄廷鑨已死,剉尸,斩其弟庄廷钺等七十余人,妇女配边。诸大吏畏吴之荣,明知有冤,不敢为言。　清政府命乡会试停止八股文,改用策论。	

年份	干支	国号王朝及纪年
1664	甲辰	清康熙 三年
1665	乙巳	清康熙 四年
1666	丙午	清康熙 五年
1667	丁未	清康熙 七年
1668	戊申	清康熙 七年
1669	己酉	清康熙 八年

国内	国外
(明延平郡王郑经永历十八年) 明督师张煌言自一六五九年南京兵溃,辗转逃悬山范墺,清浙闽总督赵匡臣纵迹擒之,斩于(浙江)杭州。	英国荷兰第二次战争起(——1667),英国攻陷新阿姆斯特丹城,改名纽约。
(明延平郡王郑经永历十九年) 清大学士洪承畴卒。	
(明延平郡王郑经永历二十年) 清政府封黎维禧为安南国王。　清辅政大臣鳌拜欲调换正白旗及镶黄旗所圈民地,并增圈民地予镶黄旗,大学士户部尚书苏纳海、直隶(河北)总督朱昌祚,及保安巡抚王登联,交章言不便,鳌拜大怒,矫诏悉杀之,籍没家产。	
(明延平郡王郑经永历二十一年) 清帝圣祖玄烨亲政,年十四岁。鳌拜诬太子太保内大臣。 苏克萨哈二十四大罪,绞死,诸子悉斩。	英国荷兰第二次战争终(1664——),荷兰战败,尽失北美洲殖民地。
(明延平郡王郑经永历二十二年) 清政府命乡会试停止策论,仍用八股文(1663——)。	
(明延平郡王郑经永历二十三年) 清钦天监正杨光先以历法错误,革职。用比利时人南怀仁为钦天监监副。　清帝圣祖玄烨久愤辅政大臣鳌拜专暴。一日,单独召见,执之,并其子禁锢终身。清政府永远禁止旗人(女真人,即满人)圈占民地(1644——,圈占历二十六年)。	土耳其海军陷威尼斯公国属地克里特岛。

十七世纪
七〇年代

年份	干支	国号王朝及纪年
1670	庚戌	清康熙 九年
1671	辛亥	清康熙 十年
1672	壬子	清康熙 十一年
1673	癸丑	清康熙 十二年
1674	甲寅	清康熙 十三年
1675	乙卯	清康熙 十四年

国内	国外
(明延平郡王郑经永历二十四年)	
(明延平郡王郑经永历二十五年) 清靖南王耿继茂卒,子耿精忠袭爵,仍镇福建。	
(明延平郡王郑经永历二十六年)	
(明延平郡王郑经永历二十七年) 清平南王尚可喜有子女一百三十余人,长子尚之信骄暴,尚可喜不能制,不得已,上表请撤藩,归老辽东,清帝圣祖玄烨许之。平西王吴三桂、靖南王耿精忠闻之,亦请撤藩。吴三桂以己功高,决不致夺其寸土,而玄烨亦许之,吴三桂大恚,遂杀云南巡抚朱国治,起兵叛,称兵马大元帅,国号周。	
(明延平郡王郑经永历二十八年)(周大元帅吴三桂元年) 吴三桂连陷沅洲(湖南沅陵)、(湖南)常德、长沙、衡阳。　靖南王耿精忠据福建叛,襄阳(湖南襄樊)总兵杨来嘉据(湖北)谷城叛,广西提督马雄、总兵马义,陕西提督王辅臣,各率所部叛,先后起兵响应吴三桂,清政府大震。	
(明延平郡王郑经永历二十九年)(周大元帅吴三桂二年) 耿精忠告援于明延平郡王郑经,约共攻广东,许割(福建)漳州、泉州为酬,郑经渡海峡与之合军,陷广东惠州,而耿精忠悔约。郑经怒,回军自攻漳州,陷之,清海澄公黄芳度投井死。	

	年份	干支	国号王朝及纪年
	1676	丙辰	清康熙 十五年
	1677	丁巳	清康熙 十六年
	1678	戊午	清康熙 十七年
	1679	己未	清康熙 十八年
十七世纪八〇年代	1680	庚申	清康熙 十九年

国内	国外
(明延平郡王郑经永历三十年)(周大元帅吴三桂三年) 清宁夏提标兵变,陕西提督王进宝击平之。　尚之信囚其父尚可喜,起兵应吴三桂,尚可喜愤懑卒。 清抚远大将军图海大败王辅臣于(甘肃)平凉,王辅臣降。康亲王杰书攻福州,耿精忠亦降。陕西、甘肃、福建复归于清。	
(明延平郡王郑经永历三十一年)(周大元帅吴三桂四年) 吴三桂遣使向尚之信索饷,得库款十万两始已,尚之信甚悔。清将军莽依图统军至韶州(广州韶关),尚之信又降清,清命其袭平南亲王。	
(明延平郡王郑经永历三十二年)(周帝吴三桂昭武元年·吴世璠洪化元年) 清举博学鸿儒科,七十一人应试。　周大元帅吴三桂于(湖南)长沙称帝,国号仍为周,建都衡州(湖南衡阳),年已六十七岁,寻卒。孙吴世璠嗣位。	
(明延平郡王郑经永历三十三年)(周帝吴世璠洪化二年) 清简亲王喇布统军南攻,连陷岳州(湖南岳阳)、(湖南)长沙、衡州(湖南衡阳)。吴世璠奔(贵州)贵阳。　清开博学鸿词科。	英国国会通过《人身保护律》,严禁非法逮捕。
(明延平郡王郑经永历三十四年)(周帝吴世璠洪化三年) 清陕西提督赵良栋陷(四川)成都,四川亦归于清。　清平南亲王尚之信母舒氏、胡氏,上疏告尚之信忤逆,护卫张永祥赴北京告其谋反,都统王国栋亦上表列其罪。清帝圣祖玄烨命尚之信赴北京对质,尚之信弟尚之节愤王国栋卖己,诱杀之。将军赖塔遂发兵围捕,斩尚之信、尚之节。	

年份	干支	国号王朝及纪年	
1681	辛酉	清康熙	二十年
1682	壬戌	清康熙	二十一年
1683	癸亥	清康熙	二十二年
1684	甲子	清康熙	二十三年
1685	乙丑	清康熙	二十四年

国内	国外
(明延平郡王郑经永历三十五年)(周帝吴世璠洪化四年) 明延平郡王郑经卒,子郑克塽继位。　清四川提督赵良栋等会师攻云南,周帝吴世璠自杀。	
(明延平郡王郑克塽永历三十六年) 清靖南王耿精忠部将告其谋反,捕耿精忠,磔死。三藩至是悉灭。　湖北荆州(江陵)人朱方旦刊刻秘书,大将军勒尔锦题堂曰:"圣人堂",清政府逮朱方旦,立斩。　清政府封琉球世子尚贞为琉球王。	俄国沙皇费多尔三世卒,无子,弟伊凡五世任第一沙皇,彼得一世(大帝)任第二沙皇(——1725)。由姊索非亚公主主持国政。
(明延平郡王郑克塽永历三十七年) 清水师提督施琅,统战舰三百艘,水军二万,自(福建)福州出海攻郑克塽。陷澎湖,进泊鹿耳门(台湾台南西)。明延平郡王郑克塽出降。　清政府封安南世子黎维正为安南国王。　俄国匿中国逃人,清政府命蒙古车臣汗与绝贸易,俄将模里克尼引军自雅克萨城(黑龙江北岸)渡黑龙江,攻瑷珲(黑龙江黑河),中国兵船迎击,俘其六十余人。	土耳其帝国苏丹穆罕默德四世攻维也纳,城将陷,波兰国王索毕斯基统骑兵驰援,围始解,土耳其扩张之势自此止。
玄烨南游,至苏州(一次)。经(山东)济南时,视察黄河堤工。	
都统彭春攻俄雅克萨城,俄将图布尔青大败,奔尼布楚。	英王查理二世卒(1660——),弟詹姆士二世嗣位(——1688),奉天主教,藐视国会,宣称有权干涉国会制定之法律,国人忍之。 法王路易十四下诏废止《南特敕令》(1598),重新迫害新教徒,新教徒逃亡国外者三十万人,法国工业及美术秘密,大量外泄。

年份	干支	国号王朝及纪年	
1686	丙寅	清康熙	二十五年
1687	丁卯	清康熙	二十六年
1688	戊辰	清康熙	二十七年
1689	己巳	清康熙	二十八年

国内	国外
将军萨布素再攻雅克萨城,俄将图尔布青中炮死,城将陷,会俄帝彼得致书清政府,愿归逃人议和,玄烨遂命撤军还。	
中和殿大学士明珠,招权纳贿,树党自固,御史郭琇劾之,明珠革职。　清政府平三藩后,先后裁军,散勇落魄无依。今年,又议裁湖广总督及旧有标兵,指日罢饷,于是武昌(湖北武汉)兵变,推夏逢龙为主,攻巡抚总督衙门,巡抚柯永升投井死。都统瓦岱击之,擒斩夏逢龙。　蒙古瓦剌部落,自天圣可汗也先卒(1454),遂衰,退居蒙古之西天山之北,称"厄鲁特蒙古",分为四部(即四"卫拉特"):和硕特部初居乌鲁木齐,后侵入青海。准噶尔部居伊犁(新疆伊宁)。杜尔伯特部居额尔济斯河畔。土尔扈特部居塔尔巴哈台(新疆塔城)。世次屡传,准噶尔可汗噶尔丹起,尽并三部,并控制天山南路地区。又击喀尔喀(蒙古)三部(土谢图、札萨克图、车臣),尽有外蒙古、新疆、青海之地,势大盛。今年,土谢图可汗率众投清朝,噶尔丹向清朝索之,清政府遣使和解,噶尔丹不听。	英王詹姆士二世有二女,长玛丽,次安妮,均奉新教,詹姆士二世无子,英人期其死后,女王登极,可解迫害,不意今年詹姆士二世继室皇后忽生一子,皇后亦奉天主教者,如此则太子必亦为天主教,新教徒遂联合遣使赴荷兰迎玛丽及其夫奥伦治公爵威廉入主英国,玛丽统军登陆,詹姆士二世军队皆叛降新君,乃逃亡法国,因未流血之故,史称"光荣革命"。
玄烨南游,至杭州(二次)。　清政府命内大臣索额图任公使,赴尼布楚与俄公使费要多罗订立《尼布楚条约》,划定中俄国界。是为中国与外国平等订约之始。	俄国第二沙皇彼得大帝起兵逐其异母姊索非亚公主,由生母纳塔丽雅主国政。 英国国会通过《权利法案》,规定英国国王必须为英国教会教徒,并不得任意停止法律效力。英国专制政治自此消灭,民主政治确立。

十七世纪
九〇年代

年份	干支	国号王朝及纪年	
1690	庚午	清康熙	二十九年
1691	辛未	清康熙	三十年
1692	壬申	清康熙	三十一年
1693	癸酉	清康熙	三十二年
1694	甲戌	清康熙	三十三年
1695	乙亥	清康熙	三十四年
1696	丙子	清康熙	三十五年
1697	丁丑	清康熙	三十六年
1698	戊寅	清康熙	三十七年
1699	己卯	清康熙	三十八年

国内	国外
玄烨亲征准噶尔,皇子允禔出古北口,简亲王雅布出喜峰口,战于乌兰布通(内蒙克什克腾旗南),准噶尔可汗噶尔丹大败,遁走,上表谢罪,会玄烨疾,大军始还(一次亲征)。	
玄烨北至(内蒙)多伦阅兵,蒙古三部可汗朝觐,玄烨命土谢图可汗等皆去旧号,改封"亲王""贝勒"等爵,外蒙古自是入中国版图。	
准噶尔可汗噶尔丹阴结内蒙古科尔沁诸部,复向清朝索土谢图亲王不已,玄烨命再击之。黑龙江将军布素东路出外蒙古,抚远大将军费杨古西路出宁夏(银川),玄烨统禁军中路出独石口(河北赤城北),克期进攻。	
玄烨军西行七十余日,不见敌,至克鲁伦河(蒙古温都尔汗),噶尔丹西奔,追之不及,乃回军。费杨古截击噶尔丹于昭莫多(蒙古乌兰巴托东南),大破之(二次亲征)。	俄国第一沙皇伊凡五世卒,第二沙皇彼得大帝始亲政。
准噶尔可汗噶尔丹久与清朝战,精锐尽失,其侄策妄阿拉布坦据伊犁(新疆伊宁)叛,阿尔泰山以西皆非其有,伊斯兰教部及青海诸部亦叛。玄烨再亲征,出宁夏(银川),噶尔丹不知所为,饮药自杀。土谢图亲王等三部,复归原地(三次亲征)。	
玄烨赴(山西)五台山进香。	
玄烨奉母佟太后南游至(浙江)杭州(三次)。	

十八世纪

这一时期是中国历史上国势强大的时期,大多数君主都英明干练。中国版图幅员辽阔,成为一个统一的封建国家。

清政府在本世纪大兴"文字狱",为唯一污点。

六〇年代,中国最伟大的小说《红楼梦》问世。

八〇年代后,宰相和珅专权用事,贪赃狼藉,民变纷起。

	年份	干支	国号王朝及纪年
十八世纪 〇〇年代	1700	庚辰	清康熙 三十九年
	1701	辛巳	清康熙 四十年
	1702	壬午	清康熙 四十一年
	1703	癸未	清康熙 四十二年

国内	国外
清帝圣祖玄烨认为凡系皇族,何患无官,此后不准皇族应乡会考试。	西班牙国王查理二世无子女,妹嫁法王路易十四为法国皇后。今年,查理二世卒,遗诏传位于妹之孙腓力。
广东连州瑶民杀韶州(广东韶关)副将林芳。	日耳曼勃兰登堡选侯国选侯腓特烈一世,于哥尼斯堡加冕,改称普鲁士王国。
广东将军嵩祝,击连州瑶民,擒其首事李贵等九人斩之。　玄烨赴五台山进香。	英国女王玛丽卒(1688——),无子女,妹安妮嗣位(——1714)。欧洲诸国闻法国王孙入统西班牙,恐法西二国合并,于是奥、普、英、荷、葡,及日耳曼境内诸邦,联兵攻法,法王路易十四与全欧作战,持续十二年(——1713),史称"西班牙王位继承战争"(战火延至美洲殖民地,北美人称为"安妮女王战争")。
玄烨南游,至杭州(四次)。又北游塞外。西游太原,至西安。　镇竿(湖南凤凰)红苗叛,贵州提督李芳远击之,斩俘千余,降其寨三百余。	俄国沙皇彼得一世于芬兰湾筑城,定名圣彼得堡,迁都之。

年份	干支	国号王朝及纪年
1704	甲申	清康熙 四十三年
1705	乙酉	清康熙 四十四年
1706	丙戌	清康熙 四十五年
1707	丁亥	清康熙 四十六年
1708	戊子	清康熙 四十七年

国内	国外
玄烨遣侍卫拉锡,探察黄河发源地,拉锡至星宿海,自四月至九月,往返历时半年。	
玄烨南游,至杭州(五次)。 初厄鲁特蒙古和硕特部(青海)固始可汗,助西藏第巴(宰相)桑结驱红教,并后藏,使其长子鄂齐尔可汗镇拉萨。鄂齐尔可汗卒,再传其子拉藏可汗。今年,桑结欲杀拉藏可汗,事败,反被杀。拉藏执桑结所立达赖(假达赖),献于清政府,别立伊西坚错为达赖六世(新达赖)。青海蒙古诸部又立噶尔藏坚错为达赖(真达赖),互斗不已。	
云南昆明人李天极等谋复明王朝,事泄,俱被杀。	
玄烨南游,至杭州(六次)。再北游热河及蒙古。	英格兰与苏格兰正式合并,改称大不列颠王国,政府议会均合而为一。世仍简称英国。
故明帝思宗朱由检第三子定王朱慈焕,自明亡,世称朱三太子,民间假其名为号召以起兵者,不知凡几,而朱慈焕流窜民间,贫困潦倒,改名张用观。今年,已七十六,携子就山东兖州李方远家为塾师,事露,玄烨曰:“朱某虽无谋反之事,未尝无谋反之心。”父子俱斩,妻女子媳一家自缢。 玄烨有子三十五人,各自招权植党,阴谋夺皇太子位,而皇太子允礽素贤能,忽而癫暴,玄烨废之,继微闻诸子之状,因疑允礽狂病别有他故,命穷治之,果得长子直郡王允禔令蒙古喇嘛巴汉格隆咒诅魔魇,八子贝勒允禩与相士张明德结,称后必贵,图立为太子。玄烨大怒,允禔革爵,允禩锁拿,张明德立斩。	

	年份	干支	国号王朝及纪年	
	1709	己丑	清康熙	四十八年
十八世纪一〇年代	1710	庚寅	清康熙	四十九年
	1711	辛卯	清康熙	五十年
	1712	壬辰	清康熙	五十一年
	1713	癸巳	清康熙	五十二年

国内	国外
玄烨命大臣于阿哥(皇子)中,保奏可立为太子者,众保奏八皇子允禩。玄烨追究先举者,得大学士马齐,革职拘禁。复立允礽为皇太子,斩蒙古喇嘛巴汉格隆。	
玄烨赴(山西)五台山进香。	
翰林院编修戴名世,著《南山集》,载其致门人金生书信,谓明末三帝朱由崧,朱聿键,朱由榔,应入《明史》,不应抹杀。复多引安徽桐城人方孝标《滇黔记闻》,称其记吴三桂事,考据确实。左都御史赵申乔摘其书中句告讦。玄烨命寸磔戴名世,全族皆斩。剉方孝标尸,斩其子,金生死于狱。	
皇太子允礽癫暴日甚,玄烨复废之。自是不言立太子,而诸皇子互争益烈。　去年江南乡试,副考官赵晋与西江总督噶礼,交通关节。今岁事发,噶礼革职。	
清政府除开矿之禁。	西班牙王位继承战争终(1702——),法国力不能支,订《乌得勒支条约》,承认腓力为西班牙国王,但西法两国不得合并,法割尼德兰与奥,割北美殖民地今加拿大与英。西割直布罗陀与英。

年份	干支	国号王朝及纪年	
1714	甲午	清康熙	五十三年
1715	乙未	清康熙	五十四年
1716	丙申	清康熙	五十五年
1717	丁酉	清康熙	五十六年
1718	戊戌	清康熙	五十七年
1719	己亥	清康熙	五十八年

国内	国外
	英国女王安妮卒(1702——)无子女,斯图亚特王朝绝(1603——)。 表弟日耳曼诸侯汉诺威公爵乔治一世嗣位,史称汉诺威王朝(1917年因与德国作战,改称温莎王朝)。
准噶尔可汗策妄阿拉布坦据伊犁(1697),日渐强大。今年,游骑抵(新疆)哈密城下。玄烨征外藩兵集归化城(内蒙呼和浩特),右卫将军费杨古任总理军务以备之。并于哈密等处置屯田。	法王路易十四卒(1642——),在位七十四年,为世界所有国家在位最久之君王。出殡行列所至,国人群起咒骂痛饮,以为庆祝。
策妄阿拉布坦可汗遣大将大策零敦多率奇兵袭西藏。	
清政府禁天主教,除南怀仁照常外,严禁国人入教。 大策零敦多入拉萨,陷布达拉宫,斩拉藏可汗(1705),囚新达赖,据有西藏全境。	
曹雪芹生(——1764)。 清政府封琉球王尚敬为中山王。 清三路出兵击准噶尔,图复西藏。靖远将军富宁安出巴尔库(新疆巴里坤),振武将军傅尔丹出阿尔泰山,西安将军额伦特出青海。额伦特至哈喇乌苏河(青海、西藏交界处)中伏战死,全军尽没,他二路军不敢进。	
安南国王黎维正卒,清政府封其世子黎维祹继任安南国王。 俄帝彼得遣使义斯麻伊儿至北京,请改订商约,清政府强其行跪拜礼,义斯麻伊儿拒之,返俄。留副使兰给续商,而清政府待之,不啻囚犯。	

	年份	干支	国号王朝及纪年
十八世纪 二〇年代	1720	庚子	清康熙 五十九年
	1721	辛丑	清康熙 六十年
	1722	壬寅	清康熙 六十一年
	1723	癸卯	清雍正 元年

国内	国外
西藏诸部厌战乱,愿认青海蒙古诸部所立噶尔藏坚错为真(1705),于是清政府封为达赖六世,命西宁都统延信护送入藏。另遣四川都统噶弼出打箭炉(西康康定),振武将军傅尔丹出西坤,三路并进。准噶尔部大将大策零敦多迎击,大败,遁返伊犁。玄烨封拉藏可汗旧臣康济鼐为"贝子",镇前藏。颇罗鼐为"台吉",镇后藏。 立"平藏碑"于拉萨大昭寺。	
台湾知府王珍税敛苛暴,捕私伐山木民二百人悉斩。凤山(高雄)人黄殿等聚众起兵,推朱一贵为主,凡七日而全台皆陷。福建总督觉罗保满遣提督施世骠渡海峡进击,变民溃散,朱一贵被擒送北京,磔死。	
清帝圣祖玄烨疾危,内大臣隆科多侍侧,玄烨亲书"传位十四皇子"(允禵)而卒。隆科多乃佟皇后亲弟,四皇子胤禛舅父。既出,遂改"十"为"于"字,于是胤禛即帝位,是为世宗。	
清帝世宗胤禛定密封建储法,于诸子中选定嗣位,亲写密封,藏于锦匣,置乾清宫正中"正大光明"匾后。 厄鲁特蒙古和硕特部固始可汗,其裔分两支,一支镇西藏,传至拉藏可汗亡(1716)。一支镇青海,传至罗卜藏丹津可汗。今年,罗卜藏丹津与伊犁准噶尔部策妄阿拉布坦可汗相结,因攻(青海)西宁。胤禛命四川总督年羹尧、提督岳钟琪击之。 清政府再申禁天主教会,命护送各地西洋教士尽赴澳门。	

年份	干支	国号王朝及纪年
1724	甲辰	清雍正 二年
1725	乙巳	清雍正 三年
1726	丙午	清雍正 四年

国内	国外
清帝世宗胤禛著《圣谕广训》,颁行天下。　击青海和硕特军西进,岳钟琪深入柴达木盆地,罗卜藏丹津众溃,服妇女衣奔伊犁投准噶尔部。岳钟琪穷追至桑骆海(青海省西南角)而止。西藏内乱,前藏噶布伦三人,杀贝子康济鼐,后藏台吉颇罗鼐讨平之。	
清帝世宗胤禛忌大将军年羹尧握兵权重,诬以密谋废立,贬杭州将军,寻革职。议政大臣奏年羹尧九十二大罪,遂命其自尽,子年富立斩,十五岁以上之子均充军极边烟瘴之地。　浙江人汪景祺著《西征随笔》,有不满清前任帝玄烨语,处斩,妻子发黑龙江给穷披甲人为奴。	俄国沙皇彼得大帝卒,其妻凯瑟琳一世继位(——1727)。
胤禛宣布其弟八王允禩四十大罪,九王允禟二十八大罪,十四王允禵十四大罪。俱革爵圈禁高墙。改允禩名为阿其那(猪),允禟名为塞思黑(狗),二人寻皆毒死,尸骨无存。　侍讲钱名世尝作诗赠年羹尧,称其平青海之功,革职,胤禛亲书"名教罪人",制匾悬钱名世家门。　礼部侍郎查嗣庭主考江西,试题中有"维民所止"句,胤禛诬以去"雍正"头脚,革职,下狱,病死,戮尸斩其子,家属徙边。　胤禛以汪景祺、查嗣庭均浙江人,谓"浙江风俗浇漓",停止该省乡会试,以示惩戒。	

年份	干支	国号王朝及纪年
1727	丁未	清雍正 五年
1728	戊申	清雍正 六年
1729	己酉	清雍正 七年

国内	国外
胤禛以诈欺得帝位,久欲杀舅父隆科多以灭口,于是顺承郡王锡保劾隆科多四十一大罪,隆科多禁锢终身。 太常寺卿郑汝鲁进《河清颂》,内有"旧染维新,风移俗易",胤禛疑为讥己,革职,发往长江堤岸工程效力。 清政府除徽州府(安徽歙县)"伴当"、江宁府(江苏南京)"世仆"等贱民,永行严禁。 云贵总督鄂尔泰以苗民多半无姓氏,名又多雷同,乃代为定姓氏。 准噶尔部可汗策妄阿拉布坦卒,子策零嗣位,雄健类乃父。 俄政府遣使拉克斯青奇至北京,重申1719年改订商约事,清政府派超勇亲王策凌为议约使,同勘边界,订约十一条,开(蒙古)恰克图为商埠,是为《恰克图条约》。	牛顿逝世,年八十五。 俄国女皇凯瑟琳二世卒,彼得大帝孙彼得二世继位(——1730)。
胤禛命复浙江乡会试,云:"浙江士子感朕训诲之恩,可称士风丕变。"	
准噶尔部策零可汗屡侵边,胤禛命内大臣傅尔丹、川陕总督岳钟琪准备,期以明年会师击之。 湖南靖州曾静,见浙江人吕留良夷夏之防诸文,遣其门生张熙往说岳钟琪反清,岳钟琪发之,胤禛诏戮吕留良尸,而释曾静、张熙,以示宽大,下诏称:"朕之子孙,均不得杀害。"并将吕留良所著之文,及历次谕旨,合订为《大义觉迷录》,刊布天下。 广西举人陆生楠著《通鉴论》十七篇,评论史籍,并论封建之利,处斩。	

	年份	干支	国号王朝及纪年
十八世纪三〇年代	1730	庚戌	清雍正 八年
	1731	辛亥	清雍正 九年
	1732	壬子	清雍正 十年
	1733	癸丑	清雍正 十一年
	1734	甲寅	清雍正 十二年
	1735	乙卯	清雍正 十三年

国内	国外
	俄国沙皇彼得二世卒,无子,由彼得大帝女安娜公主继位(——1740)。
清政府大举攻准噶尔,傅尔丹至和通泊尔(蒙古东部乌列盖西南),中伏,岳钟琪驰救不及,遂大败。策零可汗乘胜入喀尔喀(外蒙古)。　清政府超勇亲王策凌,乃外蒙古土谢图部所属三音诺颜部后裔,以三音诺颜名其军。迎击准噶尔军,战于鄂楚勒河,准军大败遁走。清政府命三音诺颜部独立,位其他三部上,外蒙古遂分为四部。	
准噶尔可汗策零再攻外蒙古,至塔米尔河(鄂尔浑河上游),清政府超勇亲王策凌再迎击,追至杭爱山额尔德尼召(哈尔和林光显寺),准军大败,策零可汗乘夜突围走。　胤禛忌岳钟琪终为汉人,且为岳飞后裔,诬以不能料敌,革职,拘禁。	
胤禛命民间刊刻书籍时,不得讳避"胡""虏""夷""狄"等字,以示满洲人并非胡虏夷狄。	
贵州驻苗疆军队,松弛无纪律,掠卖苗民妻女,苗人大愤,台拱九股(贵州台江)苗起兵叛,各苗应之。　吕留良孙女吕四娘,精剑术,夜入宫禁,斩胤禛,子高宗弘历嗣位。立捕曾静、张熙至北京,斩之。并查禁《大义觉迷录》。弘历公然叛父(1729),朝野敢怒而不敢言。	

	年份	干支	国号王朝及纪年
	1736	丙辰	清乾隆 元年
	1737	丁巳	清乾隆 二年
	1738	戊午	清乾隆 三年
	1739	己未	清乾隆 四年
十八世纪 四〇年代	1740	庚申	清乾隆 五年

国内	国外
云贵等七省经略张广泗,击贵州苗民,烧一千二百二十四寨,民变悉平。	
弘历任满大学士鄂尔泰、满大学士张廷玉等为军机大臣,从此大学士徒拥虚位,而军机大臣为真宰相。 安南国王黎维祐卒,清政府封其子黎维祎为安南国王。	
	英国钟表匠约翰开发明飞梭,工业革命萌芽。
	荷兰东印度群岛总督瓦卡尼尔,于巴达维亚城,屠杀华人,河水为赤,史称“红河之役”。 俄女皇安娜卒(1730——),甥孙伊凡六世继位,寻被废。 普鲁士国王腓特烈二世即位(——1786),称腓特烈大帝。奥王查理六世卒,女马利亚德利沙嗣位,普法西三国欲乘机瓜分奥国,起兵攻奥。英荷二国为维持均势,起兵助奥。战争持续九年(——1748),史称“奥地利继位战争”(战争延至北美殖民地,称“乔治王战争”)。

年份	干支	国号王朝及纪年	
1741	辛酉	清乾隆	六年
1742	壬戌	清乾隆	七年
1743	癸亥	清乾隆	八年
1744	甲子	清乾隆	九年
1745	乙丑	清乾隆	十年
1746	丙寅	清乾隆	十一年
1747	丁卯	清乾隆	十二年
1748	戊辰	清乾隆	十三年

国内	国外
	俄国彼得大帝幼女伊丽莎白公主即皇帝位(——1762)。
弘历考选御史,试以时务策论,御史杭世骏对以:“意见不可先设,畛域不可太分。”弘历大怒,革杭世骏职。	
准噶尔可汗策零卒,子那札木儿嗣位。	
四川上瞻对(四川新龙北)土司肯朱、下瞻对(四川新龙)土司班滚叛,川陕总督庆复击之,肯朱降,班滚逃匿。庆复以班滚焚死上奏。	
四川大金川(金川)土司莎罗奔,逐小金川(小金)土司泽旺,复攻打箭炉(西康康定)诸土司。四川巡抚纪山击之,千总向朝臣战死。清政府以张广泗征苗有功,调为川陕总督。	
张广泗击大金川,以小金川土司泽旺弟良尔吉为向导,而良尔吉与莎罗奔女阿扣私通,反为之用。是以攻战数月,仍无寸进。弘历命大学士讷亲任经略大臣,用以碉攻碉策,总兵任举等战死,数月仍无寸进。弘历斩张广泗,命讷亲自杀。起用岳钟琪任四川提督,大学士傅恒任经略大臣。	法国学人孟德斯鸠著《法意》(又称《论法的精神》)出版,提出立法、司法、行政三权分立学说。奥地利继位战争终(1740——),订《爱斯拉沙伯条约》,普鲁士王国得西里西亚,诸国承认德利沙为奥国女王。

	年份	干支	国号王朝及纪年	
	1749	己巳	清乾隆	十四年
十八世纪 五〇年代	1750	庚午	清乾隆	十五年
	1751	辛未	清乾隆	十六年
	1752	壬申	清乾隆	十七年
	1753	癸酉	清乾隆	十八年
	1754	甲戌	清乾隆	十九年

国内	国外
傅恒与岳钟琪分两路进军,莎罗奔曾隶岳钟琪麾下,知其能,大惧,出降(弘历十全武功之一)。四川下瞻对(新龙)土司(班滚)乞为泰宁寺喇嘛,弘历许之。以前川陕总督庆复误报其死,命庆复自杀。	
弘历奉其母钮祜禄太后南游,登嵩山,至(河南)开封。 西藏后藏郡王(台吉)珠尔默特那木札(颇罗鼐之子,1720),密约伊犁准噶尔部,将为变。清政府驻西藏都统傅清诱斩之,其党复杀傅清。弘历命四川总督策楞、提督岳钟琪统军入藏。会达赖已擒其党,军乃不进。准噶尔可汗那木札尔凶暴,姊夫赛音伯勒克杀之,立其兄达尔济为可汗。	
弘历奉其母钮祜禄太后南游,至杭州,渡钱塘江,至绍兴(一次下江南)。	
弘历南游,官民苦迫,江西抚州卫(临川)千总卢鲁生以大学士张嘉淦直声满天下,乃藉其名作《谏止南巡疏》,指斥弘历,流传甚广,弘历大怒,逮卢鲁生磔死,斩其诸子,牵连获罪者将及千人,蔓延七省。	
《儒林外史》作者吴敬梓卒。 四川提督岳钟琪卒。 礼部侍郎世臣作诗,有句"秋色招人懒上朝",弘历恶其高洁,窜黑龙江。 准噶尔部内乱,杜尔伯特部(1688)所属辉特部酋长(台吉)阿睦撒纳袭伊犁,杀准噶尔可汗达尔济,立功臣大策零后裔达瓦济为可汗。寻欲吞并准噶尔部,达瓦济击之,阿睦撒纳不能敌,率所部万余人降清,愿为向导攻准噶尔。	

年份	干支	国号王朝及纪年
1755	乙亥	清乾隆　二十年
1756	丙子	清乾隆　二十一年

国内	国外
清政府乘准噶尔内乱,又得向导,命尚书班第为定北将军,阿睦撒纳为定边左将军副之。陕甘总督永常为定西将军,萨拉尔为定边右将军副之。分两路进兵,长驱直入,未经阵战,即陷伊犁。达瓦济可汗奔乌什城,乌什城主霍吉斯缚之献清,并获前青海和硕特可汗罗卜藏丹津(1724)(弘历十全武功之二)。　内阁学士胡中藻著《坚磨室诗钞》,有句“一把心肠论浊清”,弘历诬其故加“浊”于国号“清”之上,立斩。广西巡抚鄂昌与其唱和,命自尽。　弘历以准噶尔部既平,为便于羁縻,乃恢复厄鲁特蒙古四部(1688),各立可汗,计杜尔伯特部(仍旧)、和硕特部(仍旧)、辉特部(代土尔扈特部)、绰罗斯部(代准噶尔部)。而阿睦撒纳不欲分立四可汗,欲自为总可汗,遂起兵叛,陷伊犁。	
定西将军策楞击阿睦撒纳,复取伊犁,阿睦撒纳奔哈萨克。弘历革策楞职,命公达尔党阿任定西将军,巴里坤办事大臣兆惠为右副将军赴援。喀尔喀(外蒙古)和硕特部郡王青滚杂卜,苦于供应,叛,尽撤天山北路邮台,定边左将军成衮扎布击斩之。　阿睦撒纳闻青滚杂卜叛,自哈萨克归,聚众于博罗塔拉河(新疆博乐)。	奥国女王德利沙图收复西里西亚失地,与法、俄、西班牙、瑞典结盟,普鲁士国王腓特烈二世知之,先发制人,出兵陷萨克森,战争持续八年(——1763),史称“七年战争”。

	年份	干支	国号王朝及纪年	
	1757	丁丑	清乾隆	二十二年
	1758	戊寅	清乾隆	二十三年
	1759	己卯	清乾隆	二十四年
十八世纪六〇年代	1760	庚辰	清乾隆	二十五年
	1761	辛巳	清乾隆	二十六年

国内	国外
兆惠出西路、成衮扎布出北路,夹攻阿睦撒纳,所至皆捷,准噶尔部痘疫起,阿睦撒纳复奔哈萨克,哈萨克可汗欲擒之,阿睦撒纳徒步奔俄罗斯,寻患痘卒,俄人运其尸至恰克图。清朝巩固了对天山北路及伊犁的统治(弘历十全武功之三)。　弘历奉母钮祜禄太后南游,至杭州(二次下江南)。河南生员段昌绪家存吴三桂文告,退休浙江布政使彭家屏刊族谱《大彭统记》,遇弘历名皆不缺笔示敬。斩段昌绪,命彭家屏自杀。	
弘历以准噶尔部终难羁縻,命兆惠屠其余众。兆惠驻军伊犁,搜剔纵杀,先后四年之久,准噶尔部二十万户,六十余万人,举族殆尽。准噶尔灭,天山南路的大和卓木(圣裔)布那敦,与其弟小和卓木霍集占,发兵守险,称巴图尔汗国。清政府靖逆将军雅哈尔善击之,围库车,霍集占夜遁,清军仅得空城,弘历大怒,斩雅哈尔善。命兆惠任定边将军追击。兆惠军抵叶尔羌河,霍集占围之,历时三月。	
巴里坤(新疆东北)大臣阿里衮率六百兵救兆惠,始得还阿克苏。时各路军皆集,乃再进攻,陷叶尔羌城,布那敦与霍集占踰葱岭(帕米尔)而西,巴达克山可汗擒斩之,清政府巩固了对天山南路的统治(弘历十全武功之四)。	

年份	干支	国号王朝及纪年
1762	壬午	清乾隆 二十七年
1763	癸未	清乾隆 二十八年
1764	甲申	清乾隆 二十九年
1765	乙酉	清乾隆 三十年
1766	丙戌	清乾隆 三十一年

国内	国外
弘历奉母钮祜禄太后南游,至杭州、海宁(三次下江南)。	卢梭《民约论》出版。俄国女皇伊丽莎白卒,安娜公主之子彼得三世嗣位沙皇,皇后喀德邻二世杀之,自立,世称喀德邻大帝(——1796)。
	七年战争终(1756——),订《胡贝尔茨堡条约》,奥承认西里西亚为普领土,普承认德利沙之子为神圣罗马帝国皇帝。法割北美所有殖民地与英。
曹雪芹卒(1718——)。秦州(甘肃天水)知州赖宏典,致函友人托谋迁官,有"点兵交战,不失军机"语,弘历诬为谋反,诏正法。	
弘历奉母钮祜禄太后南游,至海宁、杭州(四次下江南)。 驻新疆乌什城办事大臣苏成,昏虐,常留诸伯克(维吾尔官吏)妻子于署,令兵士与之裸体追逐以为笑乐,伊斯兰教冤抑,无处申诉,遂变,斩苏成,据城叛。伊犁将军明瑞攻之,围乌什三月,城陷,尽屠伊斯兰教教民丁壮。	英人哈格里夫斯发明"琼妮纺纱机",一人工作,可抵八人。
缅甸攻九龙江(澜沧江),云南总督刘藻分兵三路迎战,三路均败还。弘历贬刘藻为湖北巡抚,刘藻自杀。大学士杨应琚现任云南总督。	

	年份	干支	国号王朝及纪年
	1767	丁亥	清乾隆 三十二年
	1768	戊子	清乾隆 三十三年
	1769	己丑	清乾隆 三十四年
十八世纪七〇年代	1770	庚寅	清乾隆 三十五年

国内	国外
杨应琚至云南,会缅军以疾疫退去,遂以为缅甸可以轻取,进兵新街(缅甸八莫),传檄命缅甸降。缅军于是复出,连陷木邦(缅甸腊戌北)、景线(泰国昌盛),杨应琚计穷,唯以屡捷奏闻,弘历以缅军既屡败,何以尚留边内土司境,既而知其状,捕杨应琚,命自尽。任伊犁将军明瑞为云南总督。 新疆昌吉,清政府官吏逼淫流人妇女,流人遂叛,乌鲁木齐防军击平之。	
明瑞军深入缅甸,至象孔,失道粮尽,转战至小猛育待援。弘历以明瑞久绝军报,命都统额尔登额趋救,额尔登额驻老官屯,不敢进,明瑞遂战死,全军尽没。捕额尔登额,磔死。	
弘历任大学士傅恒为云南经略,统军深入缅甸,奔走一百七十日,历二千里,不见敌踪,还攻老官屯,不能克。会暹罗(泰国)华人郑昭起兵驱缅军,建新都于曼谷,缅甸惧南北受敌,遣使议和,傅恒亦遣使见缅军元帅眇旺模,欲其归所占木邦等三土司地,语未竟眇旺模顾左右而去,乃仅定缅甸对清政府行“表贡”之礼而还(弘历十全武功之五)。	西班牙革命起,女王被逐,王位虚悬(——1870)。 英人瓦特发明蒸汽机。从此东方西方,判然而分,西方突飞猛进,入工业革命之境,东方停滞不前,沦为被压迫民族者二百余年。

年份	干支	国号王朝及纪年
1771	辛卯	清乾隆 三十六年
1772	壬辰	清乾隆 三十七年
1773	癸巳	清乾隆 三十八年

国内	国外
弘历奉母钮祜禄太后东游,至(山东)曲阜孔林。大小金川复叛,大金川(四川金川)土司莎罗奔兄孙索诺木掌政事,与小金川(四川小金)土司泽旺子僧格桑相结,屡攻邻境。弘历以上次大金川之役(1747),本为救小金川,今小金川亦同叛,必痛击之,乃逮四川总督阿尔泰,命自尽。任侍郎桂林为四川总督,命大学士温福自云南进兵夹攻。	
桂林出打箭炉(西康康定),温福出(四川)汶川,夹攻大小金川。桂林部将薛琮抵黑垄沟,三千人尽为大金川军所歼,桂林革职,任阿桂为四川总督。	波兰王国第一次被瓜分。
阿桂军攻陷小金川,僧格桑奔大金川。再攻陷底木达(四川金川南),擒泽旺,磔死于市。温福军追击至木果木(四川金川西北),日置酒高会,刚愎不与众议,降蕃见清政府腐败,兵变,杀温福。 政府开《四库全书》馆,任纪昀为总裁官。	安南东京(河内)西山地区土豪阮文岳,聚众称西山党,攻广南王国首都顺化,广南国王阮惠被杀,其侄阮福政嗣位,亦被废。其弟阮福映逃亡。阮文岳称广南皇帝。 英国国会通过授予东印度公司运茶赴北美殖民地之权,北美殖民地大愤,波士顿城人民袭击英船,将茶叶三百四十万箱投入海中,史称“茶叶暴动”。

年份	干支	国号王朝及纪年
1774	甲午	清乾隆 三十九年
1775	乙未	清乾隆 四十年
1776	丙申	清乾隆 四十一年
1777	丁酉	清乾隆 四十二年
1778	戊戌	清乾隆 四十三年

国内	国外
山东兖州人王伦聚众起兵,连陷寿张(山东阳穀东南)、堂邑(山东聊城西),钦差大臣舒赫德击之,王伦众溃,自焚死。	英国颁布《波士顿法案》,封锁波士顿港口,北美殖民地十三州代表于费城集会,称"大陆会议",向英王乔治三世请愿,英王乔治三世认大陆会议乃叛乱组织。
阿桂由小金川进军攻大金川,陷勒乌围,围孙克宗垒,索诺木大惧,鸩杀僧格桑,将其尸及妻妾献军前,乞赦己罪,阿桂不听,攻益急,垒陷,索诺木逃往噶尔厓(括耳崖)。	英军出动逮捕大陆会议激进领袖汉科克等,殖民地民兵遂攻英军,美国独立战争开始,持续九年(——1783)。
阿桂陷噶尔厓,莎罗奔、索诺木出降,献俘北京,寸磔于市,遂废土司,于大金川设阿尔古厅(后并入小金川),于小金川设美诺厅(后改懋功厅)(弘历十全武功之六)。　弘历命国史馆编列《贰臣传》,以洪承畴为首。	北美大陆会议再于费城集会,宣布独立,定国名为"美利坚合众国",发表《独立宣言》,任命华盛顿为总司令。
江西新昌(宜丰)举人王锡侯,删改《康熙字典》,另刊《字贯》,凡例一篇,开列玄烨、弘历诸名。弘历大怒,指为大逆不道,立斩。　甘肃河州(临夏)人王伏林聚众念经,陕甘总督勒尔谨恐生事端,遣兵捕斩之。	
浙江举人徐述夔早已卒,著有《一柱楼诗》,中有句"清风不识字,何故乱翻书""举杯忽见明天子,且把壶儿抛半边",为人检举,弘历以"壶儿"即"胡儿",剖棺剉尸,斩其诸子。　礼部尚书沈德潜亦早卒,弘历阅其诗稿,有《咏黑牡丹》诗"夺朱非正色,异种也称王",剖棺剉尸。	

十八世纪
八〇年代

年份	干支	国号王朝及纪年
1779	己亥	清乾隆 四十四年
1780	庚子	清乾隆 四十五年
1781	辛丑	清乾隆 四十六年
1782	壬寅	清乾隆 四十七年

国内	国外
弘历命侍郎和珅为御前大臣学习行走。和珅用事自此始。	英人克伦普顿发明纺棉机(改良琼妮纺纱机,一人工作,可抵三十人)。 广南流亡王子阮福映,于流亡中即位称王,年号嘉隆,世称嘉隆王。
弘历南游,至(浙江)杭州、海宁(五次下江南)。 西藏班禅入朝,患痘,卒于北京。	
弘历赴(山西)五台山进香。 清政府禁总督、巡抚家人向属员索取门包。 甘肃伊斯兰教新旧教徒互相仇杀,陕甘总督勒尔谨捕新教首领马明心,新教徒苏四十三聚众叛,陷河州(临夏),攻兰州。勒尔谨革职。(青海)西宁总兵贡楚达尔发兵斩苏四十三,其众溃散。 暹罗(泰国)国王郑昭遣使入贡中国,今年始至北京,而郑昭于去年已为其冤家所杀,子郑华嗣位。 弘历由五台山还北京,途经(河北)保定,退休大理寺卿尹嘉铨迎驾,为父请谥,弘历怒其狂妄,又查所著书有“狂悖”语,绞立决。	
和珅党山东巡抚国泰,贪纵营私,御史钱澧劾之,并查获国泰致和珅具言借款填库备查书。弘历命斩国泰,而不问和珅。 《四库全书》成,弘历命缮写三份,分藏扬州文汇阁(大观堂),杭州文澜阁(圣因寺),镇江文宗阁(金山寺)。	

年份	干支	国号王朝及纪年
1783	癸卯	清乾隆 四十八年
1784	甲辰	清乾隆 四十九年
1785	乙巳	清乾隆 五十年
1786	丙午	清乾隆 五十一年

国内	国外
	美国独立战争终(1775——),英国战败,签订《巴黎条约》,承认美国独立。
弘历南游,至(浙江)杭州、海宁(六次下江南)。 弘历屡南游,供应烦苛,民不堪敛迫。江苏学政尹会一上疏言:“民间疾苦,怨声载道。”弘历严旨诘问:“民间疾苦,试指出何处疾苦,怨声载道,试指明何人载道。”贬谪。侍读学士纪昀乘便言东南财力竭矣,弘历叱之曰:“朕以汝文学尚可,使汝领四库书馆,实不过娼伶蓄之,汝何敢妄言国事。” 陕甘总督李侍尧虐待伊斯兰教新教徒,新教徒田五再起兵,寻中弹死,余众聚石峰堡(甘肃通渭)。李侍尧革职。大学士阿桂发兵陷石峰堡,歼变民千余人,事始定。 弘历命和珅任吏部尚书、协办大学士,封一等男。和珅飨用日专,而无志行,唯以贪敛为务。	
弘历于乾清宫设“千叟宴”,六十岁以上入宴者三千人。	英人卡特莱特发明自动织布机。
御史曹锡宝劾和珅家人刘铨不法,诏曹锡宝革职留任。和珅升任文华殿大学士,仍兼吏部尚书。 暹罗(泰国)国王郑华遣使至北京,清政府封郑华为暹罗国王。 台湾彰化人林爽文聚众结社,号“天地会”(三合会),台湾知府孙景燧遣兵往捕,不敢进,焚邻近村庄以怵之,民皆怨怒,林爽文遂起兵叛,陷彰化、诸罗(嘉义)。	

年份	干支	国号王朝及纪年
1787	丁未	清乾隆　五十二年
1788	戊申	清乾隆　五十三年

国内	国外
林爽文攻台湾府(台南),不克。浙闽总督常青赴台湾督师。总兵柴大纪复诸罗,林爽文围之,志在必得,柴大纪以兵四千当变民十余万,食尽则食地瓜花生,弘历览柴大纪奏章,为之泣下,加柴大纪太子少保参赞大臣,封义勇伯,世袭罔替,改诸罗为嘉义。常青为和珅私人,老耄畏葸,日夜流涕,密函和珅哀乞,弘历乃命陕甘总督福康安出任将军、内大臣海兰察任参赞大臣,援台湾。	法国政府负债达六亿法郎,法王路易十六召集教士、贵族代表,举行"闻人会议",而教士、贵族仍拒绝纳税。
海兰察击林爽文,嘉义围解,进至集集铺,再进至箐谷,擒之。台湾悉定(弘历十全武功之七)。 福康安忌柴大纪有功,及嘉义解围,柴大纪自以参赞大臣,不执建櫜礼,福康安大怒,诬以激变退缩。逮柴大纪至北京,弘历亲问之,柴大纪哀诉其冤,弘历以其始终负气,斩之。而拥兵不救嘉义及败军诸将反获升迁。　越南皇帝阮文岳遣其弟阮文平、阮文惠陷河内,灭安南。安南王黎维祁奔匿民间,其臣护送王族奔中国。弘历以黎氏守藩奉贡百余年,命两广总督孙士毅出兵。孙士毅军入安南,大败阮文惠,遂取河内,黎维祁复位,清政府封为安南王。　廓尔喀(尼泊尔)突发兵侵入西藏。	

年份	干支	国号王朝及纪年
1789	己酉	清乾隆　五十四年

国内	国外
弘历命孙士毅班师,孙士毅贪俘阮光平为功,不即行还,而又轻敌不设备,阮光平遣使诈约降,而全军袭河内,清军溃,黎维祁挈家先遁,孙士毅夺渡富良江,即断浮桥,阻于南岸之万余官民夫兵皆死。弘历大怒,革孙士毅职,命福康安前往督师,时阮光平南与暹罗构兵,恐受夹攻,请和。弘历鉴于前败,约阮光平于弘历八十寿诞时入朝,并为战死提督许世亨立祠,阮光平允之,于是封阮光平为安南国王(弘历十全武功之八)。	广南流亡国王嘉隆王阮福映与法国签约,允割土伦港与法,法军并可长期驻扎交趾中国(下交趾),法国允助阮福映复国。 法王路易十六"闻人会议"失败,不得已,召集"三级会议"(自1614年停开,已一百七十四年未开),会议既集,第三阶级(平民)要求改为国民会议,每一议员有一投票权(三级会议则每一阶级方有一投票权),路易十六不许,令关闭会场,第三阶级乃移至附近网球场开会,宣示非制定宪法,绝不解散,路易十六佯许之,而阴召军队至巴黎镇压,事泄,于7月14日,巴黎民变,攻陷巴士底监狱,释政治犯。路易十六时在巴黎近郊凡尔赛宫,密集军队,欲袭巴黎,巴黎饥饿妇女徒步至凡尔赛宫,要求面包,军队目睹惨状,不忍开枪,路易十六无奈,乃随饥民返巴黎。国民会议发表《人权宣言》,揭示人人平等(法国大革命)。

十八世纪
九〇年代

年份	干支	国号王朝及纪年
1790	庚戌	清乾隆 五十五年
1791	辛亥	清乾隆 五十六年
1792	壬子	清乾隆 五十七年

国内	国外
弘历八十岁,普免全国钱粮。复东游,登泰山,至孔林(山东曲阜)。　缅甸遣使贺寿,清政府封缅甸王孟云为缅甸国王。　暹罗(泰国)国王郑华遣使贺寿。　安南国王阮光平亲自入朝贺寿。	
弘历以理藩院侍郎巴忠能西藏语,任为监军,统兵援西藏(1788),巴忠自恃近臣,且昏庸畏葸,不敢战,私许廓尔喀(尼泊尔)岁币一万五千两请和,廓尔喀允之,巴忠遂以廓尔喀乞降奏闻(弘历十全武功之九)。　既而岁币不至,廓尔喀以清朝毁约,大举深入,掠札什伦布(日喀则),全藏大震,达赖喇嘛飞章告急,巴忠时随弘历在热河(河北承德),闻变投井自杀。弘历命福康安为大将军、海兰察为参赞大臣,日夜兼进,限大军四十日抵西藏。	法王路易十六与王后玛丽安士尼特,自巴黎逃亡,至法奥边境发棱被追获,送返巴黎囚之。玛丽潜向其弟奥王李奥波尔二世求救,李奥波尔二世与普鲁士国王威廉腓特烈二世,联合发表《波尔尼兹宣言》,称恢复法国王室为欧洲所有君王之责任,联军攻法。
福康安抵西藏,连败廓尔喀(尼泊尔)军,尽复后藏,逾喜马拉雅山,再大败廓尔喀军,近逼都城阳布(加德满都),方渡河,廓尔喀三路邀击,清军大败,且战且却,死伤甚重。廓尔喀时正与披楞部落构兵,而所乞印度英军救援又不至,深恐腹背受敌,仍遣使请和,福康安得引军还(弘历十全武功之十)。　弘历命福康安留兵镇西藏,命驻藏大臣权与达赖、班禅同。又以"呼毕尔罕"(化身)转世,其弊甚深,屡有纷争(1705),命悉用抽签决定。 弘历撰《十全记》,夸耀十全武功:平准噶尔二,定回部一,扫金川二,靖台湾一,降缅甸一,降安南一,降廓尔喀二。自命"十全老人"。	法国革命军于比利时境迎击普奥联军,大败,联军统帅布伦瑞克公爵警告法国,如伤害法王,联军即屠巴黎。巴黎群众大怒,立法会议宣布废止王制,成立共和国(第一共和),判法王路易十六死刑,斩于断头台。9月,复逮王党及贵族千余人杀之(史称"九月屠杀")。于是英国、荷兰、西班牙等国,悉参加联军攻法,法国革命军奋勇抵抗,联军屡败。 美人怀特尼发明轧棉花机。 安南国王阮光平卒,子阮光瓒嗣位。

年份	干支	国号王朝及纪年
1793	癸丑	清乾隆 五十八年
1794	甲寅	清乾隆 五十九年
1795	乙卯	清乾隆 六十年

国内	国外
安南国王阮光平既卒,清政府封阮光瓒为安南国王。　大学士和珅诬浙江巡抚福崧贪贿,福崧自杀。　英国使臣马嘎尔尼至北京,要求互派使节,及英商得至(浙江)舟山等港贸易。清政府强其行跪拜叩头礼,马嘎尔尼拒之,而弘历亦以其所求狂妄,不得要领而返。	法国国民会议成立公安委员会,负责最高行政权。雅各宾党,亦称山岳党,首领罗伯斯比尔为公安委员,大肆屠杀,斩温和派吉伦特党首领罗兰夫人,法国进入恐怖时期。 波兰王国第二次被瓜分。
	广南国流亡国王嘉隆王阮福映,与法国远征军反攻首都顺化,军中有法国新型巨炮数门,西山党大惧,皇帝阮文岳被侄所杀。 法国国民会议以罗伯斯比尔残暴,人人自危,乃遣军逮之,并雅各宾党共二十二人,悉斩于断头台,法国恐怖时期终。
贵州铜仁府、湖南乾州(吉首)等地苗民叛,要求“逐客民,复故土”,分推石柳邓、吴八月为主,杀总兵明安图,苗疆震动。云贵总督福康安击之,擒斩吴八月。湖广总督福宁攻乾州,败走。苗势日张。自此兵燹十三年,全国骚扰,至 1806 年始定。	波兰王国第三次被瓜分,波兰王国亡。 法国国民会议闭幕(1789——),成立共和政府。

年份	干支	国号王朝及纪年
1796	丙辰	清嘉庆 元年
1797	丁巳	清嘉庆 二年
1798	戊午	清嘉庆 三年

国内	国外
清帝高宗弘历传位于其子仁宗颙琰，自称太上皇。　湖北、四川、陕西白莲教徒纷焚香起兵。时征苗军兴，各地失业之民无以谋生，多投白莲教，势遂更炽。清政府分别剿击，此灭彼起，至1804年，历时九年始定。　闽浙总督福康安、四川总督孙士毅、继任四川总督和琳，皆卒于军。	俄国女皇喀德邻大帝卒，子保罗一世嗣位(——1801)。 法国共和政府成立执政团，任命拿破仑为司令官，进攻意大利，拿破仑陷意大利北部诸城邦，大败奥军。
大学士阿桂卒，和珅独秉政，益横。	法拿破仑深入奥境，围奥都维也纳，奥不得已乞和，订《坎坡福米奥条约》，奥割今比利时地及爱奥尼亚群岛与法。
将军明亮大破湖北白莲教徒于郧西，首领齐王氏堕崖死。　四川总督勒保诱白莲教首领王三槐降，而于参见时执之，以生擒首逆奏闻，送北京，清帝仁宗颙琰亲问之，王三槐诉官逼民反状，颙琰亦为之恻然。弘历命磔王三槐，进勒保、和珅俱为公爵。　参赞大臣额勒登保大破四川白莲教徒于大鹏山(四川巴中境)，擒首领罗其清，斩之。	广南流亡国王嘉隆王阮福映，克顺化，复位。 法执政团遣拿破仑远攻埃及，以断英国与印度交通，拿破仑奇袭，遂占领埃及，然海军于尼罗河口被英海军击沉，陆军于巴勒斯坦亚克又为英陆军所败，与法国联系断绝。

年份	干支	国号王朝及纪年
1799	己未	清嘉庆 四年

国内	国外
太上皇弘历卒。　清帝仁宗颙琰捕和珅下狱,命自杀。抄没家产,值银八百兆两有奇,当全国十年岁收尤强。时人云:“和珅跌倒,颙琰吃饱”。 颙琰知白莲教蔓延,皆由和珅专以老师糜饷,杀民冒功所致。乃再用勒保为经略大臣,寻用明亮代之,寻再用额勒登保代之。	英、俄、普、奥等国再组联军攻法,法共和政府执政团无以御,会拿破仑弃埃及驻军,乘小艇偷渡返国,国人不知其埃及之败,崇拜之至,拿破仑乃用武力解散执政团,自任第一执政。

十九世纪

本世纪是中国人最苦难的一个世纪，清王朝衰老，贪污无能，民变不可遏止。四〇年代，发生鸦片战争，中国第一次受到西方列强大规模的侵略，而且大败。接着太平天国兴起，虽告敉平，但清政府已不能适应新的国内外形势。一连串的侵略者对中国的战争——英法联军战争，中法战争，甲午中日战争，中国无一不败，共割地一千六百万方公里。

九〇年代，百日维新失败，清王朝已不可救药。

十九世纪
○○年代

年份	干支	国号王朝及纪年
1800	庚申	清嘉庆 五年
1801	辛酉	清嘉庆 六年
1802	壬戌	清嘉庆 七年

国内	国外
安南总兵伦贵利,统舰百艘攻台州(浙江临海),定海(浙江舟山)总兵李长庚击擒,磔之,将其印还安南。河南布政使马慧裕,诱白莲教首领刘之协降,送北京磔死。　内大臣德楞泰大破四川白莲教徒于马蹄岗(四川江油东北),擒首领冉添元。　朝鲜国王李算卒,清政府封其世子李珠为朝鲜国王。	英人特文地克发明高压引擎(较瓦特蒸气机更实际运用,为一切动力如火车轮船之母)。 英国国会通过《联合法案》,合并爱尔兰,改国名为"大不列颠与爱尔兰联合王国"(——1949)。 贝多芬完成第一首交响曲。
贵州(贵阳)知府傅鼐破石岘(贵州松桃西南)苗氏,杀二千有奇,贵州巡抚伊桑阿夺为己功,事露,逮伊桑阿,绞死。　内大臣德楞泰破湖北白莲教徒于(陕西)平利,斩首领龙绍周。　经略大臣额勒登保破陕西白莲教徒于刘家河,擒首领张天伦。	法、奥订《卢内维里条约》。 俄国沙皇保罗一世拒绝逊位,被杀,其子亚历山大一世嗣位(——1825)。
额勒登保破四川白莲教徒于南江,斩首领辛聪。　德楞泰破四川白莲教徒于奉节,擒首领李世汉。又破之于花石岩,斩首领苟文明。白莲教徒余众悉入陕甘边界大山。	法第一执政拿破仑修改宪法,举行公民投票,当选为终身执政。与英媾和,订《亚眠条约》,攻法联军二次瓦解。 广南国嘉隆王阮福映,由顺化北伐,陷东京(河内),安南王国亡。阮福映统一全国,仍以顺化为首都,上表中国请册封。清政府封阮福映为安南国王。

年份	干支	国号王朝及纪年	
1803	癸亥	清嘉庆	八年
1804	甲子	清嘉庆	九年
1805	乙丑	清嘉庆	十年
1806	丙寅	清嘉庆	十一年

国内	国外
安南禁舟师扰中国沿海。福建漳州同安人蔡牵遂乘机统其海上余众,并各股变民,进香普陀(浙江舟山东),定海巡防营游击印得方击之,蔡牵败走。	美国人富尔敦发明轮船及潜水艇。
额勒登保击陕甘边界白莲教徒,穷搜林壑,擒首领苟文润等,白莲教民变终告覆灭(1796——,历时九年)。	法国终身执政拿破仑称帝,法兰西第一共和终(1792——)。改称法兰西帝国。 中国改封安南国王阮福映为越南国王,即大越与广南合称。安南王国自是改称越南王国。
清政府严禁西洋人刻书传布天主教。	英、奥、俄等国再组攻法联军,法帝拿破仑大败奥军于乌尔木,奥王乞和。
蔡牵攻台湾,浙闽水师提督李长庚击之,战于鹿耳门,蔡牵大败。　陕西布政使朱勋,以未奉部文为由,停发新兵每月米盐银(四钱),驻宁陕新兵哗变,推陈达顺,寻又推蒲大芳为主。陕西提督杨遇春急集各地新兵未变者归大营,以绝响应。陕西总兵杨芳单骑入变兵营,蒲大芳缚陈达顺,率众降。清帝仁宗颙琰以不能杀绝,大怒,革参赞大臣德楞泰职,窜陕西总督倭什布于新疆,贬杨遇春为总兵,戍杨芳于伊犁(伊宁),斩蒲大芳等变兵二百余人。　四川绥定营(达川)新兵叛,四川总督勒保击之,斩首领王得先,杀余党甚众。	普鲁士王国继参加攻法联盟,法帝拿破仑击之,决战于耶拿,普军大溃,拿破仑于普都柏林颁《大陆制度令》,禁欧洲大陆与英国通商。英国亦颁《枢密院令》,封锁欧洲大陆,皆欲窒息对方。奥王法兰西斯二世依故事亦为神圣罗马帝国皇帝,拿破仑迫之,法兰西斯二世乃去帝号,仅称奥地利国王。神圣罗马帝国虚名亦亡(962——,立国八百四十五年)。

	年份	干支	国号王朝及纪年	
	1807	丁卯	清嘉庆	十二年
	1808	戊辰	清嘉庆	十三年
	1809	己巳	清嘉庆	十四年
十九世纪 一〇年代	1810	庚午	清嘉庆	十五年
	1811	辛未	清嘉庆	十六年

国内	国外
陕西西乡营新兵叛,西安将军德楞泰击之,斩首领周士贵。　清政府封琉球故中山王尚温孙尚灏为中山王。　浙闽总督阿林保置酒宴水师提督李长庚,嘱曰:“公但斩一人,即以蔡牵伏诛报,吾即飞章奏捷,而以余贼归善后办理,则公受上赏,吾亦邀次功。”李长庚不肯,阿林保深恨之,屡劾李长庚罪,清政府屡责阿林保。阿林保愈怒,飞檄促战,动以逗留为词。李长庚悲愤,誓擒蔡牵,追击于广东黑水洋中,中炮死。	法帝拿破仑大败俄军于弗里德兰,与俄沙皇亚历山大一世会晤于的尔西特,订为同盟。各国攻法联军第三次瓦解。
英国防法国于东方夺取葡属澳门,遣战舰十三艘进泊中国广东香山(中山)鸡头洋,三艘驶广州黄埔,清政府命其离去,英舰不应,凡四阅月始行。清政府革两广总督吴熊光职,遣戍伊犁(此为中国与近代西方第一次接触,已不能敌,然并不自知)。	
福建提督王得禄、浙江提督邱得功,合击蔡牵于定海(浙江舟山),血战一昼夜,蔡牵炮弹尽,以银元代之,又尽,知不免,举炮自裂其船,溺死。浙闽海面畅通。	奥王约瑟二世再起兵反法,法帝拿破仑大败之于瓦格拉姆,订《维也纳和约》,奥割今南斯拉夫诸地与法,并以十八岁公主(女大公)玛丽鲁易丝嫁拿破仑为后。
蔡牵余党张保率众降于两广总督百龄。广东海面亦畅通。　清政府严禁鸦片入北京。	
颙琰赴(山西)五台山进香。	南美巴拉圭脱离西班牙独立。

年份	干支	国号王朝及纪年
1812	壬申	清嘉庆　十七年
1813	癸酉	清嘉庆　十八年
1814	甲戌	清嘉庆　十九年

国内	国外
清政府严禁皇族与汉人结婚。	俄国不遵《大陆制度令》,拿破仑统军五十万击之,俄弃首都莫斯科,坚壁清野,入冬后千里冰封,法军伤亡惨重,渐不能支。
天理教盛行华北,以河南滑县李文成、北京黄村(大兴)林清为首领,密谋于本年九月十五日起兵,滑县知县强克捷微知之,捕李文成,折其双腿下狱,教徒遂先发动,杀强克捷,陷邻近州县。林清亦于北京举事,乘颙琰避暑热河(河北承德),由宦官内应,攻皇宫。皇子绵宁、绵志以鸟枪击之,不能入。禁军闻变出击,擒林清于杨村,磔死。李文成奔(河南)辉县太行山,陕西提督杨遇春追击,李文成自焚死。杨遇春还军陷滑县,尽屠天理教徒,并杀无辜县民二万余人。　陕西饥,三才峡(陕西岐山)木工推万五为主,聚众掠食。	拿破仑由俄撤退,俄军追击,至莱比锡,英、奥、普、瑞典,联军迎击,拿破仑大败,率残军逃返巴黎。
清政府颁令,严禁中国人为外国人服役,不得用洋式建筑,店号不准用洋字,中国人不得住"夷馆"。　杨遇春击三才峡木工变民,擒万五,磔死。　河南乡民迎神逐疫时,恒裹纸燃火以行,俗称为"捻"或"拜捻",或数人为一捻,或数百人为一捻。久之,白昼行劫,四方胁财。御史陶澍奏闻,清政府命河南巡抚方受畴搜捕其首领王妮子等,不能获。捻事自此始。	联军陷巴黎,法帝拿破仑被俘,囚于厄尔巴岛。法国故王路易十六(1792)之弟路易十八继为法国国王,波旁王朝复辟。 英国人斯蒂芬逊发明火车。

年份	干支	国号王朝及纪年
1815	乙亥	清嘉庆 二十年
1816	丙子	清嘉庆 二十一年
1817	丁丑	清嘉庆 二十二年
1818	戊寅	清嘉庆 二十三年

国内	国外
西洋人天主教士兰月旺于湖南耒阳传教,湖南巡抚巴哈布捕之,下狱绞死。	拿破仑自厄尔巴岛逃出,返抵巴黎,联军再击之,决战于滑铁卢,拿破仑再败,降于英军,囚大西洋圣赫勒那岛(1821 年卒于该岛)。 俄国沙皇亚历山大一世与普王、奥王,签订"神圣同盟",勉以基督精神为处事向导。奥国首相梅特涅另与俄、普、英,组"四国同盟",密约压制自由及革命思想,保持现状(——1848,三十四年间,史称"正统主义时代")。
英国再遣使臣亚墨尔斯至北京,仍不肯行跪拜叩头礼,颙琰升殿召见,亚墨尔斯称疾不赴。召见副使,副使亦称疾不赴。颙琰大怒,逐之回国,复寄英王敕谕一道,责其使臣之无礼(时英人无能解华文者,存外交部七十余年,至 1890 年,曾纪泽使英,始为译出),并革理藩院尚书和世泰职。	南美阿根廷脱离西班牙独立。
	南美洲智利脱离西班牙独立。

	年份	干支	国号王朝及纪年
	1819	己卯	清嘉庆 二十四年
十九世纪 二〇年代	1820	庚辰	清嘉庆 二十五年
	1821	辛巳	清道光 元年

国内	国外
	奥国首相梅特涅于卡尔斯巴得公布敕令,禁止集会,检查书籍报纸,凡赞成自由、赞成爱国者,皆处重刑。并召集日耳曼诸邦君王会议,共同行动。史称“卡尔斯巴得敕令”。南美洲哥伦比亚脱离西班牙独立。
清帝仁宗颙琰卒,子宣帝绵宁嗣位。新疆参赞大臣(首长)斌静,以及其下诸官吏,恣为淫暴,贪贿需索百端,广渔妇女,奴使而以禽兽待之,维吾尔族人民苦怨,大和卓木布那敦(1758)孙张格尔起兵。布鲁特部(塔吉克)首领苏兰奇告警,反为章京(次首长)绥善所叱,苏兰奇愤而与张格尔合,领队大臣(驻军司令)色普征额邀击,俘八十余人,悉杀之以灭口,斌静遂以苏兰奇通逆导叛入奏。绵宁命逮斌静返北京,用永芹为参赞大臣。	越南嘉隆王阮福映卒,子明命王阮福晈嗣位。
	北美洲墨西哥脱离西班牙独立。南美洲秘鲁脱离西班牙独立。 巴尔干半岛希腊革命起,争取独立,土耳其击之,战争连续八年(——1828)。

年份	干支	国号王朝及纪年
1822	壬午	清道光 二年
1823	癸未	清道光 三年
1824	甲申	清道光 四年
1825	乙酉	清道光 五年
1826	丙戌	清道光 六年
1827	丁亥	清道光 七年

国内	国外
	南美洲巴西脱离葡萄牙独立。
	美国总统门罗以美洲各殖民地纷纷独立,惧欧洲神圣同盟干涉,发表宣言,谓美国不干涉欧洲,欧洲亦不得干涉美洲。史称“门罗主义”。
新疆参赞大臣永芹暗懦,官吏淫暴如故,维吾尔族百姓苦怨如故。张格尔再聚众,攻掠边塞。领队大臣巴彦巴图击之,不见敌踪,纵兵杀布鲁特妇孺百余人冒功。布鲁特部长沃列克愤甚,发兵袭击,巴彦巴图全军皆歼,其他各部争起响应,新疆大乱。清政府革永芹职,用长龄为伊犁将军,庆祥为参赞大臣。	南美洲乌拉圭脱离巴西独立。 俄国沙皇亚历山大一世卒,无子,弟尼古拉一世继位(——1855)。
张格尔统浩罕所助安集延兵,陷喀什噶尔城(喀什),庆祥迎击于浑河,大败,自缢死。英吉沙尔(英吉沙)、叶尔羌(莎车)、和阗(和田)均陷。	南美洲玻利维亚脱离西班牙独立。
伊犁将军长龄、陕甘总督杨遇春,击张格尔,连捷,复取去岁所失喀什噶尔四城。	英法联合助希腊独立,英法联军于那瓦里诺港歼灭土耳其舰队。

	年份	干支	国号王朝及纪年
	1828	戊子	清道光 八年
	1829	己丑	清道光 九年
十九世纪 三〇年代	1830	庚寅	清道光 十年
	1831	辛卯	清道光 十一年

国内	国外
清政府悬赏执张格尔者,封亲王,布鲁特部执之以献,送至北京,绵宁亲问之,诸大臣恐其如王三槐见颙琰事(1798),面陈官吏淫暴贪纵之弊,乃饮以毒药,使其口舌溃烂。及见,口角吹沫,情状悲苦,所问之事,一字不能答;遂寸磔之,以其肉饲犬。	俄国亦助希腊独立,向土耳其宣战,土不得已,乞和。 南美洲乌拉圭脱离西班牙独立。
	土、英、法、俄签订《亚得里亚那堡条约》,土承认希腊独立,并割高加索与俄。 南美洲委内瑞拉脱离哥伦比亚独立。
清政府向浩罕索张格尔家属,浩罕不与,清政府乃绝其贸易。浩罕国王摩诃末阿利迎张格尔兄玉素普,使其统军人新疆。帮办大臣塔斯哈于明约洛拒战,被歼,玉素普遂攻喀什噶尔城,大掠。清政府革钦差大臣那彦成职,命长龄、杨遇春并为钦差大臣。	法王查理十世下令废止宪法,解散国会,停止言论自由。巴黎民众暴动,查理十世逃往英国。法人迎立奥尔良公爵路易腓力蒲继位。史称“七月革命”。 荷兰王国南部革命起,成立比利时王国。 南美洲厄瓜多尔脱离哥伦比亚独立。
杨遇春等诸道军大集,而玉素普已解围去。浩罕遣使请解贸易之禁,愿返所俘,清政府许之,乃定约。　湖南瑶民自成村落,汉人勾结官吏,每肆虐侮,瑶人积怨已久,而广东湖北天地会会众又屡夺其牛畜米谷,瑶民无处申诉,乃聚众起兵报仇,推(湖南)永州瑶民赵金龙为主,焚河口,杀天地会会众三百余人。(湖南)江华知县林先果率兵人瑶民区锦田乡(江华东北),杀男女十四人。	

年份	干支	国号王朝及纪年	
1832	壬辰	清道光	十二年
1833	癸巳	清道光	十三年
1834	甲午	清道光	十四年
1835	乙未	清道光	十五年
1836	丙申	清道光	十六年
1837	丁酉	清道光	十七年
1838	戊戌	清道光	十八年

国内	国外
赵金龙欲进据九嶷山(湖南宁远),湖南提督海陵阿截击,中伏被歼,所在瑶民纷起。湖广总督卢坤分兵进攻,杀瑶民六千余,赵金龙战死。　广东连州八排瑶民叛,两广总督禧恩攻之不能克,乃以洋银盐布诱之,有百余人出降,遂以"瑶乱"已平奏闻。	
四川越嶲(越西)夷民起兵,四川总督那彦宝击之,擒首领桑树格。	西班牙国王斐迪南七世卒,幼女伊萨伯拉嗣位,母后基里斯丁那临朝摄政。
英国通商监督拿皮楼致函两广总督卢坤,要求英商得自由至广州(英商借居澳门,欲入广州,必先由广东税关给证),卢坤怒其不用禀帖,拒之。拿皮楼率军舰二艘,突入虎门(广东东莞西南珠江口),径泊黄埔,会染疾,退还澳门。卢坤即以:"英人惶恐谢罪,给照饬返"入奏。	
湖南武冈瑶民聚众起兵,湖南巡抚讷尔经额击之,斩首领蓝正樽。	
	英王威廉四世卒,侄女维多利亚嗣位,在位六十五年(——1901),为英国黄金时代。
鸿胪寺卿黄爵兹奏请严禁鸦片,清帝宣宗绵宁命各省议奏,湖广总督林则徐上言:"烟不禁绝,数十年后,岂惟无可筹之饷,且无可用之兵。"绵宁深以为然,即命林则徐任钦差大臣,赴广东查办海口禁烟事宜。　清政府再申令禁止满洲妇女效汉女缠足。	

	年份	干支	国号王朝及纪年
	1839	己亥	清道光 十九年
十九世纪四〇年代	1840	庚子	清道光 二十年

国内	国外
林则徐至广州,令各洋商缴出鸦片,凡二万二百八十三箱,于虎门(广东东莞西南珠江口)海岸悉行焚毁,月余方毕事,每箱给茶叶五斤抵价。又令具结,凡携带鸦片者:“船即没收,人即正法。”诸国皆具结,唯英领事义律拒之,林则徐遂尽逐英商出澳门,不许逗留境内。义律与英商同登货轮,泊香港对岸尖嘴,以军舰二艘轰九龙,林则徐不为所胁,义律乃请葡人调解,请削“人即正法”一语,余皆愿具结,林则徐以如此则与诸国相异,固不让步。会英轮水手杀死华人,林则徐命交出凶手,义律仅拘讯黑人五人。林则徐遂奏请绝英国贸易,清帝宣宗绵宁任林则徐为两广总督,下诏褒奖“不患卿孟浪,但戒卿不可畏葸”。义律大窘,遣使请仍准许返澳门,林则徐以诏命方下,不许。	
英国政府以输出鸦片为国之耻,对清政府之绝禁,告义律曰:“女皇陛下政府不能支持不道德商人。”命军舰不得进珠江,以触中国之怒,务以和平手段协商。既而清帝宣宗绵宁下诏停止贸易,英不能忍,女皇维多利亚向国会演说,态度强硬,决议用兵,遣海陆军二万五千人,军舰十六艘,由好望角东航,集澳门海面。　五月,英舰封锁广州。　六月,英舰出广州北上炮轰(福建)厦门。再北进,陷定海(浙江舟山)。　七月,英舰至天津,投书要求赔偿所焚英商鸦片烟价,开放广州等地为商埠,两国交际平等,凡六事。直隶总督琦善与义律会议于海滩帐篷,义律遂引舰南返。 九月,绵宁革林则徐职,任琦善为两广总督。 十二月,义律于前所提六事外又增割香港等十六事,琦善以清王朝官场惯技,拖延因循,欲藉笔舌之力,弥缝了事。义律知非再用武力不可,乃攻虎门(广东东莞西南珠江口)外沙角、大角两炮台,陷之。琦善恐,连夜遣使愿依英方条件订约。	越南明命王阮福晈卒,子绍治王阮福璇嗣位。

年份	干支	国号王朝及纪年
1841	辛丑	清道光　二十一年

国内	国外
正月,琦善与义律订《穿鼻草约》,割香港与英,但商税仍属中国,赔款六百万两,两国官吏平等。英舰遂自定海撤退,占领香港。英政府不满税归中国条款。召义律返国,派朴鼎查爵士代之。而清帝宣宗绵宁闻(广东)沙角、大角两炮台陷,大怒,下诏宣战,命御前大臣奕山任靖逆将军,湖南提督杨芳任参赞大臣,驰赴广东。时义律尚未行,已觉中变,遂攻虎门(广东东莞西南珠江口)炮台,陷之。　三月,英舰抵广州,炮轰城内,奕山大恐,面无人色,不得已于城头悬白旗,与英人议定休战条约,限七天内,赔偿战费六百万两。 四月,奕山为筹六百万两之数,搜括广州行商,民大愤。英军入广州,大肆淫掠,民益愤,三元里民树“平英团”旗帜,万余人围英军千余人于泥城,英少校毕霞及二百余人皆为所杀。奕山急遣知府余保纯往解,英军始得出。而绵宁方以“夷情安帖,抚局可恃”,令罢各路兵,追究广东兵政废弛之责,窜林则徐于伊犁,贬琦善浙江军营效力。　七月,英将柏麦、义律,以广州所订,仅休战条约,而去年于天津所据六事及香港割让,尚未得中国答复,非用兵不得结果,乃再北上,陷(福建)厦门。　八月,陷定海(浙江舟山)、(浙江)镇海、宁波。　九月,清政府命大学士奕经任扬威将军、侍郎文蔚任参赞大臣,进军浙江。	

年份	干支	国号王朝及纪年
1842	壬寅	清道光　　二十二年
1843	癸卯	清道光　　二十三年
1844	甲辰	清道光　　二十四年
1845	乙巳	清道光　　二十五年
1846	丙午	清道光　　二十六年

国内	国外
二月,奕经分兵三路进攻定海(浙江舟山)、(浙江)镇海、宁波三城,三路兵皆溃。奕经奔(浙江)杭州,文蔚奔(浙江)绍兴。　四月,英舰攻乍浦(浙江平湖),清政府军见英舰巨如山阜,轮烟蔽天,皆气索,乍浦遂陷。　五月,英舰陷上海。六月,英舰溯长江而上,陷(江苏)镇江,抵江宁(南京),为碎城计。清政府大惧,求和,任耆英、牛舰、伊里布为三全权大臣,亲赴英舰,与英新领事朴鼎查定中英条约,凡十三款,开广州、(福建)厦门、福州、宁波、上海五口为商埠,设领事馆,永割香港于英,以六百万两偿鸦片价,三百万两偿商欠,一千二百万两偿军费。是为《南京条约》,中国不平等条约自此始。	
清政府与美国于澳门望厦,订通商条约三十四条。　与法国于广州黄埔,订通商条约三十五条。	美国画家模尔斯发明有线电报。
清政府与比利时通商。	
云南缅宁(临沧)回民起兵,云贵总督李星沅击之,首领马国海遁走。　陕西渭南回民起兵,渭南知县余炳寿击之,斩首领马德全。　自五口通商,英国在其他四埠已设领事,唯广州对英人积恨甚深,拒英领事入城。今年,有二英人私入广州,为居民驱走。	德克萨斯脱离墨西哥,加入美利坚合众国,战争爆发,史称"美墨战争"(——1848)。

年份	干支	国号王朝及纪年
1847	丁未	清道光　二十七年
1848	戊申	清道光　二十八年

国内	国外
流寓浩罕之张格尔(1820)子弟加他汉等七人(七和卓木),募集徒众,联合布鲁特部,举兵入新疆,抵喀什噶尔城,然维族民众迭遭兵燹,损失惨重,无应之者。会伊犁(新疆伊宁)援兵至,乃不战而去。　英人在广州佛山镇游览被击,英领事德庇时即命英舰陷虎门(广东东莞西南珠江口)各炮台,钉塞大炮八百余门。两广总督耆英接受条件,允英人于两年内入城。	越南绍治王阮福璇卒,子嗣德王阮洪任嗣位。
俄国商船至上海,请在上海通商,两江总督李星沅拒之,命其回航。	美墨战争终(1846——),墨西哥失败,承认德克萨斯为美领土,并割新墨西哥、加利福尼亚与美。 法王路易腓力蒲自称“奉天命,承民意”,厉行专制,禁止人民自由结社赴宴,巴黎民众暴动再起,路易腓力蒲逃往英国,波旁王朝终(1589——,凡二百六十年),史称“二月革命”。法国废王制,再改为共和国(第二共和),选举故帝拿破仑之侄路易拿破仑为总统。 法国二月革命消息传至维也纳,维也纳民众亦起暴动,奥国首相梅特涅怒曰:“吾服务国家四十年,从未向叛乱屈服,现在更是如此。”不数日暴动扩大,军队亦加入群众,梅特涅乃逃往英国。正统主义时代终(1815——)。

	年份	干支	国号王朝及纪年	
	1849	己酉	清道光	二十九年
十九世纪 五〇年代	1850	庚戌	清道光	三十年
	1851	辛亥	清咸丰 太平天国	元年 元年
	1852	壬子	清咸丰 太平天国	二年 二年

国内	国外
英人入广州期至,英舰遂进珠江,诸乡团练闻讯至者十余万人,夹岸呼声震天,英舰不愿犯众怒,引退,不复言设领事。清帝宣宗绵宁大喜,封新任两广总督徐广缙一等伯爵。	
正月,清帝宣宗绵宁卒,子文宗奕詝嗣位。　六月,天主教传教士广东花县(花都)人洪秀全,于广西桂平金田村起兵。　奕詝革广西巡抚郑祖琛职,命林则徐为钦差大臣赴广西。　十月,林则徐行至(广东)普宁县,病卒。	
三月,清政府命大学士赛尚阿任钦差大臣,督湖南、广西军务,击洪秀全。　八月,洪秀全陷永安(广西蒙山),建太平天国,称天王,尊上帝耶和华为天父,耶稣基督为天兄。封杨秀清东王,萧朝贵西王,冯云山南王,韦昌辉北王,石达开翼王,洪大全天德王。　十一月,赛尚阿召秀水(浙江湖州)知县江忠源统乡民团练为助(楚勇),以民兵攻变民自此始。　清诸路军围永安。	
二月,清围永安四月不能下,赛尚阿愤极,督诸军猛攻,洪秀全突围出,攻桂林,三十日不克,乃攻(广西)全州,陷之,乘胜入湖南。江忠源于蓑衣渡邀击,太平南王冯云山战死,洪秀全舍舟登陆,攻道州(湖南道县)。　五月,陷道州,攻(湖南)长沙,清政府逮赛尚阿治罪,任两广总督徐广缙为钦差大臣。太平军攻长沙三月,西王萧朝贵战死,仍不能克。　七月,太平军解长沙围,北上陷(湖南)益阳,渡洞庭湖,陷岳州(湖南岳阳),掘得吴三桂(1679)所遗军械大炮。　十二月,陷汉阳、武昌(湖北武汉)。　清政府逮徐广缙治罪,任广西提督何荣为钦差大臣。时兵部侍郎曾国藩,守母丧在原籍湖南湘潭,清政府命其赴长沙招募民兵,是为湘军(湘勇),曾国藩嗜杀,时人称之为“曾剃头”。	法国总统路易拿破仑称帝,改名拿破仑三世,法兰西第二共和终(1848——),改称法兰西帝国。

年份	干支	国号王朝及纪年	
1853	癸丑	清咸丰	三年
		太平天国	三年

国内	国外
正月,太平军弃武昌(湖北武汉),连舟万余艘,顺长江东下,步军翼两岸,夹舟而行,连陷(江西)九江、(安徽)安庆,进逼江宁(江苏南京)。二月,陷江宁,改为天京,遂定都。改用阳历,七日为一礼拜,男女平等,禁贩奴隶,禁纳妾,禁妇女缠足。 三月,太平军分兵出击,北伐第一军先出,天官丞相林凤祥率领,陷(江苏)扬州。清钦差大臣向荣自武昌尾追太平军至南京,屯于孝陵卫(紫金山),是为“江南大营”。　四月,清钦差大臣琦善统各路马步诸军至扬州,是为“江北大营”。林凤祥留其将曾立昌守扬州,自统大军北上,陷凤阳,入河南,攻开封,不克。　五月,林凤祥解开封围,由巩县(河南巩义)渡黄河,攻怀庆(河南沁阳)。　七月,清内阁大臣胜保援军至,太平军解围北上。　太平西征军由天京出击,豫王胡以晃、夏官丞相赖汉英,统军逆长江而进,再陷安庆、九江,入江西腹地。　七月,清曾国藩援江西。　八月,太平北伐第一军林凤祥入山西,陷平阳,入直隶(河北省),进逼天津,北京大震。清惠亲王绵愉、科尔沁郡王僧格林沁,合兵御战,林凤祥进攻,不利,而粮渐尽,援兵不至,乃谋南返。 九月,太平西征军胡以晃入湖北,陷黄州、汉阳。　十二月,胡以晃陷庐州(安徽合肥),斩清安徽巡抚江忠源,江所统楚勇溃散。　十月,太平北伐第二军由安庆出发,地官丞相李开芳率领,陷(安徽)桐城。	土耳其帝国希腊教会与天主教会争夺耶路撒冷一神龛。俄沙皇尼古拉一世向土要求希腊教徒保护权,土拒之,俄向土宣战,土耳其舰队覆没。 美国海军司令培理率军舰四艘,驶至日本浦贺,要求直赴江户,以白旗二幅交日本,谓供日本战败投降时使用,直入江户湾(今东京湾),测量水道,日本朝野惊恐。浦贺奉行(官名)井户弘道以征夷大将军(幕府)函交培理婉拒,培理因急于赴中国护侨,云明年当再来,引舰去。日本锁国时期终(1635——,共二百一十九年)。

年份	干支	国号王朝及纪年	
1854	甲寅	清咸丰	四年
		太平天国	四年
1855	乙卯	清咸丰	五年
		太平天国	五年

国内	国外
正月,清湖广总督吴文镕攻(湖北)黄州,太平军迎击,斩之。 三月,太平北伐第一军林凤祥撤退至(河北)阜城。 五月,太平北伐军第二军李开芳入山东,陷高唐,清军抵抗加强,不能进。 六月,太平西征军胡以晃复陷武昌(湖北武汉)。 八月,曾国藩由(湖南)长沙攻岳州(湖南岳阳),前军溃败,太平军南攻(湖南)湘潭,曾国藩自往邀击,又溃败,愧愤投水自杀,左右救之。既而诸路军大集,乃再北进,取岳州,逼武昌,太平军弃城走。曾国藩遂克武昌、汉阳(湖北武汉)、黄州。 十月,曾国藩乘胜顺长江东下,太平英王陈玉成守田家镇(湖北武穴),截击之,大败。曾国藩统军至(江西)九江,水军误入鄱阳湖,太平翼王石达开用大军锁鄱阳湖口,清水军遂被隔为二,石达开复夜袭清营,清水军悉溃,曾国藩急觅小舟奔其将罗泽南军,始免,又欲自刎,罗泽南力劝止之。	英、法联合助土耳其,向俄宣战,于克里米亚半岛登陆,史称"克里米亚战争"(——1856)。 克里米亚半岛战争甚烈,伤兵境遇悲惨,英国女子南丁格尔组队亲赴前线看护,军中女护士制度自此始。 美国海军司令培理率军舰九艘,再驶至日本,订《日美和好条约》,史称《神奈川条约》。
正月,清江苏巡抚吉尔杭阿攻上海,约法国提督拉呃尔相助,法军纵火焚东门外民宅悉尽,太平将刘丽川不能抗,引兵退。 清科尔沁郡王僧格林沁大破太平北伐第一军于连镇(河北东光),林凤祥战死。 二月,太平北伐第二军退守山东茌平冯官屯,僧格林沁攻冯官屯,决黄河水灌之,李开芳出降,送北京,磔死。太平北伐军全灭。 三月,太平翼王石达开逆长江而上,复陷武昌(湖北武汉)。清湖北巡抚陶恩培战死。 七月,淮河以北捻众(1814)纷起,以张洛行所领为最强,据安徽蒙城雉河集(涡阳),受太平天国册封,分其军为五旗,攻归德(河南商丘)、(江苏)徐州,清军不能御。 十月,清安徽巡抚福济用在籍翰林编修李鸿章襄赞军务,克庐州(合肥)。 十二月,云南汉族地主羡永昌(保山)地饶,勾结官吏,驱逐回民,回民不胜愤,蒙化厅(云南巍山)首领杜文秀遂起兵复仇,袭据大理府,清提督褚永昌击之,败死。云南战乱不息者十八年。	萨丁尼亚王国首相加富尔,为期将来统一意大利时获英、法支持,亦加盟遣军克里米亚半岛。联军陷俄塞伐斯托北波尔炮台,俄乞和。俄国沙皇尼古拉一世卒,子亚历山大二世继位(——1881)。

年份	干支	国号王朝及纪年	
1856	丙辰	清咸丰	六年
		太平天国	六年

国内	国外
三月,清湖北布政使罗泽南攻武昌(武汉),中炮死,太平军再入江西,曾国藩困守南昌。　五月,清钦差大臣向荣江南大营围攻天京(江苏南京)四年,不能有功。太平忠王李秀成、英王陈玉成,出兵东西夹击,翼王石达开复统军至,江南大营一夕而溃,向荣自缢死。　八月,太平天国内乱起。东王杨秀清恃功骄纵,视天王洪秀全为赘疣,洪秀全不能堪,命夏官丞相赖汉英密召北王韦昌辉、翼王石达开图之。韦昌辉由安徽返,伏兵杀杨秀清,尽诛其党二千人。石达开后至,责之曰:"其属何罪,不太酷耶。"韦昌辉怒,复欲杀石达开。石达开曰:"我不忍自相残杀,使人笑我草寇。"率所部乘夜缒城走,韦昌辉悉杀石达开父母妻子。洪秀全惧,与杨秀清余党谋,又杀韦昌辉,闭城二十日,屠戮三万余人。召石达开回天京辅政。而洪秀全复忌石达开,专任其兄安王洪仁发、福王洪仁达。石达开乃出屯(安徽)安庆,朝中初起诸王诛杀已尽,所恃惟陈玉成,李秀成二王。　十月,英香港总督包冷向清政府两广总督叶名琛再商英领事入广州(1849),叶名琛颟顸自负,峻拒之。会英轮亚罗号入珠江,清巡河水师登轮执华人水手十三人,且拔英旗投甲板上,英领事巴夏礼命叶名琛具状谢罪,叶名琛大怒不许,英舰遂炮轰广州,陷之,焚总督衙门,然英军兵少,不能据守,乃引退。民众乘其退,纵火焚洋楼,美、法、英各商馆,皆付一炬。巴夏礼驰书回国求增援。　十一月,清湖北巡抚胡林翼克武昌(武汉),乘胜东下,又克(江西)九江。	克里米亚战争终(1854——),订《巴黎和约》,禁俄舰进入地中海。 法海军少将鲁礼约尔,向越南呈国书,越南退回其国书,法舰怒,陷顺化沿海而去,越悉杀法国传教士以为报复。

年份	干支	国号王朝及纪年	
1857	丁巳	清咸丰	七年
		太平天国	七年
1858	戊午	清咸丰	八年
		太平天国	八年

国内	国外
正月,清帝仁宗奕詝立懿妃叶赫那拉为贵妃(即后之西太后)。　六月,云南回民起兵攻昆明,云贵总督恒春自杀,新任总督吴振棫击之,起义军溃散。　十月,安徽亳州捻军攻河南舞阳、叶县。(河南)内乡捻军攻掠宜阳、嵩县。太平军乘之,中原二千里,烽火相望,其游骑北至(河北)大名,北京戒严。　十一月,清江南提督张国梁克瓜洲(江苏江都南)。　十二月,英、法联盟,同遣军舰至广州,致最后通牒于叶名琛,限十日内举行修约谈判,叶名琛拒绝,英法遂陷广州,擒叶名琛,送印度囚之,年余而死,时人为之语云:"不战不和不守,不死不降不走,古之所无,今之罕有。"	英国东印度公司以涂有牛油猪油之枪弹发与印度士兵,印度士兵非印度教即伊斯兰教,认为大侮,暴动遂起,英军反击,屠戮甚惨,并废蒙古莫卧儿帝国皇帝,蒙古莫卧儿帝国亡(1528——,立国三百三十年)。史称"印度兵变"。
二月,清钦差大臣和春,江南提督张国梁,再建江南大营,进逼天京(江苏南京)。　四月,清浙江布政使李续宾、总兵彭玉麟攻(江西)九江逾年,太平贞天侯林启容固守不下,至是城陷,林启容及其士卒一万七千人悉战死,无一降者。清水军被隔绝于鄱阳湖内垂四年,始出。俄国潜移民于乌苏里江口,清黑龙江将军奕山与俄西伯利亚总督募勒福,于瑷珲(黑龙江黑河)会议,以黑龙江以北地,尽割于俄,是为《瑷珲条约》。　英法联舰北进,至天津,陷大沽炮台,北京戒严。　五月,俄美两国从中调解,清大学士桂良,与英订约五十六条,清偿英商二百万两,英军二百万两,传教自由。与法订约四十二条,与英约同,唯赔偿减半。又与美订约三十条,载明中国对他国所给任何利益,美国一并均沾。俄国军舰继英法联军之后抵天津,援"利益均沾"条款,清政府与订约十二条,开七处通商港口,得派军舰驻泊。是为《天津条约》。同意诸国政府批准后,明年至北京换约。　七月,太平军再陷庐州(安徽合肥)。捻军入山东,攻金乡,清政府命都统胜保为督办军务,漕运总督袁甲三督办三省"剿捻"事宜。　九月,太平英王陈玉成攻扬州,清江北大营溃,清政府革钦差大臣德兴阿职,命江南大营钦差大臣和春兼管江北清军。　十月,清浙江布政使李续宾攻庐州,太平陈玉成迎击,斩李续宾。 香港发行《中外新报》,为最早之中文日报。	英国撤销东印度公司(1600——,凡二百五十七年),派总督驻新德里,直接统治印度。

年份	干支	国号王朝及纪年	
1859	己未	清咸丰	九年
		太平天国	九年

国内	国外
二月,清文渊阁大学士柏葰于去年任会试正考官,榜发,御史孟传金劾奏所取举人平龄试卷乃撤换过者。清政府斩柏葰,及牵线行贿人副考官程庭桂之子程炳采,窜程庭桂于边。科场积弊,自是一清。　太平英王陈玉成击清安徽巡抚李孟祥于庐州(安徽合肥)西,斩李孟祥。　五月,诸国军舰赴天津换约,英舰先行,方入大沽。科尔沁亲王以炮台炮轰之,英舰仓卒应战,伤亡甚重,狼狈撤退。清政府动色相告,皆谓外事有转机。　六月,太平陈玉成与捻军合力陷安徽定远,又陷天长、(江苏)盱眙。　翼王石达开入湖南,陷宝庆(邵阳)。　九月,石达开陷庆远(广西宜州),折入广东。　十一月,捻军自兰仪(河南兰考)北渡黄河,攻(山东)定陶、(河南)东明。清漕运总督袁甲三败之,克临淮关(安徽凤阳)。	苏伊士运河动工开凿(——1869)。 法舰攻越南,陷西贡。

	年份	干支	国号王朝及纪年
十九世纪 六〇年代	1860	庚申	清咸丰　十年 太平天国　十年

国内	国外
二月,太平忠王李秀成陷(浙江)杭州。　三月,李秀成由杭州还军,猛攻清江南大营,江南大营再溃,钦差大臣和春奔(江苏)常州呕血死,提督张国梁溺水死,以满洲人为主干之军队,至此全覆。　四月,李秀成陷(江苏)苏州,清政府命曾国藩任钦差大臣两江总督。　上海道吴煦惧李秀成来攻,邀美国逃犯华尔募吕宋(菲律宾)人及中国人为兵,是为洋枪队,亦号常胜军。　六月,曾国藩进驻安徽祁门,其弟曾国荃攻(安徽)安庆。　七月,英法联军再至天津,由北塘口入,陷大沽炮台。僧格林沁退守通州(北京通县)。　八月,英法联军陷通州,清帝仁宗奕詝奔热河(河北承德),留怡亲王载垣请和。载垣于北京邀宴英领事巴夏礼,巴夏礼坚持面见奕詝,并率军队二千人入城。载垣不敢允,巴夏礼遂不与言。载垣大怒,认为除去巴夏礼,英即可驯服,密命僧格林沁于巴夏礼返营时逮之,并其从人悉缴械送北京,下狱。英索巴夏礼,不与,遂攻海淀(北京西北),清禁军不战而溃。恭亲王奕訢时受命为全权大臣,不得已,释巴夏礼,而所从十余人已死于狱,英人愤甚,陷北京,纵火焚圆明园,火二日不绝。　九月,清政府请俄国公使伊格那替业福调解,除原《天津条约》外,再分别订约。英约:偿军费四百万两,租界九龙,续开天津、(江西)九江等地为商埠。法约:偿军费四百万两。两国并派公使、领事驻中国。是为《北京条约》,亦称《庚申条约》。　十一月,清僧格林沁攻山东巨野,会大雪,捻军乘之,僧格林沁大败。 十二月,清政府废理藩院,设"总理各国通商事务衙门",外交设立专官自此始。英法和约成,俄使伊格那替业福以调人索酬,恭亲王奕訢乃再与订约,举乌苏里江以东地与俄。俄于其地建"东滨海省",于《瑷珲条约》(1858)所割黑龙江以北故中国地建"阿穆尔省"。俄国不费一兵一弹,而得中国土地九十八万平方公里。	撒丁尼亚王国热那亚城人加里波第统义勇军(红衫军团)自热那亚乘舟南下,陷西西里岛,再陷那不勒斯,两西西里王国亡。加里波第以全部土地献撒丁尼亚国王伊曼纽尔。 美国大选,林肯当选总统,素主张废止黑奴,南方十一蓄奴州宣布脱离合众国独立,另组"美洲联邦"。

年份	干支	国号王朝及纪年	
1861	辛酉	清咸丰	十一年
		太平天国	十一年
1862	壬戌	清同治	元年
		太平天国	十二年

国内	国外
正月,清僧格林沁攻山东荷泽捻军,败还。 二月,太平英王陈玉成陷湖北黄州,逼(江西)南昌、九江。 四月,清川北道苗沛霖,固捻军首领,以与寿州(安徽寿县)豪族相仇杀,复降太平,陈玉成荐为北平王,攻寿州,克之。又攻(安徽)蒙城,联营百余里。 七月,清帝文宗奕许于热河病卒,子穆宗载淳嗣位,年六岁,怡亲王载垣、郑亲王端华、御前大臣肃顺辅政。尊嫡母钮祜禄氏为皇太后(东太后),生母那拉氏亦为皇太后(西太后)。 八月,清曾国荃陷(安徽)安庆。 十月,清钮祜禄、那拉两太后与恭亲王奕䜣合谋,捕三辅政大臣,命载垣、端华自尽,斩肃顺于市。 太平忠王李秀成再陷(浙江)杭州,清政府命曾国藩统辖江苏、安徽、江西、浙江四省军务。 十一月,清两太后于养心殿垂帘听政。	撒丁尼亚国王伊曼纽尔加冕为意大利国王,建都都灵。 美总统林肯就职,以合众国不可自由脱离,命军队进攻,战争持续五年(——1865),史称“美国南北战争”。 巴尔干半岛罗马尼亚脱离土耳其独立。
正月,太平忠王李秀成攻上海,清常胜军华尔拒之,英法军舰又以舰炮助战,李秀成败还。 二月,清江苏巡抚李鸿章率淮军(淮勇)连克吴江、江阴诸县。 四月,清曾国荃克芜湖,进围天京(江苏南京)。荆州(湖北江陵)将军多隆阿克庐州(安徽合肥),太平英王陈玉成军溃,以数百骑奔寿州(安徽寿县),投北平王苗沛霖,而苗沛霖又叛太平,降清。伏兵执陈玉成,送颍州(安徽阜阳)清钦差大臣胜保营,即解北京,至(河南)延津县,清政府命就地凌迟处死。太平军势遂衰。 陕西回民领袖任武起兵陷渭南。甘肃回民领袖马化龙起兵据金积堡(宁夏吴忠)。 五月,太平侍王李世贤陷浙江湖州。 六月,清政府命钦差大臣科尔沁亲王统辖山东、河南两省军务,专击捻军。 八月,太平军陷慈溪(浙江宁波西北),清常胜军赴援,华尔中弹死,美国人白齐文代之。 九月,清李鸿章请英法驻华军队助攻(上海)嘉定,法提督卜罗德为太平军击毙,英提督何伯率两国兵,清总兵程学启率淮军,并力猛攻,城遂陷。 十月,太平李秀成大军援天京(江苏南京),清曾国荃迎战,李秀成大败,渡长江北走。	法越签订《西贡条约》,越割下交趾(即交趾中国)六州中三州与法国。

年份	干支	国号王朝及纪年	
1863	癸亥	清同治	二年
		太平天国	十三年

国内	国外
二月,清僧格林沁陷尹家沟,总兵陈国瑞陷雉河集(1855),捻军大败,首领张洛行奔(安徽)宿州,为清川北道苗沛霖所擒,献于僧格林沁,杀之。僧格林沁不欲归功苗沛霖,乃称为宿州知州英翰所获。张洛行侄张宗禹代领其众,与任柱、赖文光,合兵走山东。 清云贵总督潘铎,联络临安(云南建水)回族首领梁士美,欲制变民(1855),事泄,潘铎部将马荣叛,于昆明五华山刺杀潘铎。布政使岑毓英闭昆明固守,总兵马如龙击马荣,马荣率军遁(山东)武定。 三月,清常胜军美将白齐文劫饷银投太平忠王李秀成,清江苏巡抚李鸿章改用英将戈登领常胜军。 四月,太平翼王石达开自广西北进,渡金沙江,拟由边地土司小径入四川,至紫打地(四川石棉),将渡大渡河,河水暴涨,清军得以赶至,列营北岸,而土司为清所买,复自后砍木塞路,石达开粮尽路穷,乃奔老鸦漩(石棉西南),士兵已二日不得食,石达开曰:"贼所欲得者我耳,我一人赴死,尔等可免。"乃往见清四川总督骆秉章,拒降而唯乞死,骆秉章斩之,并屠其亲军数千人。 九月,清李鸿章命常胜军英将戈登、淮军总兵程学启,合兵攻(江苏)苏州,太平慕王谭绍光固守,久不能下,其部下纳王郜永宽等由清副将郑国魁为介,通款于程学启。程学启与戈登亲赴城北阳澄湖与郜永宽等面订降约,许以二品之赏,程学启为立誓,戈登证之。于是郜永宽等遂杀谭绍光,举城降,李鸿章与程学启谋,邀宴郜永宽等四王四将,炮响,伏兵起,悉杀之。戈登以李鸿章、程学启违誓杀降,弃仁绝义,大愤,携短枪觅之,李、程走避。 十一月,清僧格林沁以苗沛霖反复无常,统军逼(安徽)蒙城,破其数垒。去年苗沛霖执太平英王陈玉成降清时,留其亲兵为己部卒,至是,为故主复仇,俟苗沛霖巡城,刺杀之,捻众溃散。	美总统林肯正式颁《释奴令》,解放黑奴。 亚洲柬埔寨王国(高棉)宣布取消独立,成为法国保护国。 丹麦声明合并什列斯威公国、好斯敦公国,普鲁士首相俾斯麦联合奥国,向丹麦宣战。

年份	干支	国号王朝及纪年
1864	甲子	清同治 三年 太平天国 十四年

国内	国外
二月,清淮军总兵程学启由苏州攻(浙江)嘉兴,太平军射中其脑,立毙。　三月,清荆州将军多隆阿击陕西回民,战于周至,多隆阿中弹死。　五月,清曾国荃围天京(江苏南京)三年,城中粮尽,食草根树皮,军民仍殊死守,太平天王洪秀全知事不可为,忧愤成疾,足肿,曰:“吾以义拯同胞兄弟,今反为同胞兄弟所败。”是月二十七日,遂卒。子洪福瑱嗣位,年十六,忠王李秀成辅政。　六月十六日,天京陷,曾国荃纵兵屠杀,军民十余万皆死。李秀成仓卒奉洪福瑱冲北门缺口出,行三十里,遇清军,部众溃败,李秀成以所爱骏马与洪福瑱乘之,命弟扬王李名成护卫驰去,自为殿后,率九骑登方山(江苏江宁东南)。十七日薄暮,下山渡河,为村民所觉,匿于涧西村,为清提督萧孚泗亲兵王三清查获,执送曾国荃营,囚于站笼中,慷慨吮笔,记述太平天国起事始末,自二十七日至七月初六日,凡十日,成数万言,既毕,曾国藩恐民心未去,不敢解北京,遂命斩之。村民闻李秀成死,夜劫王三清去,杀而投其尸于河。　八月,洪福瑱辗转走江西广信(上饶),清江西将军席宝田追击至荒谷,擒之,磔于南昌。太平天国亡,立国十四年。　九月,清僧格林沁为捻军所败,溃于湖北麻城,退河南光山,再退邓州。僧格林沁左右恣横,将领求见,先纳银四百两,民有诉其军奸淫烧杀者,僧格林沁曰:“若等离家久,汝等宜避之。”民大怨怒。 新疆伊斯兰教民起兵叛,清参将索焕章立伊斯兰教阿訇(大教师)妥明为王,自任大元帅,据乌鲁木齐,连陷哈密、吐鲁番、乌苏诸城。清政府命钦差大臣穆图善统军出玉门关击之。但陕、甘民变正剧,军不能行。	丹麦战败,订《维也纳条约》,放弃什列斯威、好斯敦。 各国劳工代表于伦敦集会,组“国际劳工协会”,史称“第一国际”(——1878)。

年份	干支	国号王朝及纪年
1865	乙丑	清同治　　四年
1866	丙寅	清同治　　五年

国内	国外
科尔沁亲王僧格林沁追击捻军至山东曹州(菏泽),中伏,大败,遁入保荒庄,夜突围去,其部下素怒其寡恩,至是倒戈,乱刀杀之。清政府命曾国藩任钦差大臣,李鸿章任两江总督,时捻军四方流击,如飘风疾雨,清政府军尾追数载,狼狈疲惫。曾国藩进驻(江苏)徐州,分设四镇,湘军已裁撤,乃调李鸿章所练之淮军分驻,互为援助,以有定之兵,制无定之捻。　新疆妥明称清真王。 和卓木布士尔克(张格尔子),率浩罕国大将阿古柏,陷喀什噶尔城,称王。	美国南北战争终(1861——),南军败,美国统一。林肯总统于国家统一后,遇刺身亡。 普奥订《卡斯丁条约》,什列斯威并于普,好斯敦并于奥,各成为一州。
清政府命左宗棠任陕甘总督,击回民军。　曾国藩划地分防,扼黄、运二河,以限捻军马足,捻军大困,总帅张宗禹欲决河堤,清政府军急击之,捻溃,不能复合,于是分为二军,总帅张宗禹率军入陕西,是为西捻。鲁王任柱、遵王赖文光率一军入湖北,是为东捻。清政府以僧格林沁为帅,数月历五省,而以曾国藩据(江苏)徐州不动为迂阔,命曾国藩仍回两江总督本任,改授李鸿章为钦差大臣。	普突向奥提改革日耳曼联邦方案,要求奥国退出联邦,奥拒绝,普向奥宣战,大败奥军于萨多瓦,直捣维也纳,普相俾斯麦向普王威廉一世力争,始不入城,与奥订《布拉格条约》,奥退出联邦,好斯敦州归普。史称“七星期战争”。

年份	干支	国号王朝及纪年
1867	丁卯	清同治　六年

国内	国外
正月,东捻鲁王任柱、遵王赖文光既入湖北,据德安(安陆)、安陆(钟祥)间,浙江提督鲍超,与淮军提督刘铭传,约定时刻夹击,刘铭传欲独得首功,先一刻进攻,大溃,与诸幕僚坐地待擒,而鲍超军准时至,呼声震十里,捻军败走。刘铭传内惭,反诬鲍超后期。钦差大臣李鸿章袒刘铭传,据以上奏,清政府严旨责鲍超。鲍超方冀褒奖,愤甚,遂辞官,所部三十营(霆军),李鸿章悉行遣散。 十月,东捻军由湖北入山东,刘铭传追击,至日照,大破之,任柱亲兵潘贵升刺杀任柱,赖文光率余众走河南淮阳。 十二月,赖文光至江苏扬州,清政府军大集,知事不济,乃飞檄历诋清政府军诸将,言至悲痛,而以扬州道员吴毓兰为贤,使得己以为功,乃投吴毓兰营。军中传诵飞檄,钦臣大臣李鸿章大窘,严令秘其事,命吴毓兰上捷书,谓系雨中俘斩。东捻军全覆。 新疆阿古柏逐和卓木布士尔克,自称"毕调勒特可汗"。	七星期战争时,奥国马札儿人欲起兵独立,其领袖但克力主忍耐。奥王约瑟为嘉其功,许马札儿人成立匈牙利王国(1526——,亡国三百四十一年,自是复国),与奥共戴一君,改国名为奥匈帝国,皇帝兼匈牙利国王。 越南再将下交趾三州割与法国,至是,下交趾(交趾中国)全部为法所据。 美国以七百二十万美元向俄国购入阿拉斯加。 日本明治天皇即位,征夷大将军德川庆喜,上奏奉还政权,"江户时代""后期武家时代"终(1600——,共二百六十八年),日本幕府政治亦终(1186——,共六百八十二年)。 明治天皇改江户为东京,自京都迁都之,吸收西洋文化,改革内政,史称"明治维新"。

	年份	干支	国号王朝及纪年
	1868	戊辰	清同治 七年
	1869	己巳	清同治 八年
十九世纪七〇年代	1870	庚午	清同治 九年

国内	国外
西捻军总帅张宗禹由陕西经山西,逼(河北)定州,清政府军围之,张宗禹至(山东)茌平县广平镇,地处黄河运河之间,河汊分歧,水溜泥陷,奔走无路,军溃。张宗禹率八骑奔至徒骇河滨,不能脱,投水死,西捻亦全覆。　陕西回民军首领董福祥攻绥德,提督刘松山大破之,董福祥降。	
西太后那拉氏遣嬖幸宦官安得海赴广东采购珠宝,至山东泰安,山东巡抚丁宝桢擒之,斩于济南。　陕甘总督左宗棠击甘肃回民军,大败之于灵州(宁夏灵武),逼金积堡(宁夏吴忠)。	苏伊士运河完成(1859——,历时十一年),自是欧亚船舶来往,不再绕道好望角。
正月,甘肃回民军首领马化龙固守金积堡(宁夏吴忠),提督刘松山猛攻,中弹死,侄刘锦棠代统其军。　五月,天津有匪徒迷拐人口,民疑外国教堂所为,并传有挖眼剖心等事,众至教堂门前,与教徒争殴,法国领事丰大业见总理各国事务衙门侍郎崇厚,拔枪射击示威,击死天津知县仆从一人,众遂殴丰大业死,杀教徒修女数十人,又杀俄商三人,毁英美教堂各一所,天津大乱。直隶总督曾国藩查办,力言挖眼剖心之诬,民益愤,清政府改命李鸿章为直隶总督结案,首事十五人处斩,二十一人军流,遣崇厚出使法国道歉。　七月,两江总督马新贻赴教场阅射,河南汝南人张文祥以利刃刺入其胸,立死。张文祥与马新贻,及彭某等三人,初为义兄弟,马新贻诱奸彭某之妻,而陷彭某于法,处死。张文祥潜去,密炼药刀,伺间数十年,至是毙之。侍郎某心敬其侠义,欲薄惩之,新任两江总督曾国藩以名教为己任,不可,乃诬张文祥为"盗匪余孽",磔死。　十一月,击陕甘回民军刘锦棠陷金积堡,执首领马化龙父子(明年,1871年,处斩)。其部下白彦虎遁走奔新疆。　新疆阿古柏可汗北伐,陷乌鲁木齐,清真王妥明败奔绥来(新疆玛纳斯),病卒。阿古柏遂统新疆全境。	西班牙王位久悬,国会谋迎立普鲁士王子李奥波为王,法帝拿破仑三世惧普势力益盛,强烈反对,普王威廉一世遂不敢受,而法驻普大使更要求保证普国王族永不为西班牙王,威廉一世不予接见,将情形用电报告首相俾斯麦,俾斯麦将电文窜改数字发表,以激怒法国。法国以大使受辱,向普宣战。色当一役,普俘法军十万,生擒拿破仑三世。巴黎共和党闻讯,宣告成立共和国(第三共和),组国防政府,继续抵抗,德军进围巴黎。法国既败,撤退驻罗马城法军,意大利遣军入罗马城。

年份	干支	国号王朝及纪年	
1871	辛未	清同治	十年

国内	国外
清政府全权大臣李鸿章,与日本正使大藏大臣伊达宗城,于天津订修友好条约十八条。 俄国乘新疆战乱,出兵占领伊犁,驻华公使告清政府,言为中国收复伊犁,俟战乱平定,当即交还,盖以中国永不能再得新疆,故乘机拓土。琉球民船航海遇飓风,漂流至台湾,为牡丹社(台湾屏东东南)蕃人所杀,死五十余人。	法国防政府于凡尔赛召开国民会议,向普乞和,订《法兰克福条约》割阿尔萨斯、洛林二州与普。普王威廉一世于凡尔赛宫加冕为德意志皇帝。 巴黎共产党及社会主义者,成立公社(亦称国民军中央委员会)反抗国民会议,国民会议于凡尔赛遣军攻巴黎,公社坚守四十余日,城陷,犹巷战一星期。 意大利自都灵迁都罗马城,意大利半岛自此统一。教皇庇护九世无奈,自行幽禁梵蒂冈宫,下令禁止教徒参加意大利政府(1905 年教皇庇护十世方取消)。

年份	干支	国号王朝及纪年
1872	壬申	清同治　十一年
1873	癸酉	清同治　十二年
1874	甲戌	清同治　十三年

国内	国外
两江总督曾国藩卒。云贵总督岑毓英、参将杨玉科攻大理,回民首领杜文秀服毒自尽,城中佯乞降,而密设地雷于行馆,岑毓英知之,命杨玉科率精兵入城受降,既入城,内外夹击,杀回民万余,擒杜文秀子女,皆磔死。明年(1873),再克腾越(云南腾冲),全部底定。云南战乱,历时凡十八年(1855——),始靖。 陕甘总督左宗棠大军西进,提督徐占彪攻肃州(甘肃酒泉)。	
日本全权大使副岛科臣来华换约(1871),与西洋各国公使同至紫光阁,觐见清帝穆宗载淳,贺大婚及贺亲政,并呈递国书。此为中国元首以平等国接见外国使臣及受国书之始。 徐占彪围肃州(甘肃酒泉),提督刘锦棠于攻陷碾伯(青海乐都)后,率军继至,左宗棠亦自往督战。回民首领知不能守,率众出城降,左宗棠纵兵悉屠之。甘肃民变悉灭。	法国商人久辟酉自越南河内运私盐赴中国云南,越南政府诉之西贡法国总督,要求召还。法总督遣二舰驶河内,舰队司令葛尔里于西山中伏,被黑旗党所杀。 日本废琉球国王为藩王。
三月,日本陆军中将西乡从道,率军舰至台湾,击牡丹社蕃人(1871),杀其酋长,并欲据台东,清朝船政大臣沈葆桢率福建水军赴援,英国公使威妥玛调解,清政府与日本始订和约,由中国偿日本军费五十万两,日军始退,然不啻默认日本对琉球有宗主权。 十二月,清帝穆宗载淳卒,族弟载湉嗣位,是为德宗,年四岁,钮祜禄、那拉两太后再垂帘听政。	法、越签订第二次《西贡条约》,承认越南为独立国,外交由法国代理,开放江河,否认中国为宗主国。

年份	干支	国号王朝及纪年
1875	乙亥	清光绪 元年
1876	丙子	清光绪 二年

国内	国外
清政府命陕甘总督左宗棠为钦差大臣,督办新疆军务,使击阿古柏可汗,收复新疆(1871)。　朝鲜国王李熙冲幼,生父李是应摄政,称大院君,守旧排外,尤恶维新,拒与日本往来,下令“与日本交涉者处死刑”。今年,日本军舰云扬号测量朝鲜沿海,停泊江华岛,朝鲜发炮击之,云扬号立即应战,毁炮台,陷永宗城。遂即遣全权大使黑田清隆赴朝鲜交涉缔约,另遣使森有礼赴北京,要求中国勿加干预。	巴尔干半岛保加利亚不堪土耳其虐政,起兵革命,土耳其大肆屠杀,史称“保加利亚惨案”。
左宗棠攻陷乌鲁木齐,阿古柏可汗所遣援军至达坂(乌鲁木齐东南),不敢进而退。天山北路诸城先后复归中国,唯伊犁仍为俄军所据。英翻译官马嘉理赴缅甸,既还,途经云南,行至腾越(云南腾衝)蛮荒地方(云南盈江),被杀。英使威妥玛指为云贵总督岑毓英所使,坚求将全案人证提至北京,总理各国事务衙门不允,威妥玛大怒,离北京南下,赴烟台,清政府急遣直隶总督李鸿章追至烟台,订约,允英国赴西藏测路,是为《烟台条约》。英商在上海吴淞间修筑铁路,是为中国有铁路之始,两江总督沈葆祯以其破坏风水,照令英领事停修,英商不允,清政府乃以二十八万五千两购买,拆毁。　朝鲜钦差大臣判中枢府事申櫶,与日本全权大臣陆军中将黑田清隆,订《江华条约》。承认朝鲜为独立自主之国,与日本平等,互派使臣,开埠通商。　琉球国王以受日本压迫,遣密使至福建,向清政府乞援。	英国学人柏尔发明电话。俄国并吞浩罕王国。

年份	干支	国号王朝及纪年
1877	丁丑	清光绪 三年
1878	戊寅	清光绪 四年
1879	己卯	清光绪 五年

国内	国外
左宗棠督诸军进兵天山南路,阿古柏可汗在库尔勒,忧甚,欲归浩罕,而浩罕已为俄国所灭。欲战则众纷叛,知不可为,服毒死。次子海古拉运柩走,将至库车,兄艾哥(伯克胡里)遣兵邀杀之。艾哥于喀什噶尔(新疆喀什)嗣父位,称可汗。 协办大学士沈桂芬与西班牙公使伊巴里,订《古巴华工条约》。	美国学人爱迪生发明留声机。 英国女王维多利亚,加冕兼印度皇帝。 俄以保加利亚惨案,向土耳其宣战,土耳其连败,乞和。
新疆和阗(和田)伊斯兰教民起兵叛艾哥可汗,艾哥可汗击败之,入据和阗。而喀什噶尔城亦叛,艾哥奔英吉沙尔(新疆英吉沙)。左宗棠部将刘锦棠攻英吉沙尔,陷之,艾哥奔俄国。新疆战乱,历时十五年(1864),至是悉定,天山南路亦复归中国。	俄、土签《圣斯提法诺条约》,英、奥、普、法惧俄势力扩张,将以武力干涉,再签《柏林条约》,土属塞尔维亚、罗马尼亚、门的内哥罗,分别成为三独立国。土割二州与奥,割塞浦路斯与英,保加利亚分为三部,南部仍属土耳其,中部自治,北部成独立国。
日本使臣勿韶打至琉球,命琉球国王尚泰不再朝中国,尚泰不听。日本逼尚泰入朝,尚泰惧,向中国告急乞援,而清政府无力出兵,日本遂遣军舰登陆,掳尚泰,改其地为冲绳县。琉球亡。总理各国事务衙门侍郎崇厚为全权大使,赴俄国议还伊犁,订《里瓦几亚条约》,偿俄军费五百万卢布,割霍尔果斯河以西(二万平方公里),及特克斯河流域(三万平方公里)与俄。草约至北京,朝野大骇,革崇厚职下狱,论斩(明年,因曾纪泽奏,始释)。	德、奥签订《攻守同盟密约》(三国同盟之一)。

	年份	干支	国号王朝及纪年
十九世纪八〇年代	1880	庚辰	清光绪 六年
	1881	辛巳	清光绪 七年
	1882	壬午	清光绪 八年

国内	国外
清政府既革崇厚职,俄人大哗,增兵伊犁,遣军舰至中国海面,声言决裂。清政府召左宗棠至北京备顾问,命刘锦棠代钦差大臣。遣驻英公使曾纪泽赴俄修改前约。	自今年起,欧洲诸国汹涌浸入非洲,二十年间,瓜分罄尽。
曾纪泽抵俄京圣彼得堡,定新约七条,俄归还伊犁及特克斯河流域,清偿俄军费九百万卢布。但仍割霍尔果斯河以西与俄。是为《圣彼得堡条约》。	俄国虚无党以炸弹刺毙沙皇亚历山大二世,子尼古拉二世继位(——1918)。
朝鲜自江华岛事件(1875),国内维新派组开化党,称新党,与旧党大院君李是应冲突,国王李熙妃闵氏及其族复专横,与李是应不睦。李是应遂唆兵变,屠闵氏之族及新党,攻日本使馆,杀日本中尉崛本礼造。清朝北洋大臣张树声急遣北洋水师提督丁汝昌率军舰驶往,及抵仁川,日舰已先至。清朝再遣广东水师提督吴长庆往援,吴长庆至汉城,诱捕李是应,送中国保定囚之(三年后因李熙之请释归)。日本不意清朝迅速平乱,气沮,乃与朝鲜订《济物浦条约》,日本使馆得置兵备警。从此日本与中国皆驻军汉城。　法因越南继续向中国朝贡称藩,命海军司令李威利由西贡北伐,攻陷河内。越南向中国请援。中国李鸿章,法国宝海签《天津草约》,中法分界保护越南,以红河为界,北岸由中国保护,南岸由法国保护。	意大利以法国占领北非突尼斯,愤而且惧,与德、奥签订《攻守同盟密约》(三国同盟之二完成)。

年份	干支	国号王朝及纪年
1883	癸未	清光绪　　九年

国内	国外
中法均否认《天津草约》,法李威利自河内统军南攻,抵纸桥(河内西北),黑旗军迎击,大败之,李威利阵亡。法国更遣陆军少将欧波,海军中将孤拔增援,以驻暹罗总领事赫尔曼为东京(北圻)理事官,径攻越南国都顺化,距城十二里,越南国王阮福升乞和,缔《顺化条约》,承认为法之保护国。而越南大臣寻废阮福升,立阮福昊为国王,否认《顺化条约》,下令驱逐法人。清政府命云南巡抚唐埛进驻山西,广西巡抚徐延旭进驻北宁。唐埛方入越南境即返。徐延旭至谅山,命提督黄桂兰进赴北宁,相机助黑旗军。法孤拔攻山西,陷之,中国军与黑旗军大败。	越南嗣德王阮洪任卒,阮福升嗣位。

年份	干支	国号王朝及纪年
1884	甲申	清光绪 十年

国内	国外
三月,法军攻越南北宁,清军不战而溃,城陷。 五月,前天津税务司英人德璀琳从中调解,直隶总督李鸿章,与法海军司令福禄诺,会议于天津,签订《中法简明条约》(《李福协定》),清政府不再过问法、越之间所订条约。清军由越南撤退,法国不索赔偿,法国与越南订约时绝不插入有伤清政府体面字样。　闰五月,清政府以《李福协定》默认越南为法国保护国,力加反对。法亦以《李福协定》尚保留清政府保护越南虚名,国会不予批准。两国皆欲求战。法军故遣兵入谅山,清政府新任广西巡抚潘鼎新驻谅山,拒不纳,法军败走。　法国新任驻华公使巴德诺抵上海,清政府命两江总督曾国荃为全权大臣,至上海会议,巴德诺索赔偿,曾国荃许恤金五十万两,巴德诺拒绝,清政府亦不准。　六月,法驻华代办谢满禄向清政府提最后通牒,限二日内赔偿军费八千万法郎。　七月,谢福禄以清政府逾限不答,下旗回国,清政府下诏备战。　八月,法海军中将孤拔攻马尾,尽歼闽江内清朝舰队,复占领台湾基隆、沪尾(淡水)。 今年,清政府改新疆为省,设县,任刘锦棠为甘肃新疆巡抚。今年,朝鲜内乱,自壬午事变(1882),王妃闵氏及其族专政如故。开化党党魁邮政总理洪英植等,与日本公使竹添进一郎合谋,设宴邮局,伏兵刺杀旧党党魁禁卫大将军闵泳翔。日军遂入王宫,囚国王李熙。清政府驻朝鲜提督吴兆有、帮办袁世凯,率兵攻王宫,洪英植等遁走,竹添进一郎奔仁川,旧党复柄政。日本遣全权大臣伊藤博文赴北京,会商朝鲜善后事宜。	

年份	干支	国号王朝及纪年
1885	甲申	清光绪　十一年
1886	丙戌	清光绪　十二年
1887	丁亥	清光绪　十三年

国内	国外
正月,法国海军中将孤拔陷澎湖。越南法军陷谅山,攻中国镇南关(友谊关)。提督杨玉科战死,法军烧关而去。　二月,广西提督冯子材克谅山,法军大败遁走,将进攻北宁,而清政府以议和故,命撤出谅山归国。　三月,清政府全权大臣李鸿章、法公使巴德诺于天津签订《中法天津条约》,悉依《李福协定》(1884),中国放弃越南宗主权,越南所有外交,悉由法国主持,法国亦不索偿金,由清政府命黑旗军刘永福退回中国。　今年,李鸿章与伊藤博文于天津签订《中日天津条约》,中日两国均自朝鲜撤兵,将来朝鲜若有事件,需中、日两国出兵时,两国应于事前互相知照。从此中国与朝鲜关系亦不啻断绝。	中法签订《天津条约》,中国放弃越南宗主权,法军遂据越南全境,越南亡。 缅甸国王锡袍与孟买贸易公司争执,印度总督达发林遣陵军中将布连德加德进攻,陷首都曼德勒,掳锡袍,囚于印度,缅甸亡。
缅甸国王锡袍于印度秘密上表中国乞援,清政府不能救,命庆郡王奕劻,与英公使欧格纳,于北京协商缅甸事宜,签订《中英缅甸条约》五条,英国允由缅甸最大之大臣,每届十年,派员循例向中国朝贡,中国允英国在缅甸秉政。然朝贡之约,讫未履行,而英国即据此条约,公告世界,正式兼并缅甸。　清政府开黑龙江漠河金矿。	
清政府兴建大沽天津间铁路,并于南洋各岛设立领事。　庆郡王奕劻与葡萄牙公使罗沙,于北京签订《中葡条约》五十四条,专款一条,澳门正式割于葡萄牙。	

	年份	干支	国号王朝及纪年
	1888	戊子	清光绪　　十四年
	1889	己丑	清光绪　　十五年
十九世纪九〇年代	1890	庚寅	清光绪　　十六年

国内	国外
那拉太后于北京万寿山建颐和园竣工,动用海军经费数百万两。 西藏惧英人之逼,于隆吐山口修筑炮台,印度总督兰士丹谓其地乃哲孟雄(锡金)所属,由驻华公使向清政府提严重抗议,清政府不敢再生事端,命西藏撤军。驻藏大臣文硕覆奏,反请增兵,清政府革文硕职,命升泰任驻藏大臣。既而英军攻陷隆吐炮台,藏军反攻,大败。英军追击,至喜马拉雅山春丕谷(亚东西),乘胜灭哲孟雄(锡金)。藏军再反攻,又大败,英国深入中国境,陷亚东要隘。	德皇威廉一世卒,子腓特烈三世嗣位,三月后又卒,子威廉二世嗣位(——1918)。
清帝德宗载湉亲政,然政府实权仍握那拉太后之手。 湖广总督张之洞奏准兴建芦汉铁路(芦沟桥至汉口),破土动工。	各国劳动工人代表于巴黎集会,组“国际社会主义者劳动联盟”,史称“第二国际”(——1914)。
驻西藏大臣升泰至印度加尔各答,与印度总督兰士丹签订《藏印条约》八条,划定中印边界,承认哲孟雄为英保护国。	德皇威廉二世免首相俾斯麦职,一意孤行。 法国上尉德雷福斯大冤狱案起,保王党诬其为德国间谍,作家左拉发表《我控诉》,力为申雪。

年份	干支	国号王朝及纪年
1891	辛卯	清光绪 十七年
1892	壬辰	清光绪 十八年
1893	癸巳	清光绪 十九年

国内	国外
清帝德宗载湉于紫光阁接见各国使节,由总理各国事务衙门官员引入,行鞠躬礼而退。　直隶总督李鸿章检阅北洋海军,南洋舰队亦有军舰三艘参加演习。　俄军侵入帕米尔,英军遂侵入坎巨提(克什米尔吉尔吉特东北)以固印度北境,新疆巡抚陶模遣骑兵进驻苏满(塔吉克斯坦巴尔奇代克南),向北京告急。总理各国事务衙门与两国外交部及驻华公使磋商,议定以帕米尔为中立地带,英允而俄不允,不得要领,遂成悬案。	俄国西伯利亚铁路开工(——1902)。
广东阳江三合会首领谭莲青,聚众占大山,两广总督李瀚章击斩之。	
四川越嶲营参将何长荣,与英政务司保尔,于大吉岭签订《藏印续约》九条,附约《藏印通商条约》三条,开(西藏)亚东为商埠,而藏人在哲孟雄境游牧,则遵英国所定游牧章程办理。西藏以英人可在亚东贸易,而藏人至哲孟雄,反受限制,坚拒开放亚东,清政府亦无可如何。鸿胪寺卿邓成卿与法公使浦理燮,于1887年会勘中越边界,至是图成,立约。	俄舰访法,两国签订《军事密约》(三国协约之一)。英法订约承认暹罗为独立国,保证互不向之侵犯,唯禁止其再向中国朝贡,暹罗自此与中国绝。

年份	干支	国号王朝及纪年
1894	甲午	清光绪　　二十年

国内	国外
正月,驻英公使薛福成与英外相劳思伯力签订《滇缅条约》,以尖高山(云南腾冲西北)为中缅边界,其北一段,作为未定,俟两国查明后再议。 二月,驻美公使杨儒与美国国务卿葛兰罕签订《华工条约》,禁止华工再往美国。　三月,朝鲜东学党党魁崔时亨,于金罗道聚众起兵,手执黄旗,头裹白布,号召杀日本人及政府权贵。朝鲜政府军击之,屡败,东学党遂直指汉城。国王李熙大惧,向清政府驻朝商务委员袁世凯乞援,向北京告急。　四月,直隶(河北)提督叶志超率陆军赴朝鲜,屯牙山。并电告日本。东学党闻清军至,溃散。　五月,日本陆军少将大岛义昌率舰队抵仁川,径入汉城。袁世凯以东学党既溃散,朝鲜内乱已平,向日本驻朝鲜公使大岛圭介要求中日两国同时撤兵,而日本政府已决意乘机攫取朝鲜,反要求中日两国留兵,共同改革朝鲜内政,清廷以不干涉别国内政拒之,日本遂单独进行。 六月,日军突入王宫,囚国王李熙,命大院君李是应主国事,李是应有憾于清廷(1882),遂为日本效力,尽逐华人。　日本驻华代办小村向总理各国事务衙门提最后通牒,称:"日本愿与中国共同改革朝鲜内政,中国政府拒绝此议,毫无听取我政府意见之意,唯望撤兵,非中国政府有意滋事而何,今后倘生不测之变,我政府不负责任。"李鸿章以叶志超孤军屯牙山,调总兵卫汝贵、提督冯玉昆由大东沟(辽宁东港)登陆,进驻平壤。另调陆军十余营,乘英轮高升号往援牙山,由北洋军舰八艘护送,航至丰岛冲(江华湾大孤山),日舰截击,五舰不敢战而遁,余三舰广济号	

年份	干支	国号王朝及纪年

国内	国外
被掳,广乙号触礁,济远号负伤遁免,中国军溺死者千数百人,日军无一死伤。日陆军遂攻牙山,叶志超大败,绕过汉城北奔,月余始达平壤,与卫汝贵等大军会合。　七月,清帝德宗载湉下诏对日本宣战。　八月,叶志超既抵平壤,谎报牙山大捷,清政府遂命其统平壤诸军,每日置酒高会,而军士四出奸淫掳掠,朝鲜人民苦怨失望。日军乘之,进攻平壤,总兵左宝贵中弹死,城陷,叶志超引溃兵北奔,清政府大震。海军北洋舰队提督丁汝昌统十二舰,由旅顺护航运兵船抵大东沟(辽宁东港),方返旅顺,日海军中将伊东祐亨率舰截击,中国舰五艘被击沉,余七舰得免,但皆负伤,不能成军。　九月,日陆军渡鸭绿江,进入中国境,陷安东(辽宁丹东)。　十月,日军陷凤凰城(辽宁凤城),再陷旅顺(辽宁大连西南),屠杀四日,中国人尽死,仅三十六名生存,用以掩葬尸体。美国报纸指责:“日本为一蒙文明皮肤,而具野蛮筋骨之怪兽。”　十一月,日军陷(辽宁)海城。　十二月,日军陷盖平(辽宁盖州)。另遣军攻山东,陷荣成,逼威海卫。今年,旅居檀香山广东香山(中山)人孙文,上书直隶总督李鸿章,谓图强之策,非仅依船坚炮利,必求其人尽其才,地尽其利,物尽其用,货畅其流。李鸿章置之不理。孙文遂于檀香山创兴中会,以图拯救中国。	

年份	干支	国号王朝及纪年
1895	乙未	清光绪　二十一年

国内	国外
正月,日军攻威海卫,陷南帮炮台。北帮炮台士兵大惧,一时溃散。北洋舰队提督丁汝昌迁舰队于刘公岛,日军用南帮炮台轰击,北洋军舰躲于西口,而东口遂空,日军即由东口以鱼雷艇攻击,中国舰五艘沉没,鱼雷艇管带(司令)王登云率鱼雷艇十二艘出西口潜遁,为日舰追及,悉数掳获。刘公岛民心惊惶,兵轮管带(舰长)及水兵皆不敢战,结队游行,请提督开放生路。而日军炮轰益急,丁汝昌欲率舰队突围一战,诸将皆不听命,又令各舰自行炸毁之后再降,诸将答以已无炸药。丁汝昌服毒自杀。广丙号管带(舰长)程壁光悬白旗出降,北洋舰队全覆。　清政府至是始知不能再战,命户部侍郎总理各国事务衙门大臣张荫桓任全权大臣,赴日本广岛议和,日本全权大臣伊藤博文以张荫桓所奉勅书内有“电达总理各国事务衙门转奏裁决”字样,谓非全权,拒绝会议。 二月,日本陆军于辽东半岛,连陷牛庄(海城西北)、营口。海军南进,陷台湾澎湖。清政府命李鸿章任全权大臣,再赴日本广岛议和,请先行停战,伊藤博文则要求以(河北)大沽、天津、山海关为质,议不谐。李鸿章于第三次会议后,由春帆楼返行馆,中途,日人小山丰太郎狙击,李鸿章左颊中弹,昏厥,世界舆论大哗,日本恐引起责难,乃许先行停战。　三月,李鸿章与伊藤博文签订《中日和约》(《马关条约》),中国放弃对朝鲜宗主权,朝鲜完全自主。偿军费二万万两,割台湾、澎湖、辽东半岛予日本。　四月,俄、德、法三国驻日本公使同时向日本提出备忘录,劝告日本不得占领辽东半岛。俄太平洋舰队及西伯利亚陆军悉行动员,示将一战。日本不得已,乃以辽东半岛还中国,而由中国加偿军费三千万两。　台湾闻割于日本,人民男女鸣锣罢市,向台湾巡抚唐景崧哭泣,请调兵固守,更以血书呈请反对割土。福建	

年份	干支	国号王朝及纪年
1896	丙申	清光绪 二十二年

国内	国外
在北京官员联名上奏,愿捐银赎回台湾,清政府置之不问。　五月,日军由三貂湾登陆,连陷三貂岭、瑞芳(皆在台北东北),四月后,陷台北。唐景崧逃往沪尾(淡水),乘德国商轮鸭打号奔(福建)厦门,日军遂入基隆、沪尾,直攻新竹。义勇统领丘逢甲军溃,亦渡海回国。台湾民主将军刘永福驻守台南,银票成为废纸,饥困不堪。　八月,日军攻台南,刘永福军溃,登英国商轮选利士号潜渡,日舰追至厦门,不能获。台湾悉陷于日本。　今年,甘肃回民新旧教互斗,纷起兵攻掠,甘肃提督董福祥进击,先后肃清。今年,革命党孙文于广州起兵,谋一举下广州,然后北上,经两湖进攻北京。事泄,同志陆皓东被清政府所获,处死。孙文仅以身免,东走日本。	
清政府创立邮政局。　俄帝尼古拉二世加冕,清政府遣大学士李鸿章为庆贺专使赴俄,俄财相微德以三百万卢布贿赂,李鸿章遂与俄外相罗拔诺夫签订《中俄密约》,由俄华道胜银行修筑中东铁路。根据《密约》,中国驻俄公使许景澄,于柏林(许兼驻德荷奥公使)与俄华道胜银行经理罗启泰签订东省铁路公司合同。甲午战争(1894)初起时,清帝德宗载湉请那拉太后停修颐和园,那拉太后人怒,迄今年九月,不与载湉交一言,至是又大兴土木修圆明园(1860 年为英法联军所焚),宦官会计房太监寇连材上书那拉太后,请勿再揽政,及勿再修圆明园,那拉太后斩之。　革命党孙文抵伦敦,清政府驻英公使龚照瑗诱赴公使馆囚之,欲装入木箱,潜送回国处刑,事泄,英医师康德黎公诸《环球报》,英人大哗,龚照瑗不得已,释孙文出。 广东南海人康有为于汉口(湖北武汉)创强学会,刊行《强学报》,用孔丘降生纪元,湖广总督张之洞大骇,连夜查封。康有为弟子梁启超遂于上海另刊行《时务报》,鼓吹维新。	德国学人栾琴发现爱克斯光。

年份	干支	国号王朝及纪年
1897	丁酉	清光绪　二十三年

国内	国外
山东巨野县乡民杀害德国传教士二人,德海军少将岱特利菲率舰攻胶州湾(山东青岛)炮台,通牒守将提督章高元二十四小时内撤出,会章高元聚赌方酣,置照会于一侧。一幕客偶启视,始大惊,急令集兵,而德军已入,囚章高元,胶州湾陷。 俄国闻德国占领胶州湾,即遣舰队开入(辽宁)旅顺、大连,声称乃为"保护"中国免受德国侵略之临时措置,一俟德军撤出胶州,俄国即撤出旅顺、大连。　外患日深,而清政府文恬武戏,依然如故。工部主事康有为上书请载湉变法维新,工部大臣恶其伉直,不为代奏,然北京一时抄传,人人嗟悚。给事中高燮曾上疏荐之,载湉感动,即命召见,恭亲王奕䜣以非四品以上官员,不得召见,载湉不得已,命亲王大臣代见。	意大利学人马可尼发明无线电报。 朝鲜国王李熙称帝,改国号为大韩帝国。

年份	干支	国号王朝及纪年
1898	戊戌	清光绪 二十四年

国内	国外
二月,清政府与德国签订《胶澳租界条约》,期限九十九年,山东铁路矿产,悉归德国承办。 三月,与俄国签订《旅顺大连租界条约》,期限二十五年,俄国修中东铁路支线由哈尔滨至旅顺,沿途由俄驻兵保护。 四月,与英国签订《威海卫租借条约》,期限二十五年。 载湉以国势日急,决意变法,是月二十三日,下诏定国是。二十八日,召见康有为,垂问天下大计,康有为极言变法维新之效,及实行之法,载湉大喜,擢为总理各国事务衙门“章京行走”(官名)。 五月,五日,废八股文,考试改用策论,全国知识分子因出身无途,恨康有为入骨,怨谤大起。十五日,办京师大学堂,中国有新式大学自此始。 载湉召见广东举人梁启超,赏六品衔,办理译书局。十六日,下诏振兴农学。十七日,下诏悬赏励工。二十一日,下诏用西法练兵操演。二十二日,下诏各省大小书院,全改为学校:省会设高等学,都城设中等学,州县设小学。二十八日,下诏各省将军、总督、巡抚,裁去军队空缺,陆海军一律挑选精壮。 六月,八日,下诏改《上海时务报》为官报。十一日,下诏删改各衙门例案。 七月,五日,下诏于北京设立农工商局。十四日,裁去詹事府、通政司、光禄寺。礼部主事王照请载湉游历日本,礼部尚书许应骙不肯代奏,王照力争,另一礼部尚书怀塔布代奏之。许应骙上疏称:“王照咆哮公堂,劝游日本,陷皇上于危地。”十六日,诏责礼部狃于旧习,致成壅蔽,两尚书及四侍郎悉行革职。举国鼓舞,而权贵大愤,以直隶总督荣禄为首,哭诉于那拉太后,遂阴谋废之。二十日,下诏内阁候	西班牙属地古巴革命起,美国支持古巴,向西班牙宣战,西班牙战败,承认古巴独立,并割菲律宾与美(1542——,统治三百五十七年)。

年份	干支	国号王朝及纪年

国内	国外
补侍读杨锐、刑部候补主事刘光第、内阁候补中书林旭、江苏候补道谭嗣同,均加四品衔,任军机大臣"章京行走",参预国政,时称四京卿,旧党更愤。二十七日,下诏九月奉那拉太后赴天津阅兵,劝励官绅士民办报。二十八日,载湉决心亲临懋勤殿与群臣议政。拟聘日本前首相伊藤博文为顾问官,那拉太后不许。　载湉察觉那拉太后将于九月阅兵时废立之谋,密诏康有为:"朕位不保,汝可设法相救。"康有为等思及直隶按察使袁世凯所领新建军皆精兵,且又素赞维新,密请载湉结以恩议。　八月,一日,载湉召见袁世凯,擢为候补侍郎,专办练兵事宜。二日,载湉知事危,密诏康有为速往上海办官报,康有为即乘英轮重庆号南下。三日,谭嗣同密访袁世凯,示以密诏,请勤王救驾,袁世凯感泣,议定九月阅兵时,载湉直入袁世凯营,传诏以除旧党。四日,袁世凯向荣禄告密,荣禄复向那拉太后告密,且言新党将并那拉太后诛之。五日,载湉赴颐和园向那拉太后请安,那拉太后已于间道入西直门,载湉仓卒而归,那拉太后囚载湉于南海瀛台。六日,那拉太后下诏再垂帘听政。戊戌变法,只一百零三日而失败。九日,御史杨深秀上疏那拉太后,质问废帝之故,并请撤廉归政,那拉太后大怒。十日,逮捕新党。十三日,斩康广仁、杨深秀、杨锐、林旭、刘光第、谭嗣同,世称六君子。梁启超奔日本使馆,户部侍郎张荫桓贬窜新疆。	

年份	干支	国号王朝及纪年
1899	己亥	清光绪　二十五年

国内	国外
二月,江宁将军毓贤,初为曹州知府,治民残酷,复不喜洋务,那拉太后深喜之,特擢为山东巡抚。乡民有习拳棒者,号义和拳,首领朱红灯,建“保清灭洋”旗,掠教民数十家,毓贤庇之,改之为“义和团”,西洋教士请求保护,毓贤皆置不问,义和团徒众益盛。　四月,清廷急欲筹款练兵,命协办大学士刑部尚书刚毅前往江南整顿关税厘金,并至广东筹饷。刚毅贪污狼藉,所至搜括,共得银数百万两,人心愤怨,痛恨清政府益深,革命党乘机活动。　十月,广州近郊游民杀法国兵官,法国遣军舰占领广州湾(广东湛江),清政府无可奈何,命提督苏元春与法国公使签订《广州湾租借条约》,限期九十九年,并约定云南广西两省不得割让他国。　是月,各国公使以山东迭出教案,向清政府抗议,清政府召毓贤返北京,命工部侍郎袁世凯任山东巡抚,袁世凯击义和团,斩朱红灯,拳民在山东不能立足,纷流入直隶(河北)。毓贤至北京,力言义和团皆义民,有神技可用,今国势日衰,由于民志未伸,若再杀之,无异自剪羽翼。端亲王载漪、庄亲王载勋、大学士徐桐、协办大学士刑部尚书刚毅,皆深信之,言于那拉太后,那拉太后亦深信之,遂欲利用义和团铲除洋人。　十二月,自戊戌政变(1898),那拉太后即日夜谋废清帝载湉,每日命医师造脉案药方,使示各衙门,人心汹惧,那拉太后电各省密询意见,南洋大臣两江总督刘坤一覆:“君臣之分已定,中外之口难防。”命大学士李鸿章任两广总督,俟各国使节来贺,探询意见,均表反对。那拉太后不得已,立端亲王载漪子傅儁为大阿哥(皇太子)。上海电报局总办经元善等上电请保护圣躬。那拉太后大怒,命捕之,经元善逃往澳门,然废立之谋终不敢行。而那拉太后、载漪等由是更恨洋人入骨。	美国国务卿约翰开非正式征得欧洲诸强国之承诺,维持中国领土之完整,不许任何一国独占一地区,各国在中国之工商业机会均等,世称“门户开放政策”。中国藉此始免类似非洲之瓜分。 南非荷兰殖民所建脱兰斯瓦尔共和国,及奥伦治自由邦,发现金矿,英国图并吞,遣军进攻,战争持续四年(——1902)。史称“布尔战争”(荷兰殖民,世称布尔人,即农人)。

二十世纪

二十世纪是人类有史以来，变化最剧的一个世纪，与过去全不相同。

那拉太后发动义和团，向列强宣战。二十世纪第一年，八国联军攻入北京，那拉太后逃亡。

八国联军退出北京，清政府与各国订《辛丑条约》。

一〇年代，清帝退位，清王朝亡。中华民国成立，军阀混战，二〇年代，国民党北伐，削平群雄，建国民政府。

三〇年代，日本强占东北四省，更向中国发动灭国性攻击，第二次世界大战接着爆发，中国奋起抵抗。最后，中国参与的同盟国大胜，日本投降。

一九四九年，中华人民共和国人民政府建立。国民党退据台湾。

	年份	干支	国号王朝及纪年
二十世纪 〇〇年代	1900	庚子	清光绪　　二十六年

国内	国外
三月,义和团既入直隶(河北),因那拉太后及协办大学士刑部尚书刚毅以下,欲引为己用,官府奉迎不暇,势日炽。直隶总督裕禄迎女首领黄连圣母至督署,三跪九叩礼见,乞垂怜生灵。黄连圣母谓已令神将用天火烧死夷兵。男首领大师兄曹福田每日率队游行市区,扬言将攻租界,尽杀洋人。武卫军提督董福祥亦以杀洋人为己任。义和团寻攻芦台铁路公司,杀洋人四人,法国公使毕盛提严重抗议,要求惩凶。　五月,九日,那拉太后命刚毅出京察看。十四日,复命谓天降义和团以灭洋人,那拉太后即召见大师兄曹福田,义和团遂拥入北京。　英、俄诸国驻大沽军队闻警,组联军,由俄国陆军上校薛摩西亚率领,欲进入北京援使馆。　十五日,日本使馆馆员松山彬赴车站探望援军,于永定门遇董福祥武卫军,刺其腹而死。北京混乱,对外交通断绝。　二十日,那拉太后于仪鸾殿召王公大臣(一次御前会议)。　二十一日,那拉再召王公大臣(二次御前会议)。是日,联军陷大沽炮台。　二十二日,那拉再召王公大臣(三次御前会议)。是日,薛摩西亚军至廊房(河北廊坊)西,义和团截击,不能进,退还天津。　二十三日,那拉再召王公大臣(四次御前会议),决定用兵。　二十四日,德国公使克拉德赴总理各国事务衙门,欲再交涉。至东牌楼,端亲王戴漪所率虎福营射杀之,遂于是日围攻各国使馆。　二十五日,那拉太后下诏与各国宣战,义和团势益横暴,屠掠四出,北京火光蔽天,夙所不快者,皆指为教民,杀十数万人,虽婴儿不满月者亦不免。　三十日,两江总督南洋大臣刘坤一、湖广总督张之洞,与各国领事签订南省保护商教章程,拒不奉宣战诏书。　六月,英、	

年份	干支	国号王朝及纪年

国内	国外
德、奥、日、法、俄、英、美八国联军攻陷天津,直隶提督聂士成阵亡。　七月四日,那拉太后命斩反义和团派吏部侍郎许景澄、太常卿袁昶。　十二日,八国联军陷杨村(天津武清)。　十七日,那拉太后再命斩反义和团派兵部尚书徐用仪,户部尚书立山、内阁学士联元。义和团怒马拖立山至刑场,未斩前,已血肉模糊。　十八日,八国联军陷通州(北京通县),勤王军长江水师巡视李秉衡军溃,吞金自杀。　二十日,八国联军攻北京,城破,使馆围解。因德国威廉一世有谕:“以待野蛮国之法待中国”,除日、美外,六国恣行奸淫烧杀,纵火焚颐和园。　二十一日,那拉太后及清帝戴湉出奔山西,临行,命推珍妃坠井死,留庆亲王奕劻于北京,以谋议和。　二十六日,下罪己诏。　闰八月,八国联军统帅瓦德西抵北京。清政府命两广总督李鸿章任直隶总督北洋大臣,瓦德西遣军陷(河北)保定,捕杀直隶布政使廷雍。那拉太后由山西再奔陕西,驻西安,每日听戏不辍。 十一月,奕劻、李鸿章与十国(另加西班牙、荷兰)公使签订《议和大纲》十二条,那拉太后立即全部应允。 今年,六月,黑龙江将军寿山攻哈尔滨俄人区,又越界攻俄阿穆尔省,俄军反攻,陷瑷珲(黑龙江黑河)。八月,陷哈尔滨、齐齐哈尔,寿山自杀。俄军更陷奉天(辽宁沈阳),所至残杀,海兰泡(黑河对岸)屯兵及居民男女数万人,悉沉入黑龙江,东北三省全被俄国占领。 今年,七月,保皇党唐常才组自立军,谋于湖北起兵,事败被杀。　十一月,革命党郑士良、杨衢云于广东惠州起兵,攻至(广东)白沙,为清军所乘,军溃。郑士良奔南洋、杨衢云辗转至香港,教授英文,两广总督德寿购刺客陈林刺杀之,复杀陈林以灭口。	

年份	干支	国号王朝及纪年
1901	辛丑	清光绪 二十七年
1902	壬寅	清光绪 二十八年

国内	国外
正月,清政府惩治义和团罪首,端亲王戴漪、辅国公戴澜,发往新疆,终身监禁。庄亲王戴勋、右都御史英年、刑部尚书赵舒翘,均命自尽。山西巡抚毓贤、礼部尚书启秀、刑部左侍郎徐承煜,均处斩。协办大学士吏部尚书刚毅、大学士徐桐、前四川总督李秉衡,俱已先死,追夺原官。武卫军提督董福祥革职。　三月,清政府设立会议政务处。　四月,醇亲王戴沣任头等专使大臣,赴德国谢罪。　五月,户部侍郎那桐任专使大臣,赴日本谢罪。　六月,改总理各国事务衙门为外务部。　七月,奕劻、李鸿章与十国公使签和约十二条(《辛丑和约》),分三十九年偿各国军费四亿五千万两,年息四厘,本息共合九亿八千二百二十三万两。毁大沽北京间炮台,各国使馆各置屯兵。　八月,清政府废八股,科举改试策论,复命各省书院均改为学堂。　九月,李鸿章卒,山东巡抚袁世凯继任直隶总督。　十月,那拉太后由西安至开封,废大阿哥溥儁。是月,八国联军撤出北京。　十一月,那拉太后抵北京,沿途仅供奉费用,达一千数百万两,既抵北京,大修颐和园,仍每日听戏。　十二月,清政府许满汉通婚。	英国女王维多利亚卒,在位六十四年,为英王在位最久者,子爱德华七世嗣位。
二月,清政府编纂《中西律例》。　六月,八国联军退出天津。　八月,庆亲王奕劻、大学士王文韶,与俄国公使雷萨尔签订《东三省交收条约》:俄进驻东三省军队,在十八个月内,分三期撤返俄国。俄人以二万两巨款贿王文韶,一万两贿其他人员,遂在条约中注明:"再无变乱,亦无其他国家牵制。"为撤退先决条件。　九月,俄军第一期撤军期满,交出奉天(辽宁)南部。　十一月,清政府收回全国电报局自办。	英国与日本签订互卫条约,史称"英日同盟"。布尔战争终(1899——),英军大胜,脱兰斯瓦尔、奥伦治二国亡。 俄国西伯利亚铁道筑成(1891——,历时十二年)。

年份	干支	国号王朝及纪年
1903	癸卯	清光绪　　二十九年

国内	国外
三月,俄军第二期撤军期满,应撤出奉天(辽宁)北部及吉林全省,俄以日本人在鸭绿江畔放火烧林为理由,引条约:“无他国牵制”,拒绝撤军。又以英、德、日三国军舰停营口为理由,遣军再入营口。俄驻华代办普蓝森向清政府提出照会七条,要求担保东三省境内不得开商埠,各国不得设领事,获得承诺后,方可撤兵,清政府不接受。　七月,清政府设商部。中国重农轻商数千年,至是始知重商。以农业为基础之传统文化,遂行崩解。　俄国任命阿莱克塞夫将军为远东大都督。日本乃直接与俄国交涉,俄国拒不让步。　十一月,清政府设练兵处,训练新军,分全国为三十六镇,镇下设协,协下设标,标下设营,营下设队,队下设排,排下设棚,每棚士兵十四人。　十二月,日本驻俄公使粟野向俄提最后通牒,下旗归国。日俄同时宣战,各国均宣告中立,清政府无奈,亦宣告中立。 今年,四川巴县(重庆)人邹容著《革命军》一书,力倡驱杀满洲人,诛杀清帝戴湉,章炳麟为之序,《苏报》发行人陈范文为介绍。会上海爱国学社教员学生于张园演说革命,清政府恨极,两江总督魏光焘请租界工部局拘捕邹容、章炳麟,查封《苏报》。清政府必欲解由清政府处斩,工部局拒之,会审公廨判章炳麟有期徒刑三年、邹容二年。是为《苏报案》(邹容于 1905 年出狱前一月卒于狱)。	中美洲巴拿马脱离哥伦比亚独立。 俄国社会民主工党在比京(后迁伦敦)开二次代表会,赞成列宁主张者称“布尔什维克”(多数),反列宁主张者称“孟什维克”(少数)。 塞尔维亚政变,国王亚历山大一世及王后被杀。

年份	干支	国号王朝及纪年	
1904	庚子	清光绪	三十年

国内	国外
正月,日舰大败俄舰于旅顺外海,俄舰七艘沉没。日陆军越鸭绿江入中国境,陷凤凰(辽宁凤城)等城。　四月,日军陷辽东半岛金州(辽宁大连东北)。　六月,日军陷大石桥、营口、牛庄、海城。 八月,日俄陆军于辽阳决战,血战十日,俄军大败。俄帝尼古拉二世命波罗的海舰队组第二太平洋舰队,驶赴远东,增援驻于旅顺之太平洋舰队。 十二月,日军围攻旅顺,已历时八月,俄军不支,乞降,太平洋舰队全覆。尼古拉二世复命波罗的海余舰,组第三太平洋舰队,亦驶远东。 今年,革命党兴中会孙文,华兴会华兴,于日本东京合并二会,改组为中国同盟会,誓约:“驱除鞑虏,恢复中华,创立民国,平均地权”,定“军法之治”“约法之治”“宪法之治”三实行时期。革命党自是始提出推翻专制口号。推孙文为总理,黄兴为庶务总干事(副总理)。 西藏自《藏印条约》(1890)后,对英国不满,对清政府信心亦减,乃转而亲俄。达赖以俄国喇嘛德尔智为师,误以俄国亦奉佛教,上尼古拉二世尊号为护法皇帝,迄拒开亚东商埠。今年,印度总督寇人,遣荣赫鹏上校率军北进,藏军迎击,战于骨鲁(西藏亚东东北),藏军大败,英遂陷(西藏)江孜,达赖出奔(青海)西宁塔尔寺(青海湟中)。清政府革除其封号,达赖再奔库伦(蒙古乌兰巴托),外蒙古活佛哲布尊丹巴以达赖位高,不欲其久留,乃再返西宁。荣赫鹏入拉萨,与噶尔丹寺大喇嘛签订《英藏媾和条约》,西藏偿军费五十万镑,西藏土地政府不准任何外国让卖、租典、干涉,亦不许任何外国人境。	英法签订《友好条约》,法承认英统治埃及,英承认摩洛哥为法保护国,两国参谋本部秘密会商与三国同盟作战计划(三国协约之二)。 巴拿马运河动工开凿(——1914)。 波兰学人居里夫人发现镭。

年份	干支	国号王朝及纪年
1905	乙巳	清光绪　　三十一年

国内	国外
正月,日俄主力于奉天(沈阳)决战,鏖战二十日。二月,俄军大败。　四月,俄新组成之第二第三太平洋舰队,于越南海面会合,北进,至对马海峡,日舰截击,俄舰凡三十八艘,二十一艘被击沉,七艘被俘,仅十艘逃往海参崴,日仅失水雷舰三艘。　日既败俄,中国大震,归功于立宪,且俄国亦酝酿立宪。　六月,直隶总督袁世凯、驻法公使孙宝琦,先后奏请立宪,那拉太后不得已,允准立宪,派五大臣镇国公戴泽、户部侍郎戴鸿慈、兵部侍郎徐世昌、湖南巡抚端方、商部右丞绍英,赴各国考察。　七月,俄军迭败,国内革命势力转烈,日本亦力尽,遂于美国朴资茅斯,签订和约。俄割库页岛南部与日,不再干涉日在朝鲜行动,旅顺租借权及南满铁路亦转让于日本。　是月,清政府停科举,推广学校,中国历时一千三百年之科举制度,自是废。是月,五出洋大臣起程,至正阳门车站,革命党吴樾以炸弹击之,五大臣无恙,而吴樾炸死。　九月,设立巡警部,任徐世昌为尚书,各省绿营一律改为巡警。　十一月,设立学部。　是月,与日本订《东三省善后条约》,承认俄国所转让各款。是月,改遣山东布政使尚其亨、顺天府丞李盛祥,代徐世昌、绍英,仍为五大臣,由北京出洋,先赴日本。	俄神公卡本,与工人群持请愿书赴皇宫向"小父亲"(对沙皇爱称)沙皇尼古拉二世,请求改革。尼古拉二世命卫队开枪,死五百余人,各地革命爆发,尼古拉二世无奈,发表宣言(史称《十月宣言》),允许人民信仰言论自由,成立国会。 挪威脱离瑞典独立。

年份	干支	国号王朝及纪年
1906	丙午	清光绪　三十二年

国内	国外
二月,清政府宣布教育宗旨有二:一为忠君,一为尊孔。　三月,清政府与英国驻华公使萨道义签订《中英藏印续约》,而以《英藏媾和条约》(1904)为附约,英承认中国有西藏主权。　七月,出洋五大臣返国,奏请立宪,那拉太后不得已,下诏宣示天下,预备立宪。　八月,禁鸦片。 九月,改定官制,外务部、吏部、学部、礼部如旧,巡警部改民政部,户部改度支部,兵部改陆军部,商部改工商部,理藩院改理藩部,大理寺改大理院。增设资政院、审计院。军机处、翰林院、宦官、内务府、八旗均不议,是为五不议。国内外失望。　十月,革命党萧克昌、龚春台,于湖南浏阳、江西萍乡起兵,称黄帝纪元4604年,传檄驱逐鞑虏。清政府命江西臬司秦炳直统诸省军进击,革命军溃,清军大举清乡,屠平民一万数千人。	

年份	干支	国号王朝及纪年
1907	丁未	清光绪　三十三年

国内	国外
四月,革命党余丑、除海波,于广东潮州起兵,陷塞城,清军以开花炮击之,革命军溃。　是月,革命党陈纯于广东惠州七兵湖起兵,陷泰尾、三达诸村,清水师提督李准移攻塞城军击之,革命军溃,陈纯奔香港。　五月,革命党徐锡麟任安徽巡警学党会办,乘阅操时以手枪击毙安徽巡抚恩铭,徐锡麟被逮,剖心以祭恩铭。　六月,革命党秋瑾任绍兴大通女校校长,绍兴人胡道南告密,谓其密藏军火。浙江巡抚张曾讯发兵逮捕,严讯,秋瑾仅书:"秋风秋雨愁煞人"七字,既无军火,乃以其曾作"革命歌",斩于轩亭口。　七月,革命党王和顺,于广东(广西)钦州起兵,称中华国民军都督,陷防城(广西防城港),攻灵山不能下。清军援至,溃散,王和顺奔越南,余部由梁建率领进入十万大山。　八月,清政府命溥沦任资政院总裁,溥沦年仅二十,时论大哗。各省设咨议局。　十一月,革命党黄明堂于镇南关(友谊关)起兵,陷右辅山炮台,同盟会孙文、黄克强,与法退伍上尉男爵狄氏,由越南驰至,既而清军援军反攻,革命军不能支,弃炮台退入越南。清政府严禁学生干预政府及开会演说。	英俄签订《友好条约》,划分二国在伊朗势力范围(三国协约之三——完成)。 俄沙皇尼古拉二世修改国会选举法,减少工农及少数民族代表,《十月宣言》(1905)全被取消,一切如旧。 万国和平会议于荷兰召开,韩国遣密使李相呙三人赴会呼吁,期脱日本控制。日本大怒,迫韩帝李熙逊位于皇太子。

年份	干支	国号王朝及纪年	
1908	戊申	清光绪	三十四年
1909	己酉	清宣统	元年

国内	国外
二月,革命党黄兴由越南起兵,入广东,攻(广西)钦州,抵马笃山。清统领郭人漳尾击,革命军弹药不继,溃入十万大山,黄兴奔还越南。 四月,革命党黄明堂、王和顺,于云南河口起兵,陷河口四炮台,黄兴由越南至,而士卒不应命,乃返越南,欲号召马笃山之役同志赴援,法警误认黄兴为日本人,捕之,继知为中国革命党,解送出境赴新加坡,革命军遂溃入越南。 八月,清政府下诏预备立宪年限为九年,届时召开国会。 九月,达赖久居(青海)西宁塔尔寺(1904),请求入朝。是月,抵北京,清政府封为诚顺赞化大善自在佛,派人护卫,优礼有加。 十月,那拉太后有疾,腹泻数日,有谮清帝戴湉面有喜色,那拉太后怒曰:“我不能先尔死。”命医师下毒,戴湉遂卒,那拉太后寻亦卒。 是月,革命党熊成基任(安徽)安庆马炮营队官,率兵起事,以大炮轰巡抚衙门,清援军先至,熊成基军溃,辗转奔黑龙江哈尔滨。 十一月,戴湉侄溥仪即帝位,年方三岁,生父醇亲王戴沣任摄政王监国。 十二月,戴沣斥汉人益力,忌外务部大臣袁世凯,谓其“现患足疾,步履维艰”,免职回籍养病。 是月,达赖乘清政府自顾不暇,自行离北京,返西藏。	美国莱特兄弟发明飞机。
清政府规定皇帝任海陆军大元师。 各省咨议局议员代表,于上海集会,上书请速开国会,清政府下诏嘉奖,但拒绝所请,必俟九年期满。	韩国义士安重根刺杀日本首相伊藤博文。

	年份	干支	国号王朝及纪年
二十世纪 一〇年代	1910	庚戌	清宣统 二年
	1911	辛亥	清宣统 三年

国内	国外
革命党赵声,及其旧部广州新军统领倪映典,谋于广州起兵,期未届而新军与巡警交哄,水师提督李准率防军击之,倪映典中弹死,遂败。 达赖抵拉萨,致函北京英、法、俄驻华公使,及江孜英国商务委员转达英政府,反叛中国。清政府遣四川混成旅协统钟颖入藏,达赖无力抵抗,叛逃印度,清政府革其封号。 颁《大清刑律》。 清政府命筹备立宪期限,缩九年为五年。 清政府设立海军部。	英国南非殖民地好望角、维塔耳、奥伦治、脱兰斯瓦兰四省,合组南非联邦。 日本迫大韩帝国签订《合并条约》,韩国亡(1392——,李氏朝鲜共五百一十九年)。
正月,英国占领云南片马。 二月,革命党汪兆铭、黄复生于北京谋以炸药杀摄政王戴沣,炸药为巡警发现,逮汪、黄二人,处无期徒刑。后三日,革命党温生才以短枪刺毙广州将军孚琦,温生才被处死刑。 三月,革命党黄兴于广州起兵攻总督衙门,不克,军败,同志死者七十二人,葬于黄花岗,世称“七十二烈士”。 四月,清政府成立内阁,庆亲王奕劻任总理大臣,舆论哗然,称为“皇族内阁”。 是月,邮传部大臣盛宣怀奏请宣布铁路国有,任端方为督办粤汉川汉铁路大臣,反对者纷起。 五月,湖南人力争收路,清政府令格杀勿论。四川人亦力争收路,四川总督王人文奏请恤民,下诏严斥。 六月,各省咨议局请另组责任内阁,清政府不许。 闰六月,革命党陈敬岳以炸弹刺广东水师提督李准,仅伤其右手及腰部,陈敬岳被处死刑,然李准自是丧胆,倾向革命党。 七月,清政府任赵尔丰为四川总督,四川人争铁路益力,越尔丰拘保路会代表,开枪驱众,杀四十余人,奏称四川以争路为名,意在叛乱。清政府令解散保路会,违者格杀勿论,并命端方率军入川。 八月十九日(阳历十月十日),湖北工程营总代表熊秉坤于武昌起兵,清湖广总督瑞征、陆军第八镇统制张彪,弃武昌逃走,革命军推第二十一混成协协统黎元洪任鄂军都督,渡长江,陷汉口、汉阳,各国使节宣布中立(辛亥革命)。 二十一日,清政府起用袁世凯任湖广总督。 九月,一日,湖南新军变,宣布独立。二日,(江西)九江新军变,宣布独立。四日,陕	

年份	干支	国号王朝及纪年
1912		

国内	国外
西新军变,宣布独立。六日,清政府命袁世凯任钦差大臣,击革命党。八日,山西新军变,宣布独立。是日,驻滦州(河北滦县)第二十镇统制张绍曾、第二混成协协统蓝天蔚,上电清政府,提十二条,要求立即立宪,清政府大惧,复电悉允。九日,云南新军变,宣布独立。十日,江西新军变,宣布独立。十一日,清政府取消皇族内阁。十二日,命袁世凯任内阁大臣。十三日,上海新军变,宣布独立。是日,清政府颁布宪法信条十九条,解除党禁,大赦政治犯。十四日,江苏、浙江、贵州三省新军同日变,宣布独立。十七日,广西新军变,宣布独立。十八日,安徽、广东二省新军同日变,宣布独立。十九日,福建新军变,宣布独立。二十一日,山东新军变,宣布独立。　十月,十一日,袁世凯与革命军议和,停战三日。十二日,革命军江浙沪联军攻陷南京。十五日,清政府与革命军停战延期十五日。十一月,十日,直、奉、鲁、豫、鄂、湘、粤、桂、闽、晋、陕、滇、赣、蜀、苏、浙、黔十七省代表齐集南京。十三日(阳历1912年1月1日),各省代表选举同盟会总理孙文任临时大总统,定国号为中华民国,改用阳历。	
十二月,二十六日,清隆裕太后及清帝溥仪宣告退位。清亡,立国二百九十六年。中国历时五千年之帝王专制政体,从此永废。